2014年度教育部人文社会科学研究规划基金项目《法院内部管理的模式选择与目标定位——以司法改革为背景》（项目批准号：14YJA820015）

高等学校法学规划教材

法学方法与现代司法

Law Methodology & Modern Judicature

李可　著

知识产权出版社
Intellectual Property Publishing House

图书在版编目(CIP)数据

法学方法与现代司法/李可著. —北京:知识产
权出版社,2014.8
(高等学校法学规划教材)
ISBN 978 - 7 - 5130 - 2891 - 2

Ⅰ.①法⋯　Ⅱ.①李⋯　Ⅲ.①法学—方法论—高等学
校—教材　Ⅳ.①D90 - 03

中国版本图书馆 CIP 数据核字(2014)第 183995 号

责任编辑:李燕芬
装帧设计:薛磊　　　　　　　　　责任出版:刘译文

法学方法与现代司法

李可　著

出版发行:**知识产权出版社**有限责任公司	网　　址:http://www.ipph.cn
社　　址:北京市海淀区马甸南村 1 号	邮　　编:100088
责编电话:010 - 82000860 转 8173	责编邮箱:nancylee688@163.com
发行电话:010 - 82000860 转 8101/8102	发行传真:010 - 82000893/82005070/82000270
印　　刷:保定市中画美凯印刷有限公司	经　　销:各大网上书店、新华书店及相关专业书店
开　　本:787mm×1092mm　1/16	印　　张:14.25
版　　次:2014 年 8 月第 1 版	印　　次:2014 年 8 月第 1 次印刷
字　　数:203 千字	定　　价:38.00 元

ISBN 978 - 7 - 5130 - 2891 - 2

司法问题与法学门径

——李可著《法学方法与现代司法》序

　　一直以来,吾国古已有之的"无讼"、君主集权(立法、司法、行政统于君权)以及"私了"诸传统,使得纠纷讼于公堂判断、争执率由司法裁决的理念可谓匮乏,故司法在人们的观念中也无足轻重。所谓"天下衙门朝南开,有理无钱莫进来",在另种意义上说明人们"厌讼"的缘由,既非人情羁绊,亦非道德陈词,而是制度设置及其利弊权衡迫使人们不得不弃诉讼而寻求纠纷的其他解决方案。中华人民共和国成立以来,我们不但接续了中国传统对司法的态度,而且因为我国体制无所不在的伟力,直接遏制了司法作为独立的纠纷裁判者的职能,也影响了人们对司法裁判效力的态度:既然"信访"之类的"制度"可以轻易影响、耗散,甚至消除司法的效力,人们还值得以对待法律的心态,来对待生效的司法裁判吗?进言之,既然讲话、指示、一言堂等可以轻易架空、变更,甚至消弭法律的规定及其精神,人们还能以谦恭、崇敬和信仰的心态,来对待法律以及司法吗?

　　也因如此,法学在我国长期以来难以进入学术和知识的主流。曾几何时,在"运动治"优于"法治"时,学术之林没有法学的位置,法学和法律一样,被驱逐出局,共和国成了一个既无法律,自然也无法学的国度。接着,尽管因人们对无法无天、家国浩劫的痛定思痛,法学作为必要的知识得以恢复,但对法律的意识形态化解释,以及既有制度本身对法治的高度警惕、任意诠释、甚至南辕北辙,导致法学虽有了法律这个研究对象,但法律仍附随于时移世易,听命于政治安排,法律从来没有、也不可能以自治的面目作用于社会。因之,法学的研究对象和内容,可谓变色龙。迄今为止,这种因应政策、讲话、时事而展开的"法学研究",仍是中国"主流理论法学"的看家本领。大致每年一度的"中国法学理论研究会"的年会,如果抛开对上述因素的攀附、靠拢,似乎便和"主流"渐行渐远,似乎就丧失了号令法律学林的理由和能力。

至于司法、司法裁判、司法判(案)例和法学之间的关系,人们更是隔膜,故谈不上它是进入法学的门径。它一直没获得我国法学研究的特别青睐,也没有被定位为法学研究的一般对象。"主流法学者"宁可在缺乏规范、富于宣告精神的文件、指示、讲话中寻章摘句、字斟句酌,也决不愿意把精力花在研析既有的司法裁判上。这种情形,兼之目前吾国因司法的尴尬地位所决定的司法裁判本身的说理简陋、表述单调、创意匮乏等,都加剧了学者们的学术研究对司法裁判文书的轻忽、怠慢——从而司法这个西方法学的重要门径,在我国的法学研究中却被严重堵塞。

但不得不指出的是:我国现代国家的建设,"国家治理能力"的创新,法治国家的构图等宏大事业,都绕不开司法这个核心话题。现代国家建设也罢,"国家治理能力"创新也罢,归根结底要落实在以法治为核心的现代法律制度上。所以,法治不是"法律部门"的"内部作业",而是现代国家各行各业、各个主体、从官到民都须完成的"公共作业"。而这一"公共作业"的关键所系,就是司法的作业。在此意义上,司法独立地、不受外部制约地坚守法律、裁判案件,不仅关乎法治实现,而且关乎现代国家是否建立;不仅关乎实践作业,而且关乎法学作业。不关注司法的法学作业,即使论者运用生花妙笔,引经据典、下笔千言,也只是完成了法律外围的作业,而没有深入法律内部,完成法学自身的作业。

或以为,作为以法律为研究对象的法学,不止研究司法,而且研究从法律规范,到法律理念、法律主体、法律行为、法律监督的完整的法律运作过程。因此,它不仅需要关注司法,而且也需要关注立法、行政、公民的法律观念及其日常交往等和法律须臾不可分离的内容。这样一来,则把法学界定在对司法话题的关注上,就显然限缩了法学的研究对象。这样反而会忽略法学更为广阔的学术领域,影响法学的一般社会实践价值。

诚哉斯言!不过即便如此,即便有人把法学的研究对象扩展到人们公共交往行为、甚至私人交往的所有领域,但司法仍然是法学研究最为重要的领域,因为司法作为社会纠纷解决的正式手段,不仅亦步亦趋地执行法律的既定规范内容,以在个案中最终实现法律的使命,而且通过个案的审理,矫正对法律既定规范的逾越,并创造性地补救法律规定自身的缺欠,从而为法律本身号脉、诊断、治病。所以,当司法把法律的静态规定导入动态实践中时,也使看似完美无缺的法律在司法借助个案的更加仔细的把脉、诊断、治疗中获得新的意义。

司法的这种创造职能,乃是借助法律方法的运用来实现的。几乎可以说,凡是司法实践,都是法律方法的运用活动,都伴随着法官对法律规定和案件事实相勾连的理解、解释、推理。但法律方法远不是日常司法中法官必须遵循的这些一般技巧,甚至这些技巧的掌握不仅对那些专门受过法学训练的人而言能轻车熟路地掌握,而且对那些没有受过法学训练的人来说,掌握起来也并不费劲。正因如此,才有所谓司法和法官是"法律的自动售货机"之说。

但问题是,法律并不能保障随时提供解决现实案件的直接方案,也不能保障自己内部是无矛盾的、逻辑自足的,甚至还不能保障其文字表述都是准确明晰的。因此,看似意义澄明、逻辑严谨、包罗万象的法律,会不可避免地产生意义模糊、意义冲突和意义空缺这三类"病症"。法律方法更重要的作用,不在于面对案件时毫无障碍地把法律规定运用于案件事实中,而在于当法律出现上述"病症"时,法官寻求何种有效手段加以施救。只有在这样的司法场域,法官的能动性、创造性以及其对国家法治整体的运行和维护职能,才能更加突显。

这其中的法律方法是多方面的。我在《法律哲学》中曾系统归类为九种方法,并在后续的研究中进一步提出了"通用司法方法"和"特用司法方法"这样的概念。[1] 摆在眼前的李可博士的《法学方法与现代司法》一书,则是作者在多年的相关探究中,以其旧著《法学方法论》(与罗洪洋合著)和《法学方法论原理》[2]为基础,以司法中法律(学)方法论的构造为核心,以法律解释、法官衡量和执果索因为主题词的法律(学)方法论新探索。其研究的基本场域是司法,是对司法中方法论构造活动的理论提升;其研究的重要结论是以新的理由肯定了司法中的法律(学)方法论构造和执果索因这一思维逻辑路向的一般关联;其在探究中的重要观点是提出并区分了法官衡量的三种不同向度:即法益衡量、利益衡量和价值衡量。该书作为作者以法律方法为主题的第三部学术著作,和其前两部著作相比较,明显特点是论述内容对司法活动的进一步贴近。通读书稿,也可发现该书存在的如下两组矛盾。

一组是:作者籍由本书试图建立现代司法的方法论体系,但由于其事实上只关注并重点论述了两种常用的法律方法,即(扩大的)法律解释方法和利益(价值)衡量方法,因此,该著的优点是深化了相关主题词的研究,并提出了一些不无创意的思考,如法律解释方法位序,法益、利益和价值的区别说以及对执果索因司法模式的重新审视和批判等。但其缺点是作者并没有借该书完成其构造现代司法方法论体系的期许,反之,如果按照该著的"方法论体系",法律的不少"病症"并不能得到有效克服。因此,与其说该著是一部研究司法方法论体系的书,倒不如说是一部以法律解释和利益衡量(均取广义)为例,研究司法中的裁判方案如何形成的书,换言之,是一部研究司法中法官思维路线的书。

另一组是:一方面,作者对国内目前法律方法研究的有些内容、有些领域以及有些作者及其观点掌握较为全面,从而其所引证的内容也主要集中于相关的内容、领域和作者。这显示了著者对我国法律(学)方法论研究所关注和把握的程度。但另一方面,又不得不指出的是:对我国法律(学)方法研究中的另一些

---

〔1〕 参见谢晖:《法律哲学》,湖南人民出版社 2009 年版。
〔2〕 该两书分别由贵州人民出版社 2003 年出版和法律出版社 2011 年出版。

成果、领域和主题，不知是作者因为好恶而刻意规避，还是未曾关注，在书中却明显有所忽略。甚至对有些学者专研司法方法的论著也未予关注和提及。[1]这些都会不可避免地限制作者在法律（司法）方法研究领域更开阔的视野、更扎实的论证和更容易被读者所接受的结论，并因之也影响了著者寻求建立法律（司法）方法论体系的努力。

上述矛盾的存在，并不影响我对这部明显具有积累、开拓和创新作品的评价。无论其司法论域的设定、不同法律（学）方法构造技术的阐明还是对执果索因司法模式的新论述，都凝结着一位探索者的艰辛劳动。因此，在这个被定义为劳动者的节日里，我要对作者勤奋刻苦、勇于探索、善于创新的精神表达由衷的敬意，也要对其循序渐进、积土成丘、滴水成渊，从而不断推出新的学术成果表达真挚的祝贺！

是为序。

陇右天水学士　谢　晖

2014 年 5 月 1 日于北京

---

〔1〕　如董皞：《司法解释论》，中国政法大学出版社 1999 年版。

目　录

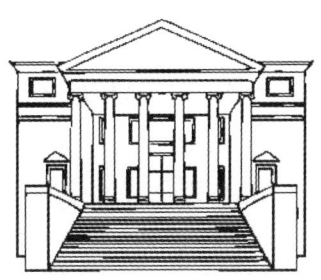

第一章

现代司法的方法论基础:
一种司法方法论的建构

"司法方法论"的英文为 justice methodology,是指对司法过程中的各种方法的理论化,并将之整合成一个指向正当裁判的有机体系。它要研究法官司法的基本立场、价值、态度和方法,追问法官司法背后的哲学基础和伦理关切。同时它要回答如下问题:司法过程是一个客观的、可复现的过程吗? 司法过程是可以认识并实证化的吗? 司法过程的性质、特征和规律是什么? 等等。因而,从静态上看,司法方法论固然是对司法方法的提炼和抽象,是对司法过程诸要素的规范分析;但是从动态上看,司法方法论也是对司法过程中人与法、规范与事实、事件与场景之间互动关系的考察。下面我先分析司法方法论成立的必要性。

第一节　司法方法论成立的理由

在实践中,司法是部门法的末端和出口,其中的诸多问题往往为各部门法学所瓜分,更常为诉讼法学所囊括。因而,有关司法方法论的问题也总是依傍其他部门法学而无法得到完整地、系统地、独立地探讨。在理论上,法律现实主义和自由主义——例如弗兰克的极端断言实际上泯灭了司法方法论生成的可能性。弗兰克将法律判决看成是法官个人直觉和预感的产物[1],那么规则、逻辑和理性在司法过程中并无实质性作用而纯粹为论证之"装饰品"。对于现实主义取消方法的极端倾向,规范主义和一些温和的现实主义一开始就给予了严肃的批评。[2]这种批判为司法方法论之成立打开了缺口。事实上,司法虽然是一种实践理性,但是据笔者的研究,在司法这一层面也可以成立一个方法论层次,具体理由兹陈述如次:

(1)从学科性质上看,法学应是一门实践科学或应用科学,其活动的目的直接指向实践应用,是为解决实际问题而从事之活动。因此法学方法论的研究也应当密切联系实践、关注实践。[3]一切理论,唯有应用,才具有生命。一切规范的设置都是为了"定纷止争",都是围绕"诉讼"这一中心环节而展开的。若非如此,法律将形同虚设。法学方法论的研究应往返于理论与实践之间。顺理成章地,对于司法方法论的研究应当进入法学方法论的视野。可以预计,司法方法论的研究将成为未来中国法理学研究中的重中之重。例如,法官在司法活动中的裁判行为是理性的还是非理性的? 司法技术是一种单纯的技术理性

---

〔1〕　See Jerome Frank, *Law and Modern Mind*, Tudor Publishing Co. , 1936, p. 120.

〔2〕　See Halper, Logic in Judicial Reasoning, 44 *Indiana Law Journal*, 1968, p. 38. R. Dworkin, *Law's Empire*, Harvard University Press, 1986, p. 36.

〔3〕　与笔者持类似看法的还有郑戈、杨仁寿等人。参见郑戈:《法学是一门社会科学吗? ——试论"法律科学"的属性及其研究方法》,载《北大法律评论》(第1卷第1辑),法律出版社1998年版。杨仁寿:《法学方法论》,中国政法大学出版社1999年版。

还是一种实践理性？这些领域在理论中不无疑问，在实践中自然至关重要。无疑，这是一个极具方法论意味的课题，应当引起每一位法理学研究者的关注。例如，马克思主义认为，法学理论必须来自于丰富的社会生活实践，必须从现存的社会关系出发，从而深入探讨法的本质和法的运行规律。

正因为看到这一点，有学者疾呼："法学研究的结论必须具有建设性，必须有助于解决实际的法律问题，必须促使问题沿着一定'应有'的方向解决，而不可能囿于'实有'的范围。"[1] 具体到法学方法论上，其必须从实践中总结出一些切实可行的法律方法，尤其是司法方法，来加以哲学上的改造，而后又将其运用于对实践的指导。由此而形成的理论层次就是司法方法论。

（2）从知识发生学上看，司法方法是法学知识的滥觞。西方历史上最早的世俗知识分子是国王的律师，即职业法律人。[2] 在近代的大部分时间里，法学家活动的中心地点主要是法庭和公证处，其所从事的大部分工作是为当事人代理诉讼，并且从诉讼中获得其生活来源和职业技术以及其他相关的知识。在我们这个职业化的社会里，法学家所传授的知识主要是一种方法论意义上的知识，是一种诠释法律和进行诉讼活动的法律技能。日本学者星野英一（ほしのえいいち，1926—至今）甚至认为："法律家没有什么特别的权威，作为法律家的权威只存在于法律的技术层面，例如逻辑推理、概念和制度沿革意义的说明等理论构成上。"[3] 此言虽有点言过其实，但也确实道出了司法方法在法学知识中的地位之重要。

由于传统的法学方法论是一种诉讼技术或技巧，因此笔者认为在具体的技术层面上成立一种方法论并无不妥。此外，注释方法也是原初意义上之法学方法论的一个重要组成部分，而正是"这种研究方法的系统性特征使法学继续保

---

〔1〕 葛洪义：《法律的理论与方法——法理学作为一门科学的条件和界限》，载《中外法学》2001年第2期，第163页。

〔2〕 参见〔美〕伯特兰·儒弗内尔：《欧陆知识分子对资本主义的态度》，载〔英〕F. A. 哈耶克编：《资本主义与历史学家》，秋风译，吉林人民出版社2011年版，第47—48页。

〔3〕 转引自段匡：《日本的民法解释学》（续），载梁慧星主编：《民商法论丛》（第6卷），法律出版社1996年版，第399页。

持着'科学'的地位。而且,这种以揭示'意义'(meaning)为主要目的的方法经过人文学者的不断发展,最终发展成为一种系统的方法学,即关于'解释'(interpretation)的科学。近代所有关于人类自身的科学(sciences of man)都是在这种方法学的基础上建构和发展起来的"[1]。

从方法抉择的角度看,在具体的技术层面也需要一种方法论。卡多佐发现,在司法过程中,并非一种方法在起作用,有时,尤其是在穷尽某种公认的首要方法的时候,是两种及以上的方法共同在起作用,最终将导致法官作出这样而非那样的判决。例如在诉诸对规则与事实的逻辑推演出现冲突或分歧时,法官不得不求助于共同体普遍的正义情感以作出最终决定。"之所以遵循了一条道路,而关闭了另一条道路,这是因为在这位司法者的心目中有这种确信,即他所选择的道路导向了正义。"[2]同时,在司法过程中,法官还可能通过利益衡量方法以走出规范冲突的困境。"诸多类推和先例以及它们背后的原则都被摆到一起,相互争夺着优先权;但最终,那个被认为是最根本的、代表了更重大更深广的社会利益的原则打得其他竞争原则落荒而去。""谋杀者由于谋杀而失去了遗嘱继承权,这是因为不允许罪犯从犯罪中获利所服务的社会利益比维护并强制执行法定所有权所服务的社会利益更为重大。"[3]

卡多佐以自身的经历告诉我们,在英美法系的司法过程中,法官有时要综合运用逻辑、类推、哲学等方法,才能顺利地完成其工作。在由上述各种方法推演的路径出现分岔时,又必须加进历史或习惯、社会效用或某些强烈的正义情感、甚或法官本人对法律精神的半直觉性领悟,以作出裁判。[4]"在一种逻辑与另一种逻辑之间,通过指导人们作出选择,正义对逻辑起着作用,情感对理性

［1］ 郑戈:《法学是一门社会科学吗? ——试论"法律科学"的属性及其研究方法》,载《北大法律评论》(第1卷第1辑),法律出版社1998年版,第5页;另见[美]哈罗德·J.伯尔曼:《法律与革命——西方法律传统的形成》,贺卫方、高鸿钧等译,中国大百科全书出版社1996年版,第5页以下,以及伯尔曼对于中世纪经院注释法学一节的论述。

［2］ [美]本杰明·N.卡多佐:《司法过程的性质》,苏力译,商务印书馆1998年版,第23页。

［3］ 同上书,第23—24页。

［4］ 同上书,第24—25页。

起着作用。反过来,通过清除情感中那些起专断恣意的东西,通过制约也许会过分的情感,将情感同方法、秩序、融惯性和传统联系起来,理性又对情感起着作用。""有时,一个题目会既适合于使用这种方法也适合于另一种方法,并且都很自然。在这种情况下,习惯或效用的考虑就经常会出现,来调整方法的选择。剩下的部分也许就得由法官的人格、品味、训练或精神倾向来支配。"[1]

总之,如果经常有好几种相互冲突的司法方法都可以适用于手头案件,这里必然就发生一个选择的过程。为了使该过程不变成一个专断的、恣意的过程,就需要一种司法方法论来确定适当的司法目标,确立这些方法之间在特定司法语境下相对固定的关系。"这种选择及随之而来的辛苦,绝非判决过程的暂时情况,而是判决过程不可分割的条件,是判决过程必须忍受的原始咒语。"[2]

(3) 从认识论角度看,司法方法论的成立也有其坚实的理由。法学方法论中的认识论过程应是一个由实践到认识,再由认识到实践,如此循环往复、不断深化的过程。[3] 在这个过程中,人们有一个不断试错纠错的过程,而且只有通过法律在现实生活中的生动展开,上述试错和纠错之目的才能达成。反映到内在结构上,法学方法理所当然地包括法学思维方式和实践性法律技巧。[4] 台湾学者杨奕华亦提出,法学方法论在内容上应包括"哲学"部分、"现象"部分、

---

〔1〕 〔美〕本杰明·N.卡多佐:《司法过程的性质》,苏力译,商务印书馆1998年版,第26、31页。

〔2〕 〔美〕本杰明·N.卡多佐:《法律的成长·法律科学的悖论》,董炯、彭冰译,中国法制出版社2002年版,第60页。

〔3〕 对此有人将它概括为认识论的"三阶段论":现象论、实体论、本质论。三阶段论所遵循的基本思路是:"从现象论出发,以实体论为中介达到本质的把握。"(柳树滋:《上升法:从社会到自然》,载孙小礼、李慎主编:《方法的比较——研究自然与研究社会》,北京大学出版社1991年版,第174页)认识过程的三阶段论基本上类似于辩证法上的"从个别判断趋向特殊判断,最后进至普遍判断"的思想。

〔4〕 参见严存生:《法学方法论现代化有感》,载《法制现代化研究》(第6卷),南京师范大学出版社2000年版,第36页。严存生认为,工作方法也是法学方法中的一个层次或内容。笔者的理解是,工作方法其实是技术上的方法。在该文中,严存生认为法学没有独创的方法,这一说法值得商榷。我们认为,法学所独享的方法是规范分析的方法,凯尔森是这一方法的创始人和杰出代表。在我国,张文显、孙国华、沈宗灵等是最早提出法学有独享之方法的学者(分别参见张文显主编:《马克思主义法理学——理论与方法论》,吉林大学出版社1993年版,第54页;孙国华主编:《法理学》,法律出版社1995年版,第26页)。

"技术"部分和"实践"部分。[1] 大体上相当于本书所建构的哲学层面的方法论、部门法学层面的方法论、技术层面的方法论及司法层面的方法论（司法方法论）。

"司法过程中有多少成分属于推理，有多少成分属于纯粹的感情，司法方法的研究者无法达成一致。""无论法学家还是哲学家都无法解释推理的理性，无法使这一过程站得住脚，无法证明我们忠实于它的合理性。"[2] 而只有运用一种有关此过程的方法论，我们才能对之作出妥当的回答。

（4）从历史的维度上看，司法方法论也是因应全球法学从立法中心主义走向司法中心主义之潮流。近代民族国家初创时期，奉行洛克、孟德斯鸠和伏尔泰的法典化理念，将资产阶级从封建主手中夺得的权利法典化，从而在法、德以至英、美各国掀起了一股法典化的高潮。相应地，立法机关也就在三大机关中取得了中心地位。在资产阶级的多数权利被法典化以后，如何贯彻和实践这些权利就成为资产阶级国家的主要关切。这样，司法机关自然就在三大机关中取得了中心地位。同时，司法中心地位的确定也是近代欧美资产阶级国家中权力膨胀和权利冲突之结果。此外，司法中心主义地位的确定还是近代欧陆理性主义法律观吸收经验主义法律观合理内核的结果。

（5）从研究对象和方法上看，司法方法论拥有独立的研究对象和方法。司法方法论的研究对象和方法不同于整体法学方法论的研究对象和方法，其重要原因乃在于前者是一种实践方法论，是一种应用方法论，其目的主要是为法官裁判提供一个既合法又合理且可接受的证立理由；而后者主要是一种理论方法论，其目的主要是反思法学研究的立场、程序、指向和方法。由此观之，笔者发现司法方法论的研究对象主要是个案事实和裁判规范的性质、事实与规范之间的关系、联结事实与规范的司法方法的适切性等；其研究方法主要是法律逻辑

---

[1] 参见杨奕华：《法学方法论研究范畴之商榷》，载杨建华教授七秩诞辰祝寿论文集编辑委员会编辑：《法制现代化之回顾与前瞻——杨建华教授七秩诞辰祝寿论文集》，台湾月旦出版股份有限公司1997年版，第136—155页。

[2] 〔美〕本杰明·N.卡多佐：《演讲录·法律与文学》，董炯、彭冰译，中国法制出版社2005年版，第52页。

学、法律解释学和法律伦理学。

如前所述，在司法过程中，司法方法论和司法哲学无时不在，只是它们在有的国家或有的案件（比如简单案件）中隐而不显而已，而在有的国家（比如英美判例法国家）或有的案件（比如疑难案件）中效用显著而已。"在类推模棱两可、先例悄然无声的新情形下，通过缩小或扩大权利和救济范围以满足某种法律责任理论，某种目的哲学，就成了判决的基础。"[1] 司法方法的一个重要任务是在法无明文规定时，法官怎样找到适合于手头案件的规则，并予以正当性论证。司法方法就是要为法官的这一行为作出指导。在司法实践中，法官与其"临时抱佛脚"找一种司法方法论和司法哲学当"救命稻草"，不如秉持某种一以贯之的方法论或哲学。"如果缺乏适合的哲学，他将完全误入歧途，最好的结果也不过是陷于经验主义的泥潭而不能自拔，仅凭细枝末节就枉自宣判。"[2]

上述五点理由足以证明司法方法论成立的必要性，同时亦可得出，司法方法论的出现是为了保存法学的实践面目、维持其目的性之要求，司法方法论的出现是法官对自身司法行为自觉反思之结晶。当然，从根本上讲，司法方法论的出现是解决疑难案件中存在的规范与事实之间的不一致之必然要求。

第二节　司法方法论成立的边界

当然，在实践层面成立一个司法方法论并不意味着将法学方法论作为一门通俗意义上的方法学予以处理。方法学研究的是个别性的具体方法，其目的是"明确经验方法（观察和实验）与理论方法（假说和演绎）的含义、理论基础、操作步骤、使用中的注意事项等"[3]。将法学方法论等同为一种方法学曾是法学

---

〔1〕 〔美〕本杰明·N.卡多佐：《法律的成长·法律科学的悖论》，董炯、彭冰译，中国法制出版社2002年版，第57页。

〔2〕 同上。

〔3〕 吕世伦、文正邦主编：《法哲学论》，中国人民大学出版社1999年版，第607页；另可参见张文显主编：《马克思主义法理学——理论与方法论》，吉林大学出版社1993年版，第52—53页。

的奇耻大辱。回顾历史我们看到,在 19 世纪科学主义思潮的强大冲击下,法学的科学性受到怀疑,其学术价值迅速贬值,并蜕化到原初"技艺学"的地步。[1]此时的法学实际上是一门方法学。无怪乎德国法学家拉德布鲁赫对于那种检讨方法论的做法大为反感,认为其是学科衰微之征兆。[2]

司法方法论也不是对司法方法的浅层研究,不是对司法方法简单的排列组合,而是要将反思的触角深入到这些方法的背后,追问其在规范、伦理和哲学上的正当性,追问其在司法情境下的可接受性和示范性。司法方法论要对出现在司法过程中的各种方法之功能、位序和关系予以分析,并严格审查每一种司法方法的创新行为。从这个角度看,司法方法论不仅是对裁判结果之反思,更是对裁判方法之反思,是谓之"批判武器之批判"。

话说回来,司法方法论也不是对司法方法的纯粹形而上学之研究,不是对司法方法的一味提炼,而是要遵循司法和方法论的本性,即要解决司法过程中出现的疑难案件问题,解决疑难案件中规范与事实之间的不一致。司法方法论要关注司法过程中的疑难案件,加以哲学上的反思和解决。它在个案中的目标是要提出并验证规范假说(又称判决假说)。提出并验证规范假说是司法方法论与整体法学方法论相契合之处,也是司法方法论的核心工作。在提出并验证规范假说之过程中,法官所遵循的方法论路向仍旧是"先归纳后演绎"、"先经验后理论"。

如果从实用主义的角度看,司法是一门权衡术,法官"必须将他所拥有的成分、他的哲学、他的逻辑、他的类比、他的历史、他的习惯、他的权利感以及所有其他成分加以平衡,在这里加一点,在那里减一点,他必须尽可能明智地决定哪

---

〔1〕 其实,法学的"技艺学"特征与其实践性特征并不矛盾,恰恰相反,它们是互补的。缺乏一种起码的技艺的法学家从根本上讲就无法开展其法律实践活动,而失去了法律实践这一有力中介,法学理论的研究也就成了空中楼阁。可见,技术方法应当成为、而且有资格成为法学理论和法学方法论研究中的一个有机组成部分。

〔2〕 还应当注意的是,拉德布鲁赫的此种态度有其特定的学术背景:因为在当时的德国,关于方法论以及法学方法论的研究已经达到非常高的水准。在方法论的"发达国家"发出此番言论自然不足为怪。

种因素将起决定性作用"〔1〕。 同时，卡多佐又将司法看作一门个性化的艺术，认为无法以一种僵硬的原则加以规制。对于这样一个法官，卡多佐说："我知道他是一个聪明的药剂师，因为根据一个非常一般化的药方，他就可以混合制作出一种恰当的药物。""对于每个法官来说，都一定要有一个新的综合，而这将不得不由他本人亲自完成。"〔2〕

因而，在此我们可以大体上划定司法方法论成立的边界，即它向下不能堕落为单纯研究司法技术的方法学，向上不能人为地拔高为纯粹研究司法哲理的法哲学。

第三节　司法方法论的结构

卡多佐认为，司法过程受一些原则的调整，尽管它可能未为所有法官接受，也可能未为同一个法官在所有时刻接受；尽管它可能未为人们宣告和表述，甚至未为人们意识到。同时，司法过程受到了某种哲学的指导。〔3〕从广义上讲，司法方法论的学科支撑是整个法学、社会科学和哲学；从狭义上讲，司法方法论的学科基础是法哲学——也包括法理学。司法方法论在结构或体系上也应当包括哲学基础、基本原则和具体技术这么三个层次。

1. 哲学基础

概括地讲，司法方法论的哲学基础是"司法哲学"。它是指对司法现象、经验和实践进行反思性的、批判性的哲理研究，所指向的是司法实践中的根本问题。法律哲学作为一种认识论支持了作为科学结论的判决，相应地，法理学上的"基础主义"作为一种认识论上的"基础主义"也支持了有关判决的理论科

---

〔1〕 〔美〕本杰明·N.卡多佐：《司法过程的性质》，苏力译，商务印书馆1998年版，第101—102页。

〔2〕 同上书，第102页。

〔3〕 同上书，第2—3页。

学。法律哲学和法理学上的"基础主义"都试图为相关的法律推理和判决实践提供一种基础。但是法律现实主义通过对法律推理的不确定性之展示告诉我们，这两种尝试都失败了。现实主义所提供的司法哲学则通过对理论与证据、司法判决与法律推理之间关系的经验探询，重构了一种适合于现代法治的司法方法论。[1] 现实主义的司法哲学认为，在有关判决的"大众"社会学之上没有更高的评判标准。

不同的司法哲学对于法律的要求及自身追求的目标是不一样的。例如规范主义的司法哲学追求法的确定与有序和形式正义的严格实现，因而它偏好逻辑、历史和习惯等方法；实用主义的司法哲学追求法的灵活性和适应性，偏好社会学、伦理学等方法。"一方面是确定性，另一方面则是正义；一方面是对逻辑的遵从，另一方面则是对效益的追求。判断哪一个相对更有价值将涉及对值得促进的不同社会利益的评估。"[2] 这是只能通过一种称为司法哲学或司法伦理学才能解决的问题。法官利用什么样的司法哲学作为指导进行裁判，将在很大程度上决定裁判的结果。同时，司法哲学也能够指引法官对相互冲突的司法方法（例如逻辑、历史方法与伦理、经济方法）作出有效的选择。正如卡多佐所揭示的："在使用自己拥有的这些方法时，我们是在扮演哲学家的角色。"[3]

在司法过程中，当法官面对数个相互冲突的利益需要作出选择时，他更需要司法哲学的支援。"法官，如同立法者一样，将根据糅合多种因素的判断，来评价它们的相对价值。这种评价取决于法官一生的经历，取决于他对有关正义与道德的通行标准的理解，取决于他对社会科学的研究。"[4] 在司法造法的场合，法官需要的可能是一种创造性的司法哲学（例如实用主义、非理性主义）而非守成性的司法哲学（比如规范主义、理性主义）。"这种新哲学，在'直觉'的

---

〔1〕 See Brian Leiter, *Naturalizing Jurisprudence*: *Essays on American Legal Realism and Naturalism in Legal Philosophy*, Oxford University Press, 2007, p.115.

〔2〕 〔美〕本杰明·N.卡多佐：《法律的成长·法律科学的悖论》，董炯、彭冰译，中国法制出版社2002年版，第47—48页。

〔3〕 同上书，第56页。

〔4〕 同上书，第49页。

名义之下,鼓吹一种比纯粹理性更精致的知识模式,一种将自身置于现实正中心的知识模式。"[1] 在许多疑难案件中,可能只有前一种司法哲学才能帮助法官走出选择的困境。

"在整个 20 世纪,美国和欧洲的法理学将注意力集中于司法方法与实践。事实上,对审判实践的批判性研究是上世纪法理学的主题。"[2] 在此氛围之下,学者们逐渐发展出了一套比较系统的司法方法及作为其指导方针的司法哲学。在司法哲学问题上,存在以近代大陆法系为代表的司法克制主义和英美法系为代表的司法能动主义。在我国,大多数学者和司法实务者秉持司法克制主义立场。[3] 例如有人认为,在我国现阶段,法官应奉行司法克制主义立场。而且从法律方法的角度看,法官也应奉行司法克制主义。因为多数法律方法不支持能动主义,多数案件也不支持能动主义。尤其是在我们这个变动不居的转型社会中,坚持司法克制主义立场更有其意义与价值。[4]

众所周知,司法哲学是司法方法论的理论基础和行动指南。受后现代法学思潮的影响,自 20 世纪末,中国学界开始流行一种以"后果考量"为旨趣的"实用主义"司法哲学。它对传统的以"三段论"演绎推理为核心的司法哲学进行了不遗余力的批判,认为后者与司法现实严重不符。苏力是此种司法哲学在当代中国的早期倡导者和最著名的代表人物。[5]

司法哲学成长于现实的司法实践之中,其受平等、公平和正义等法律价值的制约。法官从纷纭的、甚至相互冲突和矛盾着的诉讼当事人的司法要求和利益要求之表象下发现始终如一的、足以捍卫法的逻辑性与安定性的、正义的利益要求。而这一"发现"的过程在一定意义上是一个在各种利益之间进行法益

---

〔1〕 〔美〕本杰明·N.卡多佐:《法律的成长·法律科学的悖论》,董炯、彭冰译,中国法制出版社 2002 年版,第 52 页。

〔2〕 陈锐编译:《逻辑、直觉和哈特的实证主义遗产》,载《司法》第 3 辑(2008 年),第 135 页。

〔3〕 参见陈金钊:《法官司法的克制主义姿态及其范围》,载陈金钊、谢晖主编:《法律方法》(第 7 卷),山东人民出版社 2008 年版,第 36 页以下。

〔4〕 同上书,第 37—42 页。

〔5〕 参见苏力:《经验地理解法官的思维和行为——波斯纳〈法官如何思考〉译后》,载《北方法学》2009 年第 1 期。

权衡、掂量、取舍的过程,也就是司法方法论成长的过程。更为重要的是,这种司法哲学既满足了形成法律抽象概念的需要,又满足了司法实践具体化的要求,而且,它们所产生的"概念"常常介于这两种需要之间,并作为其坚定的中介而存在着。这样的"概念"在德国法学家眼中就是所谓的"类型"。[1]

2. 基本原则

利益平等、同等情况相同对待、不同情况不同对待等是司法方法论的基本原则,它们统率着法律适用、法律解释和法律漏洞补充等众多司法技术。在对待这些基本原则的问题上,我们不能过于机械和保守,不能拿过去的原则指导今天的司法。任何原则在经历较长时期的社会变迁后,都会发生或多或少的变化。例如在上述列举的基本原则中,什么是"同等情况"? 什么又是"不同情况"? 其标准和参照系是什么? 等等。都是需要人们在具体司法情境中予以认真思考的。正如丹宁勋爵所言:"那些由 19 世纪的法官所确立的法律原则——尽管适合当时的社会状况——是不适合 20 世纪的社会需要和社会见解的,应当用现在的社会模型对他们进行改造,使之与人们今天的观点和需要相适应。"[2]

3. 具体技术

司法方法论中的"方法"与一般法学方法论中的"方法"存在一定的区别:由于司法方法论是司法实践层面的方法论,因而,相对于一般方法论,其中的方法多为技术性规则、规程乃至程序。司法方法连同程序法往往就是程序性法律制度本身。因此,司法方法又具有规范研究主体的作用。正如有人所指出的,"法学家的知识贡献、司法精英的司法技艺恰恰是法学方法论的'两翼'"[3]。其中,司法精英的司法技艺构成司法方法论的具体技术层次。

司法技术是联结制定法与法律实践的主导性力量,是制定法得以实施的坚

---

〔1〕 参见李可:《类型思维及其法学方法论意义——以传统抽象思维作为参照》,载《金陵法律评论》2003 年第 2 期,第 105—118 页。
〔2〕 〔英〕丹宁勋爵:《法律的界碑》,刘庸安、张弘译,法律出版社 1999 年版,第 6 页。
〔3〕 雷小政:《刑事诉讼法学方法论·导论》,北京大学出版社 2009 年版,第 19 页。

实依凭。"司法技术，它产生自裁断法律争议的需要。"[1] 司法技术构成了所谓实用法学的最主要的成分。实用法学是一门如何使制定法变得切实可行的学问。"法学家最早的功能就是将社会法塑造为裁判规范。"[2] 随着历史的发展，实用法学变得越来越具有技术性和复杂性，即它必须"对日益发展的人性和对越来越复杂的人类关系更深刻地洞察"，"将实用法学局限于对现行法的认识以及对实践问题的解决仅仅是最近两三个世纪的欧洲大陆的观念。人们并未期待法庭上佩带阿基里斯之盾的贤明人，会按照已确立的规则进行诉讼，而是期盼他会基于对人性更深刻的洞察来作出一个调解争议（关于应当付给被杀害的人的赔偿金的争议）的判决"。[3] 所谓司法技术，就是如何合乎理性和逻辑地发现裁判规范的技术。至此，我们必须扩展先前对实用法学的认识，即应当认识到实用法学不仅仅是解决与制定法相关的法律问题，而且是（更多地）解决与社会相关的法律问题。换言之，司法技术之"法"不仅仅是制定法，而且还包括"社会法"。

　　"在早期的实践中，手边的案子是通过简单的区别与类推方法来裁决。"[4] 与这种简单的司法技术相对的是简单的司法方法论，后者是对法律解答中体现的精巧技术的总结。"根据记载下来的、大量的且多种多样的法律解答以及根据冲突的法律家意见对法学家个人精确地并简明扼要地陈述他试图在法律规则中表达的思想观点是非常重要的。""罗马法学从来不曾是纯粹的理论。将其运用到具体的案件当中是理论的目标，并且这种目的一直未曾被遗忘。"[5]

　　因而，在学科定位上，司法方法论应从属于法哲学。这不仅仅是因为司法方法论本身是法学方法论的一个层面，也不仅仅是因为司法方法论的哲学基础是司法哲学，而是因为只有法哲学才能为司法哲学提供理论支援，而同

---

〔1〕 〔奥〕尤根·埃利希：《法律社会学基本原理》，叶名怡、袁震译，中国社会科学出版社 2009 年版，第 184 页。

〔2〕 同上。

〔3〕 同上书，第 184—185 页。

〔4〕 〔美〕罗斯科·庞德：《法理学》（第 3 卷），廖德宇译，法律出版社 2007 年版，第 395 页。

〔5〕 同上书，第 396、398 页。

时司法方法论所面临的诸多实践问题为法哲学提供了直接的理论素材和经验支持。法哲学是主要研究法的本体论、认识论和方法论的科学,在研究方法论的这一部分,它所研究的是方法论的最一般的原则、原理、规律和世界观、价值观。从体系上讲,司法方法论固然包括哲学基础、基本方法论原则和具体司法技术;但是从组成成分上看,司法方法论上的基本问题有:概念、特征、功能、任务和学科地位等,其基本理论构造则有:裁判假说、规范判断(或价值判断)和证立理由等。

第四节　司法方法论的内容

司法方法论的研究对象与其构成内容有一定关系,不过两者毕竟不同。司法方法论的研究对象主要是案件事实的主客观性、法律规范的合法性与正当性,以及联结事实与规范的司法方法的适切性。而由前文对司法方法论的定义可知,司法方法论的内容大致应当包括司法主体的特性、司法方法的功能、位序和关系、司法过程的性质、特征和规律、司法过程中人与法、规范与事实、事件与场景之间的互动关系等。本书在此择其要者而言之。

1. 司法的目的论和功能论

有关法律或司法的目的论、功能论是司法方法论的首要内容,同时也是司法哲学的核心要素。在面临两难的选择困境时,"此法官或彼法官所认可的选择,在很大程度上将取决于该法官对法律目的或法律责任的功能的认识;这种有关目的和功能的问题则是一个哲学问题"[1]。

事实上,不同的目的论和功能论将在很大程度上影响法官运用同一种司法方法的客观效果。例如,如果法官接受了机械的、静止的功能观,那么他在运用

---

〔1〕 〔美〕本杰明·N.卡多佐:《法律的成长·法律科学的悖论》,董炯、彭冰译,中国法制出版社2002年版,第56—57页。

历史方法时，将会把手头案件视为过往类似案件的"盲目再现"（卡多佐语），把法律当做过往信念的表达，从而被动地接受过往判例或规则提供的解纷方案。反之，如果他信奉发展的、动态的功能观，那么他在运用历史方法时，将会对手头案件进行细致的分析，将法律看作当下人们信念的表达，从而从通行的公益与福利标准去反思性地对待过往的判例或规则提供的解纷方案。"一旦忽视了历史动态的一面，我们就会采取一种错误的、偏颇的历史观。"[1]

同样一种司法方法，在不同的司法哲学的支持下，将会显示出不同的价值色彩上的细微差异。例如前述历史方法在后一种功能观的武装下，实际上已成为一种"历史社会学"方法，即它将历史看作一条奔腾不息的河流，其中不同的思想、学说在时隐时现，而睿智的眼光将一眼窥见其发展的大致方向。

2. 司法主体

相对于立法主体和行政主体，司法主体总是有着自己太多的独特性：从应然的层面上讲它应是中立于国家与社会之外的第三种力量，在政治国家与市民社会之间担当仲裁人的角色；但是从实然上看，它又深深地嵌入正式的国家组织之中，以公务员的身份行使着司法统治之权；它不像立法主体那样为人民所公选，也不像行政主体那样深陷官僚体制之中，但是在近现代国家权力体系中它又作为一根政治杠杆调节和制衡着前述两者。在转型中国，司法方法的主体更可以分为应然（学理）主体与实然（制度）主体。在学理上，公诉刑事案件中检察机关、审判机关及其人员是司法方法的应然主体，但是在实践中，公安机关及其侦查逮捕人员是司法方法的实然主体。而且我国三机关分工合作的流水作业制度也支持这一实然主体之存在。

司法方法论要着力探讨的是司法主体的上述特性对于个案裁判的影响，要追问司法主体与司法方法之间的内在关联，要分析司法主体的立场、价值对于司法过程客观性的影响。在司法方法论体系中，法官的思维方法也可以构成司

---

[1]　〔美〕本杰明·N.卡多佐：《法律的成长·法律科学的悖论》，董炯、彭冰译，中国法制出版社2002年版，第58页。

法方法的内容,但是似乎应是司法方法的背景性内容,而非司法方法本身。从内容上看,思维方式主要为司法方法的运用提供操作性标准和分析方向。从形式上看,思维方式大多是一些内隐性的意识、习惯乃至价值观、世界观和处事方式。

3. 司法方法

司法方法论的研究目的是为法律人的司法活动尤其是其运用司法方法的行为提供一个哲学上的、原理和原则上的指导,以保证司法活动行进的正确方向,并防止司法方法的异化。当然,司法方法论的直接目的是提炼司法方法之间的内在一致性和特点,总结司法方法运用的原则、原理和规律。

因而,在对司法方法的研究上,一是要从经验层面总结司法方法发生、运行的基本特点、规律和方向,并将之上升到模式化的高度。例如,当下中国司法方法运用中的"克制主义模式"与"能动主义模式"、"机械三段论模式"与"归纳演绎模式"、"自力自律模式"与"外力他律模式"。其中,机械三段论模式与归纳演绎模式又大致可以分别对应于"公理取向的证明模式"和"论题取向的论辩模式",前者既称"证明模式",即先期设定了一个正确无误之答案,法官只需围绕其探明事实、寻找依据,进行形式化的法律叙事;后者既曰"论辩模式",即认为可能有多个解答,法官须为其单一之选择与两造进行反复交流,共同探讨,以正当化其结论。很显然,"证明模式"背后潜藏的是一种"非此即彼式"的思维,而"论辩模式"所需要的是一种"或多或少式"的思维。换言之,在"证明模式"中,法律解答要么就全对,要么就全错;而在"论辩模式"中,每个法律答案都有一定程度的可错性和适当性。可以说,"证明模式"追求的是一种绝对正确性,而"论辩模式"追求的是一种相对正确性。达致"证明模式"之绝对正确性的是一条直线型或层级型的"真理输送带",因为是直线的或层级的,所以输送的是必然的、不可能变形走样的确定真理。获取"论辩模式"之相对正确性是一条回溯型或枝状型的"合意生成环",居于该环核心的是法官所提出的规范假说。当然,当事人也可以提出与之相竞争的规范假说,它们共同构成了法庭论辩的"论阈"——类似于当下中国学者所认同的"论题"。[1]

二是要在批判司法方法运用的现有模式的基础上,提出一个适合转型中国的司法方法运行模式,并界定其理想状态与适用条件。在上述几个模式中,适合当下中国国情的是"论辩模式",但是它须受到"克制主义模式"和"外力他律模式"等的限制,甚至也要吸收一些"机械三段论模式"的形式主义精神,否则有可能滑向盲目能动、无限归纳之极端和"什么都行"的相对主义泥淖。

4. 司法过程

司法方法论自然要对司法过程予以研究,其核心乃是法庭辩论。法庭论辩是追求正确性(真理)还是目的性(利益),这个问题表面上看来无关司法方法论之宏旨,但是其实相当重要:如果是追求目的性,那么其方法论立场就是利益最大化,而事实、证据和规范等的正确性就是次要的;如果是追求正确性,那么其方法论立场就是对正当理据的追求,而当事人之间的诉讼交易、庭前沟通和私下协商就是次要的(应退居次位)。但是对于不同的法庭角色而言,必然偏向上述两种追求(或动机)之一端:当事人主要是追求目的性,而法官以及作为监督者的检察官则主要追求正确性。不过在两种目标中,正确性无疑应居于基础的或前提的地位。"究其根本,法律争执要在正确性要求的情况下、并据此诉诸理想的条件来予以讨论。"[2]

在上述几方面的内容中,司法方法是司法方法论研究的核心内容,司法主体是司法方法论研究的前提性内容,而司法过程则是司法方法论研究的形式性内容。总之,主体、方法和过程是司法方法必须研究的三大内容,舍此即非司法方法论。

---

〔1〕　参见陈林林:《裁判的进路与方法》,中国政法大学出版社 2007 年版,第 39—40 页。
〔2〕　〔德〕罗伯特·阿列克西:《法律论证理论——作为法律证立理论的理性论辩理论》,舒国滢译,中国法制出版社 2002 年版,第 272 页。

第五节　司法方法论与司法方法学、法律方法论的关系

由于司法方法"论"与司法方法"学"只有一字之差,所以在实践中,人们常将它们混淆在一起。在此,有必要将两者区别开来:首先,从词源学上看,前者的主词是"方法论",后者的主词是"方法学",方法论属于"理论学",方法学则属于"技术学",两者之间构成理论与应用、指导与被指导的关系。其次,从归属上看,前者属于法学方法论的一个层面,是法学方法论在司法实践层面的投射;后者是一门有关司法裁判之方法的科学,简单地讲,就是一门技术科学。最后,从内容上看,前者是对司法主体、司法方法和司法过程三者的原则、原理和规律之探究,是对三者的规范、价值和哲学基础之反思性、批判性研究;后者只是对司法过程的规则、方法和规律之总结和归纳,并按照一定的原则使之体系化而已。方法学中也有一些原理性的内容,但大都是对所属学科方法的一次抽象,与方法论中的原理不可同日而语。

在司法方法论与法律方法论的关系上,陈金钊认为,后者包含前者,前者是后者之重点。[1] 之所以如此,笔者推想是因为司法是法治的最典型领域和示范领域。严存生认为,在具体技术上,司法方法包括法律推理方法、法律解释方法、法庭调查方法和法庭辩论方法。同时,严存生认为,广义的法律方法包含司法方法,狭义的法律方法主要指司法方法。[2] 与严存生相似,赵玉增也认为广义的法律方法包括司法方法,而狭义的法律方法则专指司法方法。[3] 赵玉增倾向于将法律方法定位于司法方法,即司法过程的方法。[4] 但是这种定义实

---

〔1〕　参见陈金钊主编:《法律方法论》,中国政法大学出版社2007年版,第2页。

〔2〕　参见严存生:《作为技术的法律方法》,载《法学论坛》2003年第1期,第99—101页。

〔3〕　参见赵玉增:《法律方法释义》,载陈金钊、谢晖主持:《法律方法》(第6卷),山东人民出版社2007年版,第214—215页。

〔4〕　参见赵玉增等:《法律方法的意义探析》,载《山东科技大学学报(社科版)》2006年第3期,第41页。

质上与梁慧星、陈金钊等人所讲的作为裁判技术的方法没什么区别。[1] 王海蓉则认为，广义的法律方法包括立法的方法、司法的方法和法学研究的方法，狭义的法律方法则仅指司法的方法，即法律推理和法律解释的方法。[2] 但是在研究中，一些人给"司法方法"下的定义与狭义的"法律方法"并无二致。[3] 如果将司法方法定位为法官裁判的方法与思维，那么它与当下我国学者所指称的法律方法确无什么紧要区别。

由以上叙述可见，人们大都是从概念的外延出发把握司法方法论与法律方法论的关系的，即广义的法律方法论包含司法方法论，狭义的法律方法论大致等同于司法方法论。在总体上，笔者认同陈金钊的看法。如果从"司法"与"法律"的外延上看，那么法律方法显然包括司法方法及其他法律人（例如检察官、律师和法学家）适用法律或根据法律进行推理、解释的方法，因而法律方法论也就包含司法方法论。

---

　〔1〕　参见梁慧星：《裁判的方法》，法律出版社 2003 年版，第二—五讲；陈金钊：《司法方法与和谐社会建构》，北京大学出版社 2009 年版，第五—七章。
　〔2〕　参见王海蓉：《法律方法与裁判公正的互动——以判决的正当性为目标》，载《山东审判》2006年第 2 期，第 103 页。
　〔3〕　参见鲁千晓、何媛：《司法方法学》，法律出版社 2009 年版，第 28、47、51 页。

第二章

现代司法的方法论体系（一）：
法律解释的方法论构造

第一节　法律解释方法位序表的元规则

法律解释方法的排序由于缺乏一个元规则而颇受非议。对这些异议的回应迫使我们检讨影响法律解释方法位序的种种因素，并进而探寻隐藏在解释方法位序表背后的元规则。研究表明，可接受性的元规则可以作为法律解释方法排序的始基，并在法律解释中担当起类似法学研究逻辑起点的各项功能。

一、对一些异议的反驳及问题的提出

在法理学界，一些人指责，由于缺乏选择解释方法适用效力的元规则，法律

解释方法之间不可能有什么位序。[1] 但是,我们拟定解释方法的位序表不正是为了确定这么一个方法适用的效力规则吗? 因而,这一指责实质上是一种方法论上的诡辩,对于解释方法位序表之存在不具有任何理论上的否证力量。而且解释方法的选择也不像一些人所说的那样是任意的。正如德国学者齐佩利乌斯所言:"在诠释学上的合理范围内一旦选择了某一解释或漏洞填补,即不应在没有重大理由的情况下放弃这一选择。"[2] 因为同等情况同样对待和法的安定性原则要求法官尊重前例的选择。即便有重大理由要求偏离前例的选择,法官也必须对于此种选择加以论证。同时,当事人和社会公众对前例选择的信赖和对新案选择的合理预期也要求法官尊重前例的选择。

确实,我们承认,对于解释方法位序的违反并不必然导致任何法律上的不利后果之产生,但是不要忘了,方法位序表与方法一样,都只是一种方法,也就是说,它在性质上近似于一种办事指南,是通向正确解释结果乃至司法判决的较佳途径,在这种意义上,它不同于规则、原则和标准等规范性范畴。对于法官而言,解释方法位序表更像"菜单"而非"诊单"。就像雷德大法官(Lord Reid)所说的:"在每一个案件中,我们必须考虑所有相关情况,然后根据任何特定规则的分量作出实际的判断。"[3] 应该说,需要权衡、比较和综合是解释方法位序表的根本特征,并无丝毫可指摘之处。

同时,解释方法位序表的拟定本身就是为了应对从简单案件到复杂案件以至疑难案件这么一个"由简至繁"序列上的法律问题,因而,位序表前面的方法简单而后面的方法复杂这么一种排列顺序也完全因应上述"由简至繁"的法则。"以简应简、以繁应繁、疑难之处应多加说明"这本身既是一种生活常识,也是一种使解释结果获得更多正当性和可接受性的必行之举。因为相比于简单案件,当事人要求解释者对复杂案件和疑难案件的解释也更复杂、更精致。与之相对

---

〔1〕 参见桑本谦:《法律解释的困境》,载《法学研究》2004年第5期。

〔2〕 〔德〕齐佩利乌斯:《法学方法论》,金振豹译,法律出版社2009年版,第119页。

〔3〕 See Maunsell v. Olins [1975] 1 All ER 16. Cited by *Legal Method*, by Ian Mcleod, 6th edition, 2007, Palgrave Macmillan.

应,前位的方法体现了更多的形式理性而后位的方法则体现了更多的实质理性,这么一种"由表及里"的排序方法也符合人们的认识规律和思维特点。由此我们还可以得出,方法位序表不单单是对形式规则的罗列,也是对实质规则(例如表后的论理解释、目的解释)的考量。

而且法律解释学从来也没有声称过它只为法律操作问题提供一个程序性的指令,除此之外它什么也不做。难道位序表后的那些方法(例如论理解释、目的解释)不正是一些实质性的指令吗? 同时它也从来没有声称过只需考虑法律内部因素就可以解决疑难案件。[1] 多数方法位序表的倡导者突出论理解释和目的解释在各自位序表上的重要地位,就是试图在解释乃至裁判活动中引入法外因素和实质性判断。其实有人早就提出了一些法律解释应当考虑的价值,它们是:三权分立的宪政结构、法的统一性、公平正义、利益最大化。[2]

国内外所有方法位序表的制定者也从来没有声称过其位序表是绝对永恒、固定不变的。自然,前位的方法比后位的方法具有更大的正当性和可接受性,并且解释者相应负担的论证义务也更轻。在没有干扰因素(例如事实不清、法律不明)的情况下,人们更易理解前位的解释方法及其相关方案,但是当干扰因素一出现,前位的解释方法就失去了明确的解释对象而不得不让位于后位的解释方法。而人们通常更难理解后位的解释方法,故而需要解释者负担更多的论证义务。在司法过程中,法官、检察官和律师各自建构的方法位序表都只具有假说的性质,它们能否在诉讼情境中最终胜出,得看哪一方能从规范、事实、价值和理论中寻求到最佳的论证资源。

在法律解释中,"先定结果再找方法"的执果索因式解释模式并不是解释的特例,而是解释的常态,司法过程本来就是一个先进行法律发现、后予以法律论证的二阶过程。[3] 法官在综合考察个案并结合以往类似判例的基础上,先提

---

[1] 参见梁根林:《罪刑法定视域中的刑法适用解释》,载《中国法学》2004 年第 3 期。
[2] 参见[德]齐佩利乌斯:《法学方法论》,金振豹译,法律出版社 2009 年版,第 69 页。
[3] 参见[德]罗伯特·阿列克西:《法律论证理论》,舒国滢译,中国法制出版社 2002 年版,第 284 页。

出一个"规范假说",然后再从制定法、判例、逻辑和伦理等多个维度予以验证。[1] 诚然,如人们所言,法律解释的最终目的乃是为择定的判决提供有根据且有说服力的法律理由。[2] 司法判决与法律政策的联系即便是在奉行严格解释的刑法中也是稀松平常的。我们不能因为法律判决要考虑社会后果和社会目标就否定它的自足性和自主性。法律本来就是一个开放的、流动的系统,人们从法律中所能捕获的确定性也只能是一种"流动的确定性"。

二、影响解释方法位序的因素

在诸多影响因素中,对方法位序表影响最大的是人们对文义、体系和目的等关键词的理解。由于词语的多义性及外延的弹性,同样的一个词,人们可以对它进行广义上的理解也可以对它进行狭义上的理解,既可以扩张其外延也可以缩小其外延。例如,如果我们从广义上理解文义一词,那么在利格斯诉帕尔默(又译为埃尔默)案(Riggs v. Palmer)中[3],我们可以说帕尔默的律师、格雷法官和厄尔法官都是从文义的角度对纽约州的遗嘱法进行解释,只是强调的重点不同而已。一般情况下,法条的字面含义、字中含义和字外含义之间具有单向外推关系,但是它们之间也有区别:字面含义是人们单从法条文字本身即可看出的含义;字中含义是人们需要将法条与所处法律体系中的其他法条联系起来才能体会出的含义;字外含义则是人们需要将法条与所处社会的主流价值联系起来才能发掘出的含义。帕尔默的律师是从"字面"的角度理解纽约州遗嘱法,因而得出结论说帕尔默享有继承权;格雷法官是从"字中"的角度理解相关法律,认为该遗嘱法与刑法之间的界限清晰,没有必要将两者联系起来进行理解,从而支持了帕尔默律师的辩解;而厄尔法官则是从"字外"的角度理解遗嘱法及与相关法律的联系,认为遗嘱法的字外含义在该案中与字面及字中含义发

---

〔1〕 参见李可:《法学方法论原理》,法律出版社 2011 年版,第 120、152、204 页。

〔2〕 参见苏力:《解释的难题:对几种法文本律解释方法的追问》,载梁治平主编:《法律解释问题》,法律出版社 1998 年版,第 32 页。

〔3〕 Riggs v. Palmer, 115 N.Y. 506, 22 N.E. 188(1889). Cf: Re Sigsworth〔1934〕All ER Rep 113. Cited by *Legal Method*, by Ian Mcleod, 6th edition, 2007, Palgrave Macmillan.

生了分裂,需要将该法条与立法者的价值判断联系起来才能释明该法条的个案含义,并从而得出帕尔默不能享有继承权的结论。当然,在该案中,厄尔法官将立法者的价值判断(也即个案情境下社会上的主流价值)说成是"立法者的意图"。换一个角度讲,在厄尔法官看来,在通常情况下,法条的真义与其字面含义、字中含义是重合的,但是在特殊情况下,两者之间可能发生分裂,前者可能逸出字面和字中,因而需要到具体个案情境中去捕捉此种含义。在此,法官必须根据一般法律原理从过往的类似判例中提炼出一个"规范假说",并对之予以逻辑、规范和价值上的验证。这可以视为一个找寻法条本体的过程,一个字面、字中和字外三种含义发生分裂,而且这种分裂为人们所觉察并被有意地予以突显,而不得不迫使当事人、律师和法官去找寻丢失的意义的过程。

仅从对文义解释的广、中、狭三义的理解即可发现,上述理解实质上是一种方法论上的论辩,即借助什么方法去发现法条之本体。借助不同的方法事实上可以发现至少表面上有理的法条本体。同时,借助不同的方法也可以突显或淡化个案事实的某些部分,从而使案件呈现出不同的面目来。例如在上述利格斯诉帕尔默案中,律师采取字面含义的方法尽量淡化帕尔默毒杀其祖父与其享有遗产继承权之间的内在联系,从而使该案保持简单案件的面目;而厄尔法官则突显这种内在联系,从而使该案呈现出疑难案件的面目。因而,一个案件是否是疑难案件,往往与观察该案的视角、方法有关。这样看来,方法类似于一盏探照灯,它投射到案件的不同侧面,将使个案显示出不同的颜色乃至性质。同时,观察案件的不同的视角和方法也将影响个案中解释方法的位序。例如,如果从广义上理解文义一词,那么帕尔默案中解释方法的位序将简化成:文义解释、历史解释和合宪性解释三种。

首先,解释者的价值观和价值目标对于解释方法的排序有着重要影响。在司法实践中,解释方法的位序受到该国的法制规划、司法政策和国际国内的人权运动等法律意识形态的影响。例如在 1997 年刑法之前,类推解释在我国刑法解释方法的位序表上占有重要的地位,当文义解释、逻辑解释、体系解释等无法解决问题时,类推解释就被派上用场。在国内法治建设和国际人权运动的推动下,1997 年刑法废除了类推,从此类推解释就从刑法解释方法的位序表上被剔除。在理论研究中,解释方法的位序受到解释者的价值观和解释目标的影响。例如,目的刑论者注重刑法的特殊预防功能,因而在解释方法的排序中往往突出目的解释,将之作为整个位序表之核心。可见,无论是在实践中还是在学理上,诸解释方法之间的位序往往受制于解释者的价值观。在长期的解释实践中,某一个学派乃至某一个法律体系下的法律人通常会形成一个相对稳定的解释共同体。这一共同体拥有大致相似的法律价值观和相对一致的解释位序取向。例如,受法教义学影响较深的大陆法系法官在法律解释时,一般倾向于优先采取文义解释、逻辑解释和体系解释等形式性解释方法;而在受法社会学影响较深的英美法系法官在法律解释时,往往喜欢抛开形式性解释的羁绊而直接运用历史解释、目的解释和合宪性解释等实质性解释,以直扑预定的裁判主题。

其次,法律解释所发生的部门和领域对于解释方法的位序也有较大影响。例如发生在刑法、行政法等公法领域的法律解释要受到公法致力于保障人权、规范国家权力运行的价值取向和偏重于法之安定性、可预期性等形式价值的影响,因而较多地采取文义、体系和历史等形式性解释方法,而较少地采取目的、意图和合宪性等实质性解释方法。这一点亦得到公法领域的主流观念的认同。[1] 同时,出于形式法治之需要,公法领域的法律解释亦有致力于发现立法者的真正意旨之努力。人们普遍认为,无论是形式性解释还是实质性解释,皆为发现立法者之真意,以抑制法官的恣意裁量,保障被告人和相对人的权利。尤其是在对待公法中的不确定性条款上,学者无不强调对立法资料的诉求,因而历史解释在公法领域的解释方法位序表上往往占有重要地位,个别学者甚至将之作为"初始解释方法"对待。[2] 可以说,在公法领域,一直以来偏向于一种客观主义的解释观,无论是在刑法还是行政法的解释中,人们都非常强调解释

〔1〕　参见梁根林:《罪刑法定视域中的刑法适用解释》,载《中国法学》2004 年第 3 期。
〔2〕　参见孙晋琪、蒋涛:《论刑法司法解释方法》,载《江苏警官学院学报》2009 年第 4 期。

的谦抑性。

再次，在解释方法位序表中，一些方法之间的内在结构关系也决定了它们之间的先后顺序。因而，情形并不是像有人所说的那样，方法本身不能为方法的选择和排序提供任何有用信息。[1] 例如文本是规范、事实、价值和现象之载体，是解释客体之具现，构成了解释方法诸要素中的客体要素。[2] 解释者只有基于对文本进行形式与意义之展开，才能为其他解释方法确定一个方法上的"锚"。因而，文义解释不得不位于所有解释方法之首。当然，如前所示，如果我们广义地理解文义，那么它的包摄力是惊人的：所有形式性解释方法都有理由被它收编，甚至一些实质性解释方法（例如目的解释）在某种意义上也只是对文义解释的展开。正是因为看到这一点，人们才断言："文义不仅是一切解释的出发点，更应是一切解释的终点。"[3]故而，在此我们只能对文义解释予以常义理解，方能恰当地确定它与其他解释方法之间的内在结构关系。与文义解释有密切联系的是体系解释。从内在结构上看，体系解释包含一个先在的方法论假定，即任何体系在逻辑上都是自洽的、无矛盾的意义网络，而法条之文义乃是此网上之"结"。因而，如果逻辑解释可以单独成为一种解释方法的话，那么它必须位于文义解释之后、体系解释之前。同时，只有先对法条作体系解释，才能确定该法条在适用范围上是否封闭，因而体系解释必须位于反对解释之前。此外，只有先发现法条的立法目的，才能确定该法条的规范逻辑外延，因而发现法条的目的必须位于反对解释之前。

三、方法位序表上的元规则

方法位序表的异议者否认有一个解决方法适用之先后次序的"元规则"存在，即使有也并不具有与法律规则对解释者一样的拘束力。但是，即便是在常

---

〔1〕 参见梁治平：《解释学法学与法律解释的方法论》，载梁治平主编：《法律解释问题》，法律出版社 1998 年版，第 92 页。

〔2〕 解释方法的其他要素是主体、目标和程序。参见李可：《法学方法论》，贵州人民出版社 2003 年版，第 206—208、214—215 页。

〔3〕 苏彩霞：《刑法解释方法的位阶与运用》，载《中国法学》2008 年第 5 期。

理意义上,各解释方法之间难道就没有一个作为排序之始基并统摄全局的元规则存在吗? 假使有这么一个元规则存在,那么它应当具备什么性质呢? 对此,有人提出"良法原则"是解释方法的元规则,而且认为符合良法原则的法律原则还构成了一个元规则系统。[1] 但是,原则是解决规则之间冲突的元规则,而方法与规则毕竟在性质上不尽相同,适用于规则的元规则未必适用于方法;而该论者从法律选择角度对良法原则的论证与方法选择的元规则问题相去甚远,因而未能说服人心。在此,笔者想借助法学方法论上逻辑起点的若干性质对解释方法的元规则予以说明,或许能够给我们若干启发。

法学方法论上的逻辑起点是指法学研究对象中最简单、最一般的本质规定,它构成了研究对象最直接和最基本的分析单元。逻辑起点是一个理论的起始范畴,往往以起始概念的形式来表现。一般而言,逻辑起点必须具备下述四个条件:首先,它凝结了研究对象中最基本、最简单的质之规定;其次,它构成了研究对象的基本单位;再次,它贯穿于理论发展的全过程;最后,它有助于形成完整的科学理论体系。[2] 那么,在诸解释方法之间有没有这样一个类似法学方法论上的逻辑起点存在呢? 换言之,我们能否从诸解释方法之间提炼出这么一个起始范畴以作为方法位序表之元规则呢? 如果我们从规范与事实、效力与实效、价值与现象、形式与实质对立统一的辩证法立场出发,认真审视字义/文理解释、逻辑/体系解释、意图/目的解释和合宪性解释之间的内在关系,完全可以发现或提炼出这么一个元规则。根据形式与实质之间对立统一的规律,我们可以把上述解释方法压缩为偏向形式的解释和偏向实质的解释两大类。字义解释、逻辑解释属于偏向形式的解释,意图解释和合宪性解释属于偏向实质的解释。方法位序表从根本上讲是要解决诸解释方法的适用在效力上相互冲突时,究竟应选择何种方法的适用效力之问题。这样看来,偏向形式的解释是要

---

〔1〕 参见雷绍玲:《论法律解释元规则》,载《广东社会科学》2009 年第 3 期。

〔2〕 参见李可:《法学方法论》,贵州人民出版社 2003 年版,第 265—267 页;胡平仁:《当代中国法理学范式及其逻辑起点批判》,载胡平仁主编:《湘江法律评论》(第 7 卷),湘潭大学出版社 2008 年版,第 185 页。

解决方法适用的内在效力问题,而偏向实质的解释是要解决方法适用的外在效力问题。内在效力指向规范,而外在效力指向价值;内在效力以实定法的位阶为根据,外在效力以事实在伦理上的评价为根据。那么,内在效力与外在效力的契合点在哪里呢? 或言之,实定法的位阶与事实在伦理上的评价能够找到结合之处吗?

我们认为能够找到,那就是当事人的"可接受性"。什么叫做可接受性? 这在词典上没有明确的定义,我在此假定可接受性是指解释结果虽然给了当事人以限制,但是当事人认为这种限制并没有违背其自由意志,相反为其自由意志之行使创造了制度和伦理上的积极条件。例如,解释结果对败诉方不利,但是这种不利与其先前的意志行为之间的联系是可识别的;解释结果对胜诉方只有有限的利益(即这种利益可能没有达致其预期目标),但是此种有限的利益与其先前的意志行为之间的联系也是可识别的。简言之,解释结果与当事人先前的意志行为之间必须具有包容性但是不具有可操纵性。解释结果不能根据实定法的位阶、事实在伦理上的评价以外的因素被人为地操纵。具体地讲,解释者必须在规范与价值、事实与现象这两类因素中寻找解释的标准或根据,而这些根据均潜在地指向当事人的可接受性这一目标。

以上述逻辑起点的四个条件观之,"可接受性"可以作为方法位序表的元规则。首先,法律的最基本、最简单的质之规定就是其作用对象的最低限度的可接受性,即便是主张"法即规则"的实证主义者对此也不予否认。[1] 其次,不论是社会法学还是规范法学,不论是历史法学还是自然法学,它们对法律的研究都是从"该法是为人们所接受的"(即可接受性)这一最基本单位开始的。再次,法的可接受性贯穿于发现理论与实践之间的不一致、提出并验证理论假说和修改、完善理论体系这一系列程序之中。最后,可接受性有助于克服武断地将法学研究之逻辑起点定于自然理性、上帝意志、统治者的命令、基础规范等诸

----

[1] 参见〔英〕哈特:《法律的概念》,张文显、郑成良、杜景义、宋金娜译,中国大百科全书出版社1996 年版,第52—63 页,尤其是第61—63 页。

理论体系之缺陷，从而可以架构起一个逻辑、规范和价值上自洽的理论体系。

　　以可接受性的元规则观之，按照可接受性程度的高低排序，在上述诸解释方法中，当事人最容易接受字义/文理解释，次之是逻辑/体系解释，较难接受意图/目的解释和合宪性解释。这是因为前两种解释是偏向形式的解释，而后两种解释是偏向实质的解释，而常人的认识通常是由形式到实质、由现象到价值这么一个"由表及里"的过程。当然有人可能说，合宪性解释不是一种形式性很强的解释吗？为什么它的可接受性却最低呢？这一质问颇有道理。但是在当下中国的解释语境下，宪法虽是最高的、最根本的"母法"，不过同时也是最抽象、最模糊、最偏向实质（价值）的"大法"和最缺乏可操作性、可适用性的"虚法"。宪法是一国人权的宣言，也是一国法制价值的宣言。如此看来，合宪性解释岂不是最偏向于实质和最难为当事人所接受的解释？

四、可接受性元规则的展开

　　可接受性的元规则是依据前述形式与实质之间对立统一的规律，从诸解释方法中提炼出来的，因而它必然考虑到了法律解释方法的形式维度、价值维度和事实维度等对立统一的解释因素，可以有效防止解释者选择方法时的恣意裁量。因而，方法位序表的元规则并非是一个单纯的程序性指令，也并非是一个单纯的事实性描述，而是一个综合了规范与事实、效力与实效、价值与现象等多种解释因素的方法论上的基本范畴或起始范畴。如果我们考虑到"解释是体系化的前提，体系是解释的结果"之经验事实，那么在某种意义上，作为解释方法之元规则的可接受性概念可以成为法律体系的起始范畴。[1] 可以说，解释方法的元规则的操作功能和价值功能是非常强大的：它既可以为人们解释规范、理解事实提供一个方法论上的出发点，也可以为人们解决诸解释方法适用效力上的冲突提供一个价值上的基点，还可以在具体的司法裁判过程中调节效力与

---

　　〔1〕　当然，方法位序表的元规则能否作为法学研究的逻辑起点是一个需要进一步论证的问题，它与本书主题相去甚远，故只能另文详述。

实效、价值与现象、形式与实质等目标之间的冲突。因而从形式上看,解释方法的元规则确实担当了类似法学研究上的逻辑起点之功能。

可接受性的元规则并没有否认传统合法性和合理性判准对解释方法之选择的制约作用,相反,它是在尊重上述判准的基础上所设立的具有解纷性质的方法论判准。详言之,当实定法所提供的解释方案在合法性与合理性之间发生冲突时,人们可以借助该元规则加以解决,以最终克服解释方案的内在冲突及由此导致的解释结果之多样性等难题。从方法论策略上看,可接受性的元规则试图具体地而非抽象地、个案地而非一般地解决当下人们所面对的解释难题。"在原本的法律职业群体正当化的基础之上,社会成员对正当化的接受都应当受到前所未有的重视。"[1]

可接受性的元规则无论对于方法位序表前位的形式性解释方法还是后位的实质性解释方法的意义都是重大的。与方法位序表前位的形式性解释方法相比,后位的实质性解释方法对于职业共同体和社会公众的可接受性渴求更大更急切。因为这些解释方法在作为法续造的工具时往往缺乏实定法规范的支持,所以更加需要人们的内心认同和情理上的依据。后位的实质性解释方法——例如历史解释、目的解释和合宪性解释——主要是作为法律续造的工具,其在法律上的正当在于,它必须为法律职业共同体(首先是法官)和社会公众(首先是当事人)所接受。当然,这种接受通常只是以缓慢甚至是不易觉察的速度进行的,与司法职业伦理和社会主流价值相契合的续造为人们接受的速度较快,但也得有个过程。其如有人所描述的:"在法律发展的一定阶段,某种解释的可能性、某项一般法律原则或者某一漏洞填补的做法会被提出讨论,并缓慢地获得其效力;也就是说,它们被司法/执法机关所接受的或然性不断增大。"[2]

在实践中,可接受性的元规则对于习惯法解释也有较强的说服力。相比于

---

〔1〕 孙光宁:《法律解释的评价标准:从合法性、合理性到可接受性》,载《内蒙古社会科学(汉文版)》2009 年第 5 期。

〔2〕 〔德〕齐佩利乌斯:《法学方法论》,金振豹译,法律出版社 2009 年版,第 12 页。

制定法,习惯法更体现了人们对于一种秩序的可接受性程度。"因为一项行为秩序只有在能被接受为是关于特定生活关系的公正的、且符合主流法感受(即法律共同体的 opinio juris)的秩序的情况下才能作为习惯法得以贯彻。"[1] 在同时存在数个适用于个案的习惯法解释的情况下,解释者应采用最能为当事人所接受的解释。

处理解释结果适用效力上的冲突问题与处理一般正义问题一样,要以"最大多数人的最大可接受性"为标准。在现代社会中,我们无法以传统的甚至是唯理论的权威束缚人们的思想,在法律问题上,每个人实质上都坚守内心的道德律,并以之作为评判一种解释方案正当与否的标准。当然,正当的解释方案也是融会了集体共识的方案,同时也是坚守了某些贯彻于诸解释方法始终的一般原则的方案。因而,正当的解释方案是建立在宽容歧见,反对价值专制的基础上的。只有这样的解释方案才是可接受的。

在个案当中,可接受性的元规则之具体展开要更为复杂些。具体个案是不同利益、价值和目标"厮杀的战场",是"通常情况"(常规情形)与"特殊情况"(例外情形)角逐的领域。尽管如此,解释方案要取得上述共识和原则的支持也不是不可能的。而且,正是在这样纷杂的情境下,解释方案应符合可接受性的元规则就更加重要。当然我们可以讲,可接受的理由是五花八门的,但是解释的程序、原则和原理却可以将它们引上理性的轨道和公平的竞技场。

在陈述了可接受性的元规则在具体社会和个案中遭遇的复杂情势后,我们就可以明白当今占主流地位的方法位序表为何要将合宪性解释作为"压轴式的解释方法"了。如前所述,宪法是一国法制价值的宣言,它凝练了该国国民占主流地位的价值观念。进言之,宪法不仅是法制价值之宣示,更是法律伦理、法律原则和法律传统之汇聚。不过,从前述形式性解释方法过渡到合宪性等实质性解释方法,解释者的自由度不断扩大。为了防止法官解释的裁量恣意,解释者必须负担更多的论证义务,必须更加小心求证,因为前行的道路上布满了文本

---

〔1〕 〔德〕齐佩利乌斯:《法学方法论》,金振豹译,法律出版社 2009 年版,第 15 页。

与史料、规范与意志之间因断裂而形成的陷阱。

第二节　法律解释方法位序表的背后

法律解释方法在位序问题上面临诸多方法论上的难题,至今尚无破解善法。究其原因在于,解释方法的位序问题乃是一个法律价值位序的认定问题,每种解释方法背后都有相应的价值立场作支撑。因而,上述难题可能的解决路径在于积极凝聚法律职业共同体的价值共识。

一、方法论上的位序难题

众所周知,方法论是一种体系化的知识,方法论的任务之一是将各种不同的方法安置到不同的环节和层面,以使它们形成解决同一问题的合力。法学方法论亦不例外。而且,法学方法论作为一种指导法学理论与实践,规范法律解释和司法裁判的学说,这一任务还显得更加重要。对此,早有学者指出,研究法律现象,法学方法使用的先后是法学方法论应予以考量的一个重要内容。[1]但是,存在这么一个方法论上的位序表吗? 在这一问题上,大致有三种态度:一是肯定说,认为存在这么一个方法论上的位序表;二是无所谓说,认为既可以有也可以没有这么一个方法论上的位序表;三是否定说,认为没有这么一个方法论上的位序表。

对于解释方法使用的先后顺序,国外学者如卡尔·卢埃林(Karl Llewellyn)、卡尔·拉伦茨(Karl Larenz)、尼尔·麦考密克(Neil Mac Cormick)、罗伯特·萨默斯(Robert S. Summers)、耶赛克(Yescheck)、鲍曼(Baumann)、齐迈尔曼(Zimmermann)、齐佩利乌斯(Zipplelius)等人都做过探索,但结果都不尽如人

---

〔1〕　参见严存生:《法学方法论现代化有感》,载公丕祥主编:《法制现代化研究》(第6卷),南京师范大学出版社2000年版,第39页。

意。[1] 例如齐佩利乌斯认为存在公认的解释规则以合法地发现法律,法官在选择法条的意义时应遵守这一规则。但究竟这一解释规则是什么,齐氏未予详述。[2] 国内法理学者中,陈金钊认为文义解释是法律解释之始基。[3] 芦雪峰和纪诚更是认为,学界在解释方法的位序问题上已经达成如下共识,即认为法律解释方法是一种价值权衡方法,文义解释是文本解释的出发点。[4] 郑永流也认为,应以文义解释为先,体系解释、历史解释次之。[5] 在部门法学中,梁慧星认为民法解释方法的位序是语义解释优先,如果该解释有复数结果则采取论理解释;如果通过论理解释无法求得一解则应采取比较法解释或社会学解释;前述解释都失败后,最后还可以采取利益衡量或价值判断的方法求得一个妥当的解释结果。王泽鉴则认为民法解释方法的位序应是文义解释、体系解释、历史解释、比较解释、目的解释和合宪性解释。[6] 黄茂荣认为民法解释方法的位序依次是文义解释、历史解释、体系和目的解释、合宪性解释。[7] 李希慧大体同意采取先文理解释后论理解释的刑法解释方法位序。[8] 陈兴良认为刑法解释方法的位序应是文义解释、逻辑解释、体系解释、历史解释、比较解释和目的解释。[9] 梁根林、苏彩霞认为刑法解释方法在序列上依次是文义解释、体系解释、目的解释和合宪性解释。[10] 孙晋琪、蒋涛认为刑法解释方法的位序应是先历史解释,再文义解释,最后是体系解释。[11]

对于肯定说的上述积极排序行为,也有一些人认为大可不必。例如,有学

---

[1] 参见舒国滢等:《法学方法论问题研究》,中国政法大学出版社 2007 年版,第 377—379 页。

[2] 参见[德]齐佩利乌斯:《法学方法论》,金振豹译,法律出版社 2009 年版,第 122 页。

[3] 参见陈金钊:《文义解释:法律方法的优位选择》,载《文史哲》2005 年第 6 期,第 87 页。

[4] 参见舒国滢:《法学方法论问题研究》,中国政法大学出版社 2007 年版,第 379 页。

[5] 参见郑永流:《法律方法阶梯》,北京大学出版社 2008 年版,第 7 页。

[6] 参见梁慧星:《民法解释学》,中国政法大学出版社 1995 年版,第 245—246 页。

[7] 参见黄茂荣:《法学方法与现代民法》,中国政法大学出版社 2001 年版,第 288 页。

[8] 参见李希慧:《刑法解释论》,中国人民公安大学出版社 1995 年版,第 132—133 页。

[9] 参见陈兴良主编:《刑法方法论研究》,清华大学出版社 2006 年版,第 187—205 页。

[10] 参见梁根林:《罪刑法定视域中的刑法适用解释》,载《中国法学》2004 年第 3 期,第 120 页;苏彩霞:《刑法解释方法的位阶与运用》,载《中国法学》2008 年第 5 期,第 97 页。

[11] 参见孙晋琪、蒋涛:《论刑法司法解释方法》,载《江苏警官学院学报》2009 年第 4 期,第 81 页。

者认为没有必要刻意给各种解释方法排个位次。[1] 也有学者认为在纠纷解决过程中,无需事先排定解释方法的位序。[2] 或许如人所言,方法论的问题是一个实践问题[3],因而在具体情境中解决方法的位序问题,可能更好。

对于解释方法使用的次序问题,国外学者中卡尔·萨维尼(Friedrich Karl von Savigny)、埃塞尔(J. Esser)、克里勒(Kriele)、朔伊尔勒(Scheuerle)和理查德·波斯纳(Richard A. Posner)等人持否定态度。例如萨维尼对于上述排序行为不以为然,他虽然肯定其所提出的法律解释的四个标准——语法、历史、体系和逻辑——之间的关系不是任意的,但是认为应根据解释的需要调整它们之间的位序。埃塞尔则对拟定一个方法位序表的计划表达了极其悲观的态度。[4] 国内法理学者中,梁治平认为人们无法从方法本身获取选择方法和对这些方法进行排序的信息。[5] 张志铭认为每种解释方法背后有其价值支撑,故解释方法之间无法形成位序。[6] 桑本谦则认为由于选择方法的元规则之缺位,解释方法之间不仅不可能有一个相对确定的位阶,而且连法律解释学本身也难有方法论意义,解释方法的选择仅是一种司法策略,一个社会学问题。[7] 梁迎修认为解释方法本身不确定,无固定的位阶可言。[8]

客观地看,解释方法之间有无固定的位阶关系与解释结果的客观性之间并

---

〔1〕 参见陈金钊主编:《法律方法论》,中国政法大学出版社 2007 年版,第 149—150 页。

〔2〕 参见孙光宁:《法律解释方法的体系整合——制度和谐的视角》,载陈金钊、谢晖主持:《法律方法》(第 7 卷),山东人民出版社 2008 年版,第 322 页。

〔3〕 参见舒国滢:《寻访法学的问题立场——兼谈"论题学法学"的思考》,载《法学研究》2005 年第 3 期,第 9 页。

〔4〕 参见 Joach im Rah lf, D ie Rangfolge der k lass juristische Interpretationsm ittel in der strafrechtsw issenschaftlichen Auslegungslehre, in: Eike Von Savigny u. a. , Juristische Dogmatik und W issenschaftstheorie, V erlag C. H. Beck, Muechen, 1976, S.22—23. 转引自苏彩霞:《刑法解释方法的位阶与运用》,载《中国法学》2008 年第 5 期,第 97 页。

〔5〕 参见梁治平:《解释学法学与法律解释的方法论》,载梁治平主编:《法律解释问题》,法律出版社 1998 年版,第 92 页。

〔6〕 参见张志铭:《法律解释操作分析》,中国政法大学出版社 1999 年版,第 185—193 页。

〔7〕 参见桑本谦:《法律解释的困境》,载《法学研究》2004 年第 5 期,第 3、11、12 页;另见〔美〕波斯纳:《法理学问题》,苏力译,中国政法大学出版社 1994 年版,第 354 页。

〔8〕 参见梁迎修:《超越解释——对疑难案件法律解释方法功能之反思》,载《学习与探索》2007 年第 2 期,第 111 页。

无必然联系,后者的客观性主要寄托于法律之论证。即便解释方法之间有固定的位阶,如果解释者并没有进行相应的法律论证的话,那么解释结果仍无客观性可言;反之,即使解释方法之间没有固定的位序,但是只要解释者履行了严格的法律论证之职,并且这种解释是适切的且可接受的,那么解释结果仍有较强的客观性。

　　事实上,肯定说提出的各种位序方案都无法说服对方,其所依据的理由也很难经得起推敲。[1] 因为这些理由从根本上讲出自论说者内心的价值考量,它们在经验世界中自然无法达成统一。从结构上看,诸种解释方法之间也没有一条贯彻始终的价值"红线"。而且那种基于某种学说甚或一时一地之国情而非经验实证基础上的、对解释方法位序的论证,更无法保证其结论的普适性,随着主流学说的转换,此种论证之基础也就烟消云散。

　　而且,诸种解释方法之间从根本上讲是存在内在的冲突的,如果它们之间并非相互冲突而是彼此兼容的话,那么一种解释方法就可以涵括另一种解释方法而不必同时出现在所谓的"位序表"之上。因而,只有当两种解释方法相互冲突且不可替代时,它们才可能同时出现在位序表上,但是此时如何协调两者之间的关系,则又成为方法论上的一道难题。

　　如果我们回过头来斟酌前述学者给出的位序表,则可发现有数种解释方法之间存在兼容关系。例如文义解释似可包含体系逻辑,而体系解释似又可涵括合宪性解释。具体地讲,法律之文义不仅指文内之义,而且还可指文外之义,前者主要指法条的字面含义,后者则指法条在整个法律体系中的含义,其基本涵盖了体系解释之义。[2] 同时,如果我们将一国法制看成一个统一的体系的话,那么合宪性解释无疑属于体系解释之一种。因为在由宪法、行政法、民法、刑法

　　〔1〕　参见 Joach im Rah lf, D ie Rangfolge der k lass juristische Interpretationsm ittel in der strafrechtsw issenschaftlichen Auslegungslehre, in: Eike Von Savigny u. a. , Juristische Dogmatik und W issenschaftstheorie, V erlag C. H. Beck, Muechen, 1976, S. 17—21. 转引自苏彩霞:《刑法解释方法的位阶与运用》,载《中国法学》2008 年第 5 期,第 98、99 页。

　　〔2〕　根据一些学者对体系解释所下的定义,我们似乎也可推论出它是文义解释之延伸甚或即是后者之一种。参见张明楷:《刑法分则的解释原理》,中国人民大学出版社 2004 年版,第Ⅶ、16—34 页;陈志军:《刑法司法解释研究》,中国人民公安大学出版社 2006 年版,第 353 页。

和诉讼法等组成的法律体系中,任何对法条乃至部门法的解释之结论都必须符合作为根本法的宪法之要求,此乃体系应有之义。因而,体系解释实已包含合宪性解释,在体系解释之外另再列合宪性解释,似属多余之举。

同时,一些学者对文义解释一词的表述也是充满歧义的。他们时而称文义是法条用语的"文字含义",时而称文义可以是"可能的文义"。但什么是"可能的文义",它与"通常的文义"之间有什么样的关系,在什么情况下可将"通常的文义"拓展至"可能的文义"? 对于这些问题人们要么就三缄其口,要么就含糊其辞地以"大炮的射程"来比喻。[1] 不仅如此,我们还可进一步追问,"可能文义"意义上的文义解释与体系解释、历史解释、目的解释之间的关系如何?

在前述学者给出的位序表中,有些解释方法也像体系解释那样纯属蛇足之方法,例如逻辑解释和比较解释。法律解释乃至司法裁判要考虑法条内部及外部之逻辑,此乃法律操作应有之义,在法律实践中安得有不讲逻辑之法律与法官? 比较解释主要是在本国法制与外国法制之间进行,在一国法制之内进行解释,很难说得上需要进行比较解释。况且采用外国立法及判例释明本国法律或补充本国法律之漏洞,仍要以本国法律的目的、意旨为指向,因而比较解释很难称得上是一种独立的解释方法。[2] 而意图解释、目的解释之间却存在名异实同的现象,"意图"和"目的"本来就是两个可以互换的术语。而且立法目的作为一个上位概念本来就可以分为立法者的目的和立法文本的目的两个小类,前者可指历史解释中立法者的原意,后者则可指法律当下的客观目的。

人们常言,在可能的文义范围内,目的解释应位于所有解释方法之首,但是在法律的目的尚属可疑的情况下,又怎么谈得上运用目的解释释疑呢? 因为法律目的多为一种观念之抽象存在,绝大多数法律文本并没有像美国的《模范刑法典》、《统一商法典》那样明确、具体地规定其目的。[3] 即便在上述两部法典

---

〔1〕 参见张明楷:《刑法学(教学参考书)》,法律出版社 1999 年版,第 59 页。

〔2〕 参见唐昊泺:《法官解释之方法智慧重述》,载张海燕主编:《山东大学法律评论》(第 4 辑),山东人民出版社 2007 年版,第 119—120 页。

〔3〕 参见梁根林:《罪刑法定视域中的刑法适用解释》,载《中国法学》2004 年第 3 期,第 130 页。

中,除了包含目的表述的法条外,其他法条的目的不是自明的。因而首要的任务是,如何发现法律的目的? 仍得通过文义解释或其他解释方法! 例如在刑法领域,人们也意识到,无论是立法者的目的还是立法文本的目的都要借助文义解释和其他(例如体系、语法或逻辑)解释方法去发现。[1] 但是,人们之所以需要目的解释,是因为文义解释及其他解释方法不能发现法律之正解,如果能通过文义解释等方法发现法律的目的,那么人们还需要目的解释吗? 因而这里存在一个严重的解释学上的悖论。

同时,如果在运用目的解释取得法律正解之后,解释者照旧要进行法律论证,那么此种论证岂不可以取代目的解释而成为该项解释行为之实质? 因为如前所述,发现法律目的的过程并不是一个目的解释的过程,而是一个运用文义解释及其他解释方法的过程,那么法律发现之任务即非由目的解释所承担,亦非其所能承担。

二、位序问题之实质

如果我们透过各种位序理论的表象,深入其内里,则可发现,各种解释方法的位序问题其实是一个法律价值位序认定的问题,这两者如一物之两面,须臾不离。[2] 例如,如果我们认为法律的明确性优于其目的性,那么就必然认为文义解释应处于目的解释之上。反之亦然。在刑法解释方法的位序之争中,争论各方之所以都认同文义解释应冠于各解释方法之首,是因为人们认识到明确性是刑法最重要的价值,它直接与罪刑法定这一刑法上的"帝王条款"相连。相反,在民法解释方法的位序之争中,之所以有相当大的一部分人认为目的论解释应置于诸种解释方法之上,是因为人们认识到明确性不是民法最紧要的价值,相反,目的性——也即意思自治——才是民法最重要的价值和原则,这与民

---

[1] 参见梁根林:《罪刑法定视域中的刑法适用解释》,载《中国法学》2004 年第 3 期,第 120 页。

[2] 有人提出方法位序之争的实质是利益之争,但是她接着又说方法要维护的是法律原则,而法律原则更倾向于一种价值陈述而非利益表达。(参见雷绍玲:《论法律解释元规则》,载《广东社会科学》2009 年第 3 期,第 197 页。)因而,利益之说未能精当地把握方法位序表的实质而未为本文所不采。

法作为"自治法"的特点是分不开的。由此我们可以推论,行政法解释方法的位序应比较接近刑法而位于刑法、民法之间;经济法解释方法的位序应比较接近于行政法而位于行政法与商法之间。如此等等。

因而我们可以假定,每种解释方法背后都有相应的价值、立场作为支撑。例如,文义解释背后有立法至上之价值,社会学解释背后有司法中心主义之价值。[1] 如此一来,"解释者的价值观不同,解释方法的位阶排序就会不同的"。[2] 事实上,人们早就注意到,将文义解释置于首位是为了突出法的安定性,而将目的解释作为首选则是为了突出法的正义性,因而解释方法的位序问题是一个法律价值目标问题。[3]

因此笔者可以断言,解释方法位序之争其实也是一种解释的价值宣示,不同的价值观及对案件事实不同部分的价值强调将导致不同的方法位序表。如有刑法学者所言:"刑法解释方法的位序如何,应当受制于刑法的价值目标。"[4] 因而,脱离具体部门法和个案情境单纯地宣称某某方法应位于某某方法之前或之后,其方法论意义相当有限。当然,有一些基本价值无论在哪一个部门法或哪一种个案情境中都是有相对稳定的先后顺序的——例如自由优于秩序、秩序优先于平等,所以人们在一些最重要、最常用的方法上还是可以达成共识的,这就是学界基本上认同的"字义解释→逻辑解释→原意解释"或"文义解释→体系解释→目的解释"的方法位序表。

这样,在主张某一解释方法位序表时,如果不辅之以相应的价值陈述,那么此种排序不仅不能说服人心,而且没有多大意义。其实,每一种解释方法都有其优先于其他解释方法的理由,都可能成为解释方法位序表之首选。如果这种理由不能得到相应的价值支持,那么它就是漂浮在众多相互竞争的理由的表面,而让人无所适从。一个酷爱逻辑的人完全有理由坚持逻辑/体系

〔1〕 参见张志铭:《法律解释操作分析》,中国政法大学出版社 1999 年版,第 185—193 页;苏彩霞:《刑法解释方法的位阶与运用》,载《中国法学》2008 年第 5 期,第 99 页。

〔2〕 陈兴良主编:《刑法方法论研究》,清华大学出版社 2006 年版,第 208 页。

〔3〕 参见苏彩霞:《刑法解释方法的位阶与运用》,载《中国法学》2008 年第 5 期,第 98、99 页。

〔4〕 同上书,第 99 页。

解释应优于其他任何解释方法;同理,一个喜欢直截了当的人也完全有理由提出相反的主张来。

在解释方法位序表中,一种解释方法向另一种解释方法的转换,表明的并非是前一种解释方法在应对个案时的不能胜任,而是显示了解释者价值立场的调整或转换。例言之,如果解释者在使用文义解释处理个案时觉得意犹未尽,此时他又宣称要结合其他解释方法——例如逻辑解释来得出合理结论,那么这只能显示解释者在偏好法律的明确性时,还兼爱法律的逻辑性。当然,在解释方法排序过程中,解释者可以不断进行价值转换或调整,如此一来,他的方法位序表可以拉得很长,以至于他被人们判定为一位价值综合主义者。

至此,有人可能要问,那么你是不是认为每种解释方法背后都隐藏着一种法律价值? 大体上是这样的。例如文义解释对应的是法律的明确性,逻辑解释对应的是法律的逻辑性,体系解释对应的是法律的形式性,历史解释对应的是法律的意志性,比较解释对应的是法律的普适性,目的解释对应的是法律的目的性。例如,目的刑论者通常将目的解释看做是刑法解释的中心,因为该派强调刑罚的目的性。当然,这些法律价值之间是有重合或交叉的——例如法律的逻辑性与形式性,法律的意志性和目的性,所以在学界大体上达成共识的方法位序表中,逻辑解释与体系解释、历史解释与目的解释往往又可以互换。

不仅各种解释方法的位序问题本质上是一个价值位序认定的问题,而且各种解释方法本身就包含了以"前见"形式存在的价值判断问题。"前见"是各种解释方法得以发生的前提性条件或主体性前提,其包含了主体的价值立场、世界观和研究视角或偏好。因而价值立场的不同也就决定了不同主体对同一解释方法的权重认定就不同。在个案解释的情境中,"争论各方都从各自的立场出发,寻找能够证立理由的解释方法"[1]。

有人可能要对笔者这里的分析发难,认为它完全颠覆了解释方法位序的客

----

〔1〕　孙光宁:《法律解释方法的体系整合——制度和谐的视角》,载陈金钊、谢晖主持:《法律方法》(第7卷),山东人民出版社2008年版,第320页。

观性,进而伤害了当事人对法律判决的合理预期性。事实不是这样。其实人们在交往实践尤其是法律交往实践中发展出了一些大致有共识的价值及价值位序表。支持笔者的判断的证据有很多,这里不宜一一列举。笔者在此只想指出一个前文已经提到过的证据,即在那些发育得比较成熟的部门法——例如刑法、民法、行政法和诉讼法中,解释方法位序表头及次位的方法大致是被人们公认的。文义解释和逻辑/体系解释通常在刑法方法位序表中占据第一和第二的位置;在民法方法位序表中,文义解释如果仍占据首位的话,那么目的论解释的位序不可能很靠后;在宪法行政法方法位序表中,合宪性解释的位置恐怕也不可能太靠后。

因而,解决方法论上位序难题的可能路径似乎在于,着力发展法律职业共同体在法律价值问题上的共识。当然,具体实务部门的人可能更多地关注方法位序表的可操作性,他们比理论工作者更希望能有一张相对固定的"化学元素表"式的方法位序表,但是法律解释世界不可能满足他们这种过于理想的奢望。在真实的解释世界里,只有一张相对确定而随时可能变化的方法位序表,更多的时候得靠解释者在这表上依据情况挪动某些解释方法。不过也有一种取巧的方法,那就是在具体运用方法位序表时进行解释结果之间的比较,如果结果相同,那么应优先运用排序靠前的方法;如果结果不同,那么就需要综合运用不同的方法。对之笔者称为"结果重合法"。

三、结论

由以上论述可以得出,虽然法学方法论应解决各种解释方法之间的位序问题,但是在现实世界中,它只能为我们指明排序的方向,而无法具体地给我们绘制一张确定无疑的位序表。当然我们可以说,在法学方法论领域,理论家和实务家在解释方法的位序上似乎已经形成了一种"解释习惯或惯例",即"字义解释→逻辑(体系)解释→原意(目的)解释"的位序。这一解释惯例在很大程度上反映了法律职业共同体在上述解释方法背后的价值问题上达成了一种大致的共识,但是仍然相当地模糊和不确定。因而,解释者在应用这张位序表时,必须结合个案和当时社会主流的价值观进行细致的法律论证;而且法律解释方法上的位序惯例与任何其他司法惯例一样,并不是在任何情况下都应被法官遵循,但是法官若抛开这一惯例而选择其他的位序表,则必须陈述特别的理由,也就是说他必须对其选择进行法律论证。

必须再次声明,解释方法之间没有固定的、绝对的位序关系,但是法律有自己的价值追求,而这些价值之间是有一定的位序关系的,尤其是在当代中国这个法治初建的国家。

第三节 当代法律解释学的困境

当代法律解释学面临着种种理论或实践上的困境,而这些困境是依靠其自身力量无法加以克服或消解的。但是,意识到这些困境本身就是走向问题之解决的第一步。通过考察可以发现,对哲学诠释学的不当引入、方法选择的错误、解释一词的歧义和泛化、解释对象的不确定、解释方法位序表之元规则的缺乏和独白式的理解模式等,是导致当代法律解释学陷入困境的主要原因。

一、不幸的结合:对哲学诠释学的引入

"在最近几年的思想潮流中,一些所谓的西方新思想、新理论正在被盲目引进和崇拜,正在颠覆我们的建设性理论努力。"[1] 当代法律解释学对哲学诠释学(指本体论取向的一脉)的引入,可能就是这种情形。诠释学与解释学虽然只有一字之差,但在方法论取向上却存在巨大悬差:后者取向于科学方法论,而前者却断然拒绝所有科学方法论,而试图经由读者的"前理解"或"理解的前结构",在尊重规则与事实的情境依赖性的基础上,对文本实行直观式洞见。因

---

〔1〕 高全喜:《我为什么主持开设这门课程》,载高全喜:《西方法哲学演讲录》,中国人民大学出版社 2007 年版。

而,从方法论脉络上看,与解释学的理性方法论不同,哲学诠释学本质上是一种非理性方法论,即强调诠释者本人先天的能力对于真理的领悟或发现。[1] 如果说人们尚可以在规则与事实的情境依赖性上取得大体上的一致的话,那么在个体化的"前理解"或"理解的前结构"上,人们就难以达成共识了。虽然法律人相似的学历教育、理论素养、职业生涯和价值追求为这种一致性提供了不可或缺的基础,但是个体的前理解显然不是全由教育和职业训练所形塑的,它要受到诸如童年经历、家庭生活、婚姻生活和个人小圈子等其他重要因素的影响。在法理学界,德沃金率先将哲学诠释学引入法律解释学领域,以建构其整体性法律概念。[2] 很显然,在作为理性方法论的法律解释学中引入作为非理性方法论的哲学诠释学后,必然会削弱乃至消解法律解释结论的理性分量和客观程度。自近代以来的法治所预设的法律从本体论上看必须是传统与当下、自我与他者之间的合谋,因而也就在本体论上天然地排斥那种不加修正的诠释学的强行进入。

从方法论上看,法律解释的客观性根本上在于获取其解释结论之程序的公开性和可检验性。采取一种隐秘的、他人无法理解或共享、事后也无法检验的方法获取的解释结论,即使解释者本人自认为是如何地客观真实,但在他人看来绝对是无比的主观臆断,这样难免会陷入"公说公有理,婆说婆有理"的莫衷一是的裁判窘境。而且,解释者越是执著于自己的政治道德理想和价值追求,其所得出的解释结论也就可能越缺乏合意。尤其是当他的"前见"与他者的"前见"在意识形态上处于根本对立时,一位坚定的解释者很有可能断然对他者采取"价值专制",从而在不自觉中站到了现代司法民主的反面。因而,如果在实践中我们过分凸显诠释学方法在司法裁判中的作用或分量,那么我们必然会被法律现实主义那略显玩世不恭的预断所言中,即法律判决是法官个性之产

---

〔1〕 参见〔德〕加达默尔:《哲学解释学》,夏镇平、宋建平译,上海译文出版社1994年版,第21页。
〔2〕 参见金玲:《德沃金建构性法律解释学中的"效果历史"》,载《武汉大学学报(哲学社会科学版)》2011年版第4期,第36页。

物。[1] 如果在实践中我们不加限制地扩大诠释学方法在司法程序中的活动空间,那么我们也必然会削弱法律判决的合意程度。

从本体论上看,与解释学方法不同,诠释学方法将人们获取解释结论之客观性的依凭从"规则"、"事实"或规则与事实之间的"关系"等"客观之物"转移到了"个体的性格"、"个体的心理"这样的"主观之物"之上,即读者内心的"前理解"或"理解的前结构"。[2] 试图主要从"主观之物"中获取解释结论所需的"客观要素",这在外人看来无异于缘木求鱼、无中生有。事实上,诠释学方法从消解文本的客观性开始,进而颠覆了传统解释方法的客观性,已经一步步地从本体论上彻底摧毁了法律解释结论的客观性。

从现实国情上看,中国法治目前所处的发展阶段也本能地拒绝诠释学方法的强行进入。当前中国法治正处于社会主义法律体系刚刚建成的初级阶段,亟须一种严格法治精神贯彻实施立法文本,亟须培养法律职业共同体相似的"前理解",亟须法官与当事人之间在法律理解问题上逐渐养成一种共识式理解,但是很显然,作为后现代思潮之重要脉络的哲学诠释学从一开始就致力于克服西方严格法治背景下所带来的法律与思维僵化弊端,致力于消解法律职业共同体相似的"前理解"之幻象,致力于打破有可能走向现代民主之反面的司法权威,因而与当代中国所处的法治阶段不相适应。

二、错误的布局:中心与边缘的颠倒

法律解释学作为一门以解决司法过程中裁判规范的寻找、发现和证立为目标的实用法学,当然应当以文义解释为其出发点,科学地建构其法律方法论体系。但是法律解释学又不是自足的,这逼迫着它去引入诸如哲学诠释学、实证社会学、伦理学和心理学等方法,从而形成多元的方法论格局。不过,现实的情况是,在当下法律解释学中,对前述方法的过量引入和过度重视,在相当程度上

---

〔1〕　See Brian Leiter, *Naturalizing Jurisprudence*: *Essay on American Legal Realism and Naturalism in Legal Philosophy*, Oxford University, 2007, p. 190.

〔2〕　参见〔德〕加达默尔:《诠释学Ⅱ:真理与方法》,洪汉鼎译,商务印书馆 2007 年版,第 304 页。

已经威胁到了传统解释学方法的统治地位,甚至已经在无形中使后者边缘化。

法律解释学作为一门实用法学,自然应当以解决实际社会问题为导向,而不应当过多地纠缠于哲学、社会学、伦理学和心理学等方面的问题。严格地讲,哲学诠释学、实证社会学、伦理学和心理学等方法仅限于被用来解释而非解决法律问题。将这些方法引入法律解释学之中的目的,是为了给法律解释学拾遗补缺,而非替代传统解释方法的基础地位。换言之,前者只是法律解释学的"助手",而非其"主人"。"我们认为,法律解释学是一种偏重方法论的学科,根据法律进行解释是其基本的思维方式。在这个总原则下,文义解释是最基本的解释方法,目的解释、社会解释、价值衡量及法律论证是其辅助方法。"[1] 当然,这些方法对于法律的解释和适用有一定的帮助,例如它可以在一定程度上澄清或证立法律推理的大前提,可以寻找、发现或建构法律推理的小前提,可以指明或预测法律适用的社会后果,可以证成法官的反逻辑选择行为,因而也就有理由在法律解释学体系中占据一定的地位。但是我们必须始终清醒地认识到,在绝大多数事实清楚、法律明确的简单案件中,是用不着哲学诠释学、实证社会学和伦理学等方法出场的。只有在法言法语极度专业、晦涩、模糊,案件事实非常复杂多变,法律与事实之间的关系难以确定的场合,才犯得上请前述方法出场,以释明法言、澄明事实、指明关系。换言之,只有当法律解释学单独完成不了裁判案件的任务时,才能降尊纡贵地请其他方法助一臂之力。

学界一般的识见认为,"由于法律是基于概念的体系堆叠,而概念与语言脱却不了锁链,因此如何适用一事即意味着如何解释法律语言,是而有了诠释方法的侵入。即言诠释,即表示与法律语言作为社会法律现象之表征符号的理解;从而社会文化的思维有待留意"[2]。但实际上,这一理解不仅在逻辑上存在问题,而且在法理上也是成问题的。众所周知,任何科学知识都是用概念和语言来加以表达的,但这并不意味着它们就必须要与哲学诠释学发生联系。法

---

〔1〕 陈金钊:《法律解释(学)的基本问题》,载《政法论丛》2004 年第 3 期,第 22 页。
〔2〕 黄建辉:《法律阐释论》,台湾学林文化有限公司 2000 年版,第 14 页。

律科学也是如此,它要用概念和语言来加以表达,但并不是每一个法律事件都值得或适合于用哲学诠释学来加以处理。恰恰相反,在绝大多数法律场合中,仅仅日常语言学就足以应付其中出现的所有问题。正如有学者所指出的,诠释学法学是根据哲学诠释学对法律现象进行的思考,与法社会学、价值法学一样是站在法律之外解释法律,其判断力不能由规则来加以保障。"尽管我们现在也承认法律解释的过程并不完全是根据法律进行思考,但是,我们承认这是法律解释的最基本方法。对法律进行的价值衡量、社会学衡量以及解释学法学等都属于法律解释的辅助方法,只是在特定情况下才加以应用的方法。"[1]

在实践中,自由法学支持下的实证社会学孜孜于为法官创造解决具体案件的裁判规范,并且独断式地宣称,法官有凭借内心确信自由地发现法律的权力。与之相似,现实主义法学支持下的实证社会学也作出类似宣言,其与前者不同的仅在于,它将裁判规范而非法律条文看作真正的法。[2] 但是很明显,首先,自由法学和现实主义法学的上述论断只有在疑难案件中才有作为的空间,在绝大多数事实清楚、法律明确的案件中,它们都无用武之地。其次,即便是在疑难案件中,法官借助实证社会学方法寻找、发现法律的权力也不是不受限制的,相反,从法治主义的视角看,它至少要受到类似法条、类似先例、法的原则、法的精神、法的价值和法律体系的制约。如是观之,实证社会学只是法律解释学的辅从。例如,"日本的法社会学从开始就把法解释学的存在作为前提,并以服务于法解释学为目的"[3]。无论我们是先采用实证社会学的方法从各种社会因素的考量中发现裁判规范,然后再采用法律解释学的方法使之逻辑化,还是先采用法律解释学的方法,从法律体系中逻辑地得出裁判规范,然后再采用实证社会学的方法检验其内容和范围是否妥当,其中法律解释学的方法都是处于不可或缺的基础地位。

---

〔1〕 陈金钊:《再论法律解释学》,载《法学论坛》2004 年第 2 期,第 30 页。

〔2〕 参见段匡:《日本的民法解释学》,载梁慧星主编:《民商法论丛》(第 10 卷),法律出版社 1998 年版,第 307 页。

〔3〕 段匡:《日本的民法解释学》,载梁慧星主编:《民商法论丛》(第 6 卷),法律出版社 1997 年版,第 324 页。

从国外的实践看,即便是在强调弱化传统法律解释学或规范法学的裁判地位、相应地提升现实主义法学的裁判地位的当代日本,也没有改变法律解释学与其他方法之间的"中心与边缘"的基本格局,而在一定程度将两类方法有机地结合起来,以在实现法治与解决个案纠纷之间取得某种微妙的平稳。虽然这种结合在不同的法学家那里存在一个或多或少的问题,但是就总体上来说,前者的分量仍然要比后者要重得多。"实际上,法律社会学只是法学的边缘学科,如果把其运用到法律解释活动中,它只是规范法学的辅助学科。在多种法律解释论证中,它是重要的方法,但不是唯一的方法。"[1]

此外,在一个成文法国家,我们还必须注意,虽然交易习惯、商业惯例和地方习俗等民间习惯法在当代中国的法官法源中已经开始从边缘向中心迈进,但是即便如此,它仍然只能作为国家制定法的辅助法源而存在,而不能取而代之成为主要法源。申言之,民间习惯法与国家制定法在当代中国司法过程中的"边缘与中心"之格局在短期内不能被人为地加以改变。

三、绝望的泥潭:解释的歧义与泛化

当下法律解释学上的许多争议可以说都是源于人们对"解释"一词的不同理解:有人将解释混同于"理解",认为解释就是理解,因而得出"任何法律适用之前都需要先对该法律进行解释"的结论[2];有人将解释与"论证"搅和在一起,因而认为"法律论证理论是法律解释理论的延伸或发展"[3];有人将解释与"诠释"不分,因而得出"当代法律解释学经历了作为方法论的解释学到作为本体论的解释学这两个发展阶段"的结论;有人将解释等同于"注释",因而认为"11 世纪的注释法学是近代法律解释学的早期形式";有人将解释与"造法"不

---

〔1〕 陈金钊:《再论法律解释学》,载《法学论坛》2004 年第 2 期,第 32 页。

〔2〕 参见黄小英:《法律解释学的新向度:走向主体间性》,载《南京师大学报(社会科学版)》2010 年第 1 期,第 37—42 页;吕世伦、高中:《拨开当代美国法律解释学的迷雾——激进与保守之间》,载《湖南师范大学学报社会科学版》2004 年第 2 期,第 5—13 页。

〔3〕 参见姜福东:《法律论证的定位问题探析》,载《法律方法》(第 7 卷),山东人民出版社 2008 年版,第 265 页。

分,因而认为"目的解释、社会学解释、利益衡量、价值衡量也是法律解释",甚至认为"谁拥有法律解释权,谁就拥有准立法权"[1]。

很显然,人们对"解释"的不同理解,正日益将当代法律解释学拖入一个似乎无望爬出的泥潭。这是一种语言上的混乱,更是一种方法上的混乱,是一种任意扩大解释的外延、不加区分地将哲学概念引入法学之中所造成的混乱。不错,在哲学上我们可以讲解释是法律乃至人类的存在方式,不解释我们就不存在,更遑论还有什么法律。[2] 但是在法律上,解释却是一道真实存在并必然带来法律后果的程序设置,是一道有着严格启动、运行和终止条件的法律程序,不是你想启动它就启动,也不是你不想启动它就不启动。在法律上,解释不是你想象的,当然也不是你所说的哲学上的人的存在方式。就如有人所说的那样,法律上的解释在本质上只能趋向于实证主义的路向,而非哲学诠释学的范畴。[3] 在司法裁判中,不是什么案件都需要对法律或事实进行解释,在法律明确、事实清楚的案件中,法官就无需、也不能解释。而且这种无需解释的案件占到了法院受理的案件的绝大多数,故此,法律和司法裁判的确定性才得到最大程度的保障。即便是作为诠释学法学之主要代表人物的加达默尔,也不认为法律时时都需要解释,"在法律之内并不是每一种解释都是允许的"[4]。但是在实践中,我们不无遗憾地看到,那种将哲学上的"解释"概念直接移用到法学中,并将之与法学上固有的"解释"概念混淆在一起的现象,可谓司空见惯、几近泛滥。[5]

此种解释泛化现象还在一定程度上对中国现实的政治权力架构和宪政结构产生了不可估量的负面影响。首先,它不恰当地强化了立法机关的解释权。本来解释法律主要是法官司法的主要手段,其他未身处司法情境的人员或机关

[1]　参见陈金钊:《法律解释的哲理》,山东人民出版社1999年版,第64—70页。

[2]　Patterson. Postmodernist/Feminism/Law, *77 Cornell Law Review*, p. 313.

[3]　参见姜福东:《返回方法论的法律解释学》,山东大学博士学位论文,2009年4月8日,第134页。

[4]　参见〔美〕约翰逊:《伽达默尔》,何卫平译,中华书局2003年版,第45页。

[5]　参见陈金钊:《"法治反对解释"命题的修补》,载《重庆理工大学学报社会科学版》2011年第4期,第52—59页。

不是解释法律的最佳人选,因而解释法律是法官的主要工作和职权,立法人员僭越解释法律之权本身就不具有合理性和正当性。其次,由于历史原因和司法实践的需要,中国的最高法院和最高检察院长期以来在几近"违宪"的情况下发布大量具有立法性质的司法解释,并在司法实践中架空甚至是替代了作为上位法源的全国人大立法。很显然,此种借解释之名行立法之实的现象既是一种不正常的临时性现象,更是一种应当受到学理批判的、迟早要加以纠正的行为。事实上,从此种现象产生之日起,中国的一些规范法学者就对之予以了长期的、不遗余力地批判。[1] 但是,"解释"一词在汉语中的歧义和在国内学理上的泛化,在相当程度上减弱了此种批判的力度和深度。更令人忧心的是,在所谓哲学诠释学的支持下,一些法律解释学理论还为此种不正常的司法解释现象辩护、张目。

如前所述,此种解释泛化现象还错估了中国法治和法律解释实践发育的程度或阶段,人云亦云地将哲学诠释学支配下的法律诠释学、自由法学与利益法学支配下的"造法"理论等引入法律解释学体系,并模仿西方前卫学者对传统法律解释学和法律解释实践进行尖锐地抨击。就像陈金钊老师所说的:"法制理论研究中前卫的成果,无非是拿着西方的模式和我国的具体情形进行比较,然后以西方某个国家为标准,对我国的现实指手划脚。"[2] 无疑,此种过于超前的理论模仿和时空错置的现实批判在相当程度加剧了法治根基未牢的中国司法实践中的法律发现、法律解释、法律推理、法律适用和法律论证等环节上的不确定性,并为一些检察官、法官的任意司法找到了千载难逢的借口。例如,既然当代法律解释学提出,理解和解释是法律适用的前提,而面对同一条法律,每个人的理解和解释并不必然相同,那么他们就可以据此堂而皇之地将其动机不纯的解释正当化;既然社会学解释、利益衡量和价值判断也是解释,那么法官在司法

---

〔1〕 参见贺日开:《司法解释权能的复位与宪法的实施》,载《中国法学》2004 年第 3 期,第 5—13 页。

〔2〕 陈金钊:《法律解释学的创新与发展——如何提升法律解释学的回应实践的能力之一》,载《扬州大学学报(人文社会科学版)》2009 年第 3 期,第 18 页。

过程中也就理所当然地可以进行所谓的"能动解释"。[1]

此种解释泛化现象还直接加剧了解释对象本有的不确定性,为此,学者才提出要对"解释"一词加以限制,以使解释对象更加清晰。[2] 对于这一问题,下文将予以详细分析。

四、捉摸不定的解释对象:解释谁?

"法律解释到底解释什么",这是一个似乎早已解决了、但是却为学者一直发问的问题。[3] 从传统方法论上看,法律解释的对象不外乎规则、事实、规则与事实之间的逻辑关系。早期学理将法律解释的对象局限于法律文本的做法,遭到了一些学者的反对。他们开始提出法律解释的对象至少还应包括事实文本[4];后来又提出应转向法律与事实之间的互动关系[5]。在学者的推动下,事实及其与规则之间的关系等也进入法律解释的对象范畴。

客观地看,虽然上述三类对象在内容或结构上多有不同,但是它们都要通过语言形式来加以表达,这一点却是无可否认的。同时也正是因为这一点,客观上增加了法律解释的操作难度。众所周知,任何语言在内容上都具有模糊性,在外延上都具有不确定性,在适用中都可能发生歧义。即便是数字语言也不例外。例如一个学生考了 59.99 分,从量上讲肯定是不及格,但在具体操作中如果不算他及格的话,可能上帝都不答应。更何况,在实践中,最需要解释的恰恰不是像数字这样的难以争议的规定,而是像"情节严重"、"疏忽大意"、"诚

---

〔1〕 参见李国强:《民法解释学的发展与相对所有权观念的解释论应用》,载《政法论丛》2011 年第 6 期,第 14—21 页。

〔2〕 参见陈金钊:《法律解释学的创新与发展——如何提升法律解释学的回应实践的能力之一》,载《扬州大学学报(人文社会科学版)》2009 年第 3 期,第 23 页。

〔3〕 参见陈金钊:《法律解释(学)的基本问题》,载《政法论丛》2004 年第 3 期,第 17 页。

〔4〕 参见陈金钊:《法律解释学简论》,载《法学论坛》2000 年第 1 期,第 89、92 页;陈金钊:《哲学解释学与法律解释——〈真理与方法〉对法学的启示》,载《现代法学》2001 年第 1 期,第 134 页。

〔5〕 参见陈金钊:《法律解释学的转向与实用法学的第三条道路》(上),载《法学评论》2002 年第 1 期,第 12 页。陈金钊:《法律解释学的转向与实用法学的第三条道路》(下),载《法学评论》2002 年第 2 期,第 18 页。

实信用"、"善良风俗"这样的不确定性概念或一般条款。解释这样的对象或借助这样的标准进行解释，不仅能否获得客观性或确定性是大有疑问的，而且是否值得进行这样的解释，或者这样的解释背后的动机是什么，也是可以存疑的。在解释对象严重模糊或不确定的情况下，解释者怎样解释都行，那与不解释又有什么分别？在有的情况下，可能你不解释人们还能理解，当你一解释时，人们倒不能理解了，而且有时是越解释越让人迷糊。例如，现在一些地方出台了"双独夫妻可以生二胎"的政策，如果不解释，人们能很好地理解这是在说夫妻双方都是独生子女的，可以生二胎；但是你一解释，问题马上就来了：一个人是否是独生子女，这不是由本人能够决定的，法律能够将由我父母所作决定带来的不利后果强制给我吗？更何况，如果夫妻双方都不是独生子女，但是双方的兄弟姐妹都不结婚或不生育，法律不赋予这对夫妻生二胎，这合理吗？

从历史上看，解释学的研究对象经历了从文本、到文本的意义和指称、再到文本中所表达的生活经验这几个阶段的捉摸不定地变化或发展。但是无论解释学怎样发展，它都没有跳出"文本"这座五指山，而将文本之外的存在物（比如当事人的合意、公众舆论、社会形势）纳入其解释的范围。从传统上讲，解释学即便将其对象从规则、事实、规则与事实的逻辑关系这三类文本扩展到文本所表达的生活经验上时，其实还是偏离了近现代法治对法律的本体论约定，即法律应当是个体之间的合意。尤其是在司法情境中，缺失了个体之间的合意所得出的裁判即便从程序上看是没有瑕疵的，其在实体上也必然是跛足的。

但是，一旦我们将解释对象从文本延伸到文本之外的其他存在物，那么势必会加剧解释对象本有的不确定性。例如，如果说在文本的语法、逻辑、体系和目的上人们可以比较顺利地达成共识的话，那么在文本的意义、价值和生活经验等方面，可能就只能见仁见智了。至于将与解释结论相关的人的言说或相关主体（例如当事人、法官、律师和其他相关者）的相互关系也纳入解释对象，则更加剧了解释对象的捉摸不定。例如，当代法律解释学在吸收法律议论理论以后,将当事人的意志和社会的舆论也纳入解释的对象之中。[1] 这样做可能在一定程度上加强了解释结论的合意性及可接受性,但客观上也给法官的主观解释和任意司法打开了缺口,并在相当程度上背离了规则之治的根本路线。最后,哲学诠释学强迫法律解释学将读者、理解者、解释者也纳入解释的对象,就彻底偏离了法律解释学的传统路线了。总之,文本所指的内隐、稀释和不断主观化,在减弱文本的客观性同时,也必然加剧解释结论的不确定性。

当然也有人可能说,当代法律解释学在引入哲学诠释学上的主客一体范式后,不是将读者与文本、读者与作者之间的合意也纳入其解释对象或结论之中吗? 但是下文的分析将表明,即便当代法律解释学做出了此种努力,其所建构的理解仍旧只是一种“独白式理解”。

五、元规则的缺席:无序的方法位序表

法律解释学作为一种方法论,其目标之一将各种解释方法安置到不同的环节和层面,以形成解决同一问题之合力。在法律解释学界,多数法律解释学者试图构建出一张逻辑清晰的解释方法位序表。[2] 其中占主流的方案提出各种解释方法的先后使用顺序应依次是:语义或文义解释、上下文解释或体系解释、目的解释或合宪性解释、比较法或社会学解释、利益衡量或价值判断。[3] 国内其他解释方案基本上是对该方案的微调,而且也都做了一定的论证,但是都无一例外地没有提出一个令人信服的解释方法元规则。[4] “我们的法律解释学说的缺陷具体在于,在各种解释标准中并未找到一个‘确定的次序’(gesicherte Rangordnung)。当萨维尼说,语法的、逻辑的、历史的和体系的要素‘不是四种解释方式,在其中人们能根据口味和喜好挑选,而是……当解释应该成功时,必

---

〔1〕　参见刘士国:《法的议论理论及其借鉴意义》,2000 年“全国法律解释学”青岛会议交流论文;张立伟:《法律解释学的实用命运》,载陈金钊、谢晖主持:《法律方法》(第 1 卷),山东人民出版社 2002 年版,第 438 页。

〔2〕　参见舒国滢等:《法学方法论问题研究》,中国政法大学出版社 2007 年版,第 377—379 页。

〔3〕　参见梁慧星:《民法学说判例与立法研究》,法律出版社 2003 年版,第 49 页。

〔4〕　且不说这张位序表没有一个内在的元规则,单就其分类标准也是成问题的。例如它将连广义解释方法也算不上的社会学解释、利益衡量和价值判断等造法方法也列入该表,这无论如何是不妥当的。

须协调发挥作用的不同活动',他便用了一个机智的表述遮盖了这一问题。我们必须估计到不同的方法导致矛盾的结果这种可能性。"〔1〕基于此,有人断言,法律解释方法之间不可能有什么位序。〔2〕

拉德布鲁赫曾嘲讽道,"为强迫沉默的法律开口说话,所有用来刑讯逼供的解释方法都任由法律工作者支配:文学解释、扩张解释、限制解释、类似的推论(类推)、反证;可惜就缺少一个能够列出何处应使用何种方法的规则了"〔3〕。由于缺乏一个统摄所有解释方法的元规则和分类标准,到目前为止,法律解释学理论所提出的各种解释方法之间不仅没有一个确定先后使用的顺序,而且许多方法之间还存在内在的矛盾、冲突,难以形成一张位序分明的方法位序表。解释方法位序表上的此种混乱从深层次上反映了法律解释学各派在价值定位上的不尽一致。〔4〕"尽管各种法律文本的解释的方法都有某些不错的道理,但人们也无法据之获得一种众口称是的关于法律文本或条文的'解释',也无法构建成为一种'客观'的、统一有效的、程序化的并因此大致可以重复的、可以传授的作为方法的解释学。"〔5〕

在一定程度上,诠释学方法的引入,在扰乱传统法律解释学的价值论、方法论结构的同时,更是使人无望得出一张众口称是的方法位序表。众所周知,传统解释学和当代诠释学不仅在研究范式、价值取向上多有不同,而且在方法论取向上也大相径庭:即前者取向于科学方法论,而后者从根本上反对任何科学方法论,而主张解释者利用自己"理解的前结构"对文本进行直观式洞见。当然,从广义上讲,当代诠释学也是一种方法,但是相对于传统解释学而言,前

---

〔1〕 〔德〕卡尔·恩吉施:《法律思维导论》,郑永流译,法律出版社2004年版,第95页。

〔2〕 参见桑本谦:《法律解释的困境》,载《法学研究》2004年第5期,第3—13页。

〔3〕 〔德〕拉德布鲁赫:《法学导论》,米健、朱林译,中国大百科全书出版社1997年版,第106—107页。

〔4〕 诸种解释方法之间从根本上讲是存在内在的冲突的,如果它们之间并非相互冲突而是彼此兼容的话,那么一种解释方法就可以涵括另一种解释方法而不必同时出现在所谓的"位序表"之上。因而,只有当两种解释方法相互冲突且不可替代时,它们才可能同时出现在位序表上,但是此时如何协调两者之间的关系,则又成为方法论上的一道难题。

〔5〕 苏力:《解释的难题:对几种法律文本解释方法的追问》,载《中国社会科学》1997年第4期,第12—31页。

者不啻是一种"反方法",即反对所有传统科学方法论的方法,主张只要能够洞见文本之本体,什么方法都行[1]。因而,将诠释学方法引入当代法律解释学,在从根本上消解了所有传统解释学方法的合法性的同时[2],其本身又没有什么树立起任何程序化的方法,当然相比于传统解释学方法而言,更使人陷入无所适从的境地。

事实上,主张在当代法律解释学中引入诠释学方法的学者,绝大多数不是受过严格法律训练的法学家,例如加达默尔、保罗·利科尔、哈贝马斯都不是法学家。就拿我们比较熟悉的加达默尔来说,他就是一位不具有严格法学家思维的学者。"伽达默尔忽略了规范本身的规则作用。法律家会探究应被理解之意义的规范性拘束力,因而(正确地)视规范为一种准则,凭这些可以衡量'案件'。问题在于,假使准则本身的内容到'适用'程序始能终局确定,其如何能发生衡量的作用"[3]。事实上,缺乏严密法律思维的学者在处理法律解释学问题时的一个共同特点是,他们都不喜欢接受法学那套客观的、统一的和程序化的操作流程的束缚,而偏好"不择手段"地接近目的。这必然使他们提供的解释方案带上人格化的、反程序的非理性特征,当然也就可能使作为局外人的公众在眼花缭乱之际,丧失了对法律的起码的尊重和信仰。"法律解释不应该是非理性任意阐释的场所,法律解释学是一个弘扬与展示理性的方法。"[4]因而,在哲学诠释学侵入的当代法律解释学中,如果我们还奢望能够获得一张众口称是的方法位序表,那可真是一个天大的笑话。

六、独白式理解:与谁对话?

从理论上讲,在法律解释过程中,解释者可以跟文本(包括规则与事实)及

---

〔1〕　参见〔美〕保罗·费耶阿本德:《自由社会中的科学》,兰征译,上海译文出版社1990年版,第38、158页。

〔2〕　参见潘德荣:《理解方法论视野中的读者与文本——加达默尔与方法论诠释学》,载《中国社会科学》2008年第2期。

〔3〕　〔德〕卡尔·拉伦茨:《法学方法论》,陈爱娥译,商务印书馆2003年版,第93页。

〔4〕　陈金钊:《法律解释学的创新与发展——如何提升法律解释学的回应实践的能力之一》,载《扬州大学学报(人文社会科学版)》2009年第3期,第23页。

其作者对话,从而实现读者与文本、读者与作者之间的视域融合。但是,毕竟文本是一堆僵死的文字,因而说与文本对话,无异于与死人聊天。如果说与活人聊天可以实现一问一答式的互动的话,那么与死人聊天则不可。至于与作者对话,也要区分不同的情况:如果当解释问题发生时,文本作者尚健在的话,那么说与作者对话,当然有其可能性;如果当解释问题发生时,文本作者已不在人世的话,那么说与作者对话,亦与死人聊天同。而且,即使文本作者尚健在,要与其对话,也需要付出寻找作者、预约对话时间和安排对话地点等成本。这就好比,在当代中国的法律解释语境中,如果解释者遇到一个解释学上的难题需要请教立法者的话,那么他必须在征得本系统主管领导同意的情况下,先穷尽本系统的逐级上报程序后,才能向人大常委会提出解释请示。因而,对于日常解释语境而言,与作者对话的成本非常昂贵,当然也就十分罕见。

正因为如此,即便是德沃金所提出的法律解释模式也被人们冠以"独白式理解"的无情嘲讽。[1] 这不是因为解释者在理论上不可能与他者实现"对话式理解",而在于这种情形在司法判决实践中十分罕见。同时,也正是由于此种"独白式理解"之困局的存在,解释者即便明知其"理解的前结构"中存在着各种有碍公正司法的杂质甚至是偏见,他也无法通过自身的方法论工具或解释程序剔除干净。"独白式理解"的模式或框架使解释者本能地拒绝他者善意的提醒或指责,相反他往往不自觉地将此种提醒或指责看做是基于不同立场的路线之争、价值之争,因而是不可通约也难以沟通的。因为当代法律解释学所内含的批判式检验功能充其量也只能区分出"真前见"与"假前见"而已。当代法律解释学自我反思和批判的极限决定了解释者无法跳出自身的拘囿,无法站在他者的立场上思考问题。[2]

为了剔除"理解的前结构"中的杂质或偏见,加达默尔和德沃金等人要求解

---

〔1〕 参见陈洪杰:《论法律解释学视角内外的确定性命题》,载《法律科学(西北政法大学学报)》2012 年第 2 期,第 37 页。

〔2〕 参见〔美〕罗纳德·德沃金:《法律帝国》,李常青译,中国大百科全书出版社 1996 年版,第 364 页。

释者持续不断地扩展自身的"视域",但是,且不说此种对个体视域扩展能力的盲信是否已给人留下了绝对理性的不良记录,单就现实的状况而言,此种过苛的要求无疑已超越了解释者个人的生理与精神负荷以及司法程序所能容纳的时空极限。

也是由于此种"独白式理解"的局限,在很大程度上决定了解释者穷尽平生心力所能找到的"唯一正解"在本体论上天然地缺失了他者的合意,因而出于寻求此种"正解"所设置的解释程序也就成了孤芳自赏的独奏曲。如果说在未与诠释学结合之前,解释者尚有责任和信心将获致解释结论的方法与程序展示给他者进行否证式批判的话,那么在引入诠释学以后,解释者也就可以心安理得地拒绝他者的否证式批判。

七、冷静的思索:需要一场法学的"去哲学化"

法学与一般哲学的重要区别在于,前者是一门实践科学,旨在安排合理的人际关系和生成稳定的社会秩序,以及解决不期而遇的人际冲突和社会不和谐;而后者则是要解决思维与存在、精神与物质等问题,追问世界的本源、本质等与人事较远、与神事较近的问题。法学不直接解决人与世界的关系、思维与存在的关系等诠释学看重的问题,更不适合、也不能去追问那些毫无止境的哲学难题。"对那些哲学上、历史上永存争议的真相,可能是永远的哲学难题和历史疑案。"[1] 因而,法学与伦理学、社会学、政治学、管理学具有较近的亲缘关系,而与哲学、历史学、文学、美学和艺术的关系相对比较疏远。[2] 尤其是在法学赢得其独立地位之后,一些最重要的法学家(例如奥斯丁、凯尔森、拉兹、莱特)更是有意识地拉开法学与哲学的距离。但是,自从马克斯·韦伯发现现代法治的合法化危机和现代法律社会学发现法律自治的幻象以来,就一直有

---

〔1〕 陈金钊:《法律解释的"正确性"何在?——当代中国法律解释学的境遇之一》,载《山东大学学报(哲学社会科学版)》2009 年第 5 期,第 69 页。

〔2〕 其他不同意见,请参见郑永流:《出释入造——法律诠释学及其与法律解释学的关系》,载《法学研究》2002 年第 3 期,第 31 页。

人试图从哲学中寻求理论资源,以解决现代法治面临的种种危机。其中,哈特将语言哲学引入法学获得的巨大成功,更是激励了一些后继者不断拉近法学与哲学的距离,其中尤以德沃金为最。但是很显然,如前文所述,德沃金将诠释学引入法学的理论作为,不仅没有解决现代法治的合法化危机,反而在一定程度上加剧了这场危机,并且使现代法治的话语更加道德化、政治化[1],甚至有走向法治反面之可能。

因而笔者认为,当代法律解释学要摆脱前述种种困境,其中之一的要务就是要适当拉开与哲学的距离,进行一场静悄悄的"去哲学化"运动。其中,首要的是将法学上的许多重要概念(例如自由、平等、秩序、正义)从哲学的重重包裹中剥离出来,以还其法学上的本来之面目。其次是将哲学上对法学具有启迪意义的思想、理论、范式(例如主体间性、视域融合、效果历史)当做一种价值、精神或方法,而不是将之直接移用到法学上来,也还其哲学上的本来面目。例如,我们可以从哲学上的主体间性中汲取近现代法治所需要的平等精神、对话方式和沟通能力;我们可以从哲学诠释学中汲取法律解释活动所需要的探究精神。"如果我们在司法过程中忽略了或者不承认解释的探究性,那么就会把法学重新引向机械法学。"[2]再次是要区分在法学和哲学上的共有的概念(例如主体、客体、意志、行为、结果)在各自视域内的不同含义。因而,我们在理解法学上的一些概念时,切不可将之哲学化,从而导致不必要的概念混淆和理论干扰。例如在哲学上,理解和解释是主体行动之前提,但是法学上,理解、尤其是解释是有其特定含义的,不是在任何情况下主体在行动之前都需要插入一个解释的程序。如前所述,在事实清楚、法律明确的简单案件中,法官在法律适用之前就无需、也不能启动解释的程序。又如,在哲学上,一般并不一定要优于个别,往往它还要让位于个别;但是在法学中,一般优于个别则应当成为一条

---

〔1〕 参见〔美〕迈克尔·C.威廉斯:《袋鼠法庭:美国政府理论架构之不公正》,于宗洋译,法律出版社 2007 年版,第 2 页。

〔2〕 陈金钊:《再论法律解释学》,载《法学论坛》2004 年第 2 期,第 30 页。

法律解释原则。[1]

　　还需要澄清的是,近现代法治对法律的本体论约定所指向的合意并不就是哲学上的主体间性、主体际性或主体通性。前者是指个体的自由意志在交互行动中达成的妥协或共识,其主要着重于个体之间在意志、行动和利益上的协调;而后者则是指主体之间得以形成共识之终极原因,或者指主体在交往实践中逐渐形成的、共同的世界观或方法论,其主要着重于主体之间在价值论、认识论和方法论上的沟通。因而,那种不加修正即将哲学上的主体间性引入法学,或将之强加给作为本体的法律的做法,无疑是欠妥当的。[2] 当然,近现代法律所指向的合意与哲学上的主体间性也存在一定的联系,即都强调主体之间的交互关系或活动,强调主体之间的相互承认和尊重。不过,在法律实践中,没有谁会将双方当事人仅存的相关性或统一性当做他们之间的合意,因为在这个世界上,任何人之间都存在此种相关性或统一性。[3] 反过来,在哲学实践中,也没有谁会将双方当事人之间的合意拔高为哲学上的相关性或统一性。

　　最后,我认为,中国法治有其自身发展的客观规律、成长历程或必经阶段,西方法治所经历的阶段我们未必要经历,而西方法治没有经历的阶段可能我们早已经历了。在对中国法治的诊断和设计过程中,现在我们可能最需要警惕的是那种跟在西方背后亦步亦趋的"现代化论陷阱"。因而,我们现在所亟须的首先是去寻找这种中国法治所独有的客观规律,并根据中国法治发展的实际阶段从西方法治发展的相应阶段中去汲取一些经验、教训为我所用,而不能为了人为地加速中国法治发展的过程,甚或单纯地为了在理论上赶超西方,而让中国法治跟在西方法治理论的战车后疲于奔命。尤其是对于那些五花八门的西方后现代哲学,作为法律人的我们应当格外谨慎引介。在很多时候,可能西方哲

---

　　〔1〕 参见陈金钊:《法律解释的"正确性"何在?——当代中国法律解释学的境遇之一》,载《山东大学学报(哲学社会科学版)》2009 年第 5 期,第 76 页。

　　〔2〕 参见黄小英:《法律解释学的新向度:走向主体间性》,载《南京师大学报(社会科学版)》2010年第 1 期,第 37—42 页。

　　〔3〕 参见〔德〕马丁·海德格尔:《存在与时间》,陈嘉映、王庆节译,生活·读书·新知三联书店1987 年版,第 146 页。

学的正面作用尚未显现,而我们却已饱尝了其负面苦果。

八、积极的建构:我们需要什么样的法律解释学?

我们需要什么样的法律解释学? 这可能是一个十分复杂但又无法回避的问题,是任何一个法律解释学者都难以作出完美答复的问题。因为对这一问题的回答取决于各种难以客观设定的条件,比如当代中国法治所处的阶段、当代中国法律解释学发育的程度、法律解释学之外的其他法律理论发展的现状、当代中国人法治意识的未来发展趋向。不过,通过上述分析我们已经可以确定,当代中国所需要的法律解释学肯定不是哲学诠释学和实证社会学等支配下的法律解释学。当然我们也不可能彻底消除哲学诠释学和实证社会学等学科对我们的影响,从而完全回复到传统法律解释学治下。因为不仅一些诠释学、社会学的思想、理论和方法已经渗入人们的意识之中而无法清除,而且诠释学和社会学中确实也有一些可以供我们借鉴的地方(比如诠释学的主体间性、视域融合范式,社会学的妥当性、适切性理念)。

这样,比较吊诡的是,我们所需要的法律解释学往往是由"我们这个时代能够给我们提供什么样的法律解释学"这一问题所决定。到目前为止,笔者的判断是,我们这个时代只能给我们提供一种已经被诠释学和社会学等学科所修饰、校正的传统法律解释学。之所以只能是传统法律解释学,是因为我们的国家尚处于法治的初级阶段;之所以又被迫被诠释学和社会学修饰或校正,是因为在现代性尚未完全扎根的今日中国,后现代的征候已经显露,我们无法拒斥亦无法回避。

因而,站在当代法律解释学十字路口,我们需要对前述问题一一作出回答。首先,我们要拒斥诠释学乃至一般哲学对当代法律解释学的过度渗入,从而发起一场法学的"去哲学化"运动。在这场运动中,我们尤其要去除的是不适应当前中国国情的哲学诠释学及各种后现代哲学对中国法律解释学的负面影响。其次,我们要创立和发展一门"实证法律解释学",以因应各种实证社会学、个体心理学等各种实证科学对传统法律解释学的质疑。这门实证法律解释学"是以现存的法律为对象的,自然法、社会中存在的法律现象、习惯法的发展都是从对象中分裂出来,即使上面提到的习惯法也仅以成文法中予以确认为限。也就是说,法律学的研究方法即法律的研究方法”。[1] 再次,我们要限定解释的前提,廓清解释的含义,从而使解释的对象更加确定。复次,即使我们无望为法律解释找到一个元规则,在每次解释时我们仍然要表明各自的解释立场和价值预设。哲学诠释学对法律解释的启示就是,解释者不可能没有自己的价值立场或是非感。[2] 表明而不是隐藏自己的价值立场,才能为他者的理解以及最终获得一个合理的、可接受的结论提供可能。最后,可以肯定的是,我们要重新阐明理解的前提,即理解应是一种探索式对话,而不是独白式宣告。[3]

第四节　对法律意图主义另类思考

面对规则与例外之间相互纠缠的法律统一性难题,一些人提出以法律意图主义为方法论内核的“想象性重构”方案。但是其对立法者意图的“历史性再现”之企图遭遇客观情境、主体思维及目的希求殊异之挑战,故而在实践中极难实现。如是,与其羞羞答答说“重构”,不如明明白白说“续造”。

一、法律统一性的难题

司法作为一项正义的事业,它所需要的法律必须是统一的、稳定的和可预期的。同时,法律也承诺为人们提供自由、正义和安全之秩序,提供可以预期的规则和行为模式。为此,大陆法系国家沿袭古罗马的立法模式制定了体系庞大

---

〔1〕　段匡:《日本的民法解释学》,载梁慧星主编:《民商法论丛》(第4卷),法律出版社1996年版,第260页。

〔2〕　参见郑永流:《出释入造——法律诠释学及其与法律解释学的关系》,载《法学研究》2002年第3期,第32页。

〔3〕　参见潘德荣:《诠释学:理解与误解》,载《天津社会科学》2008年第1期。

的成文法典,从而发展出了历史悠久的成文法传统;英美法系国家通过司法实践的点滴探索也为人们留下了数量可观的判例汇编,亦形成了别具一格的判例法传统。这两种传统形异而实同:即在为人们的行动提供统一的规则的同时,更为其生活提供稳定的预期。但是社会关系的发展总是一再突破立法者为人们创制的行为模式,在这个模式的边沿上打下自己独特的印记。当例外频繁地出现时,例外也就成了规则;当例外不断要求自己的特权时,法律的统一性也就面临着危机。面对规则与例外之间互相纠缠的法律统一性难题,人们提出了许多救治方案,其中最引人注目也是最容易为人所轻信的是亚里士多德(Aristotle)、惹尼(Francois Geny)、赫克(Philipp Heck)、卡多佐(Benjamin N. Cardozo)、哈特(H. M. Hart)、萨克斯(A. M. Sacks)、德沃金(Ronald. Dworkin)和杨仁寿等人的下述解决之道。对于此种解决之道中所包含之法官的法律思维方式,波斯纳称之为"想象性重构"(Imaginative Reconstruction)。根据波斯纳的总结,该重构发生之前提是,法官遇到模糊的法条,但又不能请示立法者,也没有查明立法目的和背景之资料;该重构运用的方法是想象的和移情的方法,即"将自己放在这一成文法的、并要求对其立法加以解释的立法者的位置上";该重构的最终目的是"努力懂得立法者所想解决的问题"。[1] 很显然,这一行动是解释学中法律意图主义的典型表现,是一种对立法者意图的"历史性再现"。

那么,让我们先来看该方法的首创者抑或最初阐释者亚里士多德是如何运用该方法处理因例外之涌现而引致的法律统一性难题。面对从普遍规则的缝隙中生长出来的特殊例外时,亚里士多德认为:"法律是以一般术语发布的,当出现针对该一般规则的一个例外情形时,那么正确的做法是,在立法者忽略这种情形的范围内,以及由于其一般陈述是出错误的情况下,通过想象假如立法者本人处于现在这种情形中将会如何规范、假如立法者预见到这种情形出现他

---

〔1〕 〔美〕波斯纳:《法理学问题》,苏力译,中国政法大学出版社 2002 年版,第 345 页。

会提供什么法律,来纠正这种疏忽。"〔1〕

接下来我们来看作为科学法学的创始人惹尼是如何采取该方法处理规则之缺漏引发的法律统一性难题。在遇到法律出现漏洞或欠充分之情形,惹尼认为法官应当把自己当做立法者来解疑释惑,必须抱有与立法者同样的目的以作出法律决定。〔2〕

同样,在法律出现缺漏甚或矛盾时,"利益法学主张从利益冲突的角度,按立法意图来做法律解释,而不是只按字面意义,拘泥于空洞的概念、原则的解释"。〔3〕例如其代表人物赫克认为:"利益法学从两个着眼点出发。第一个着眼点是,在法律制度存在的背景下,法官必然要受现行法律的约束。法官必然要调整各种利益,并且循着立法者的路子来调整各种利益冲突。当事人之间的争议使法官面对着各种利益冲突。但法官对人们利益冲突所作出的判决要受立法者在既定法律中所体现出来的对人们利益冲突所作出的评价的限制。利益法学的第二个着眼点在于,法律是不健全的,甚至在处理人们日常生活所产生的冲突时还表现出相当的矛盾性。现代立法者对于法律的这种不健全性可谓耳熟能详,因此,他们并不希望法官仅仅在字面上遵循法律的规定,更重要的是法官能熟谙法律中包含的利益,并且在处理案件时,尽量使自己所做的利益判断能够与立法者在法律中表现出来的利益保持一致。法官不仅仅在法律规则的框架内对案件的事实进行判断,而且还应该在法律规则出现漏洞的地方构

---

〔1〕 "When then the law has spoken in general terms, and there arises a case of exception to the general rule, it is proper, in so far as the lawgiver omits the case and by reason of his universality of statement is wrong, to set right the omission by ruling it as the lawgiver himself would rule were he there present, and would have provided by law had he foreseen the case would arise. " Aristotle, *The Nicomachean Ethics of Aristotle*, English Translation By D. P. Chase (E. P. Dutton & Co. 1947), p. 1137b.

〔2〕 但是惹尼同时认为,立法者于立法时只需做抽象规定与法官需对具体问题做具体判决之情境是不同的,因而为避免恣意之危险,法官应当尽可能地避免其个人主观因素之介入,必须基于客观性质之要素作出法律决定。惹尼称法官的此种活动为"科学的自由探究"(Librerecherche scientifique)。其包括两个有机的方面:一是在自由探究的方面应摆脱实在的权威,不受法典之拘束;二是科学探究的方面应避免个人主观因素之影响,以"从人类理性和良心吸取的要素"(如正义、事物的本性、衡平)和"实证的要素"等客观的要素为基础。参见梁慧星:《20世纪民法学思潮回顾》,载《中国社会科学院研究生院学报》1995年第1期。

〔3〕 何勤华:《西方法律思想史》,复旦大学出版社2005年版,第256页。

建新的法律规则,以弥补法律规则的不足。换言之,法官不仅应当运用一些法律命令,而且他还必须保护那些立法者认为值得保护的一般利益。"〔1〕

面对缺乏法律规制之例外时,作为社会学法学代表人物卡多佐法官与上述科学法学、利益法学站在了同一个阵营之中,他引用惹尼的话,认为:"这里的问题都是如何在每个案件中尽其可能地通过一个恰当的规则来满足正义和社会效用的要求。因此,在正式的法律渊源沉默无言或不充分时,我会毫不迟疑地指示以下面的话作为法官的基本指导路线:他应当服从当立法者自己来管制这个问题时将会有的目标,并以此来塑造他的法律判决。"〔2〕在冲突着的利益或价值面前,卡多佐认为"一个法官适用的不是自己的价值标准,而是在阅读社会观念时所揭示的价值标准。他尤其不能用自己的理解取代立法机关在宪法允许的范围内用成文法确立的价值标准"〔3〕。

在面对愿意模糊的历史文本时,哈特和萨克斯认为:"法院应该努力通过想象将自己放在采取这些步骤的立法者的位置上……除非出现了毋庸置疑的事实,法院应假设立法是由合理地追求合理目的的人制定的。"〔4〕

在无法还原立法过程中的事实性信念时,德沃金也主张通过想象性重构之方法来建构一种规范性意义上的融贯。他说:"立法者的适切意图是关于透过建构性诠释所组成的该立法者之整体信念的问题,而非关于他的特定希望、预期或个别具体意见的问题。"〔5〕

同样,在面对同一法律文本有多解而致生之法律统一性难题时,我国学者杨仁寿认为:"法官在阐释法律时,应摆脱逻辑的机械规则之束缚,而探求立法

〔1〕 Philipp Heck, "The Formation of Concepts and the Jurisprudence of Interests", in the *Jurisprudence of Interests*, trans. and ed. by M. Magdalena Schoch, Harvard University, 1948, p. 41. 转引自吕世伦、孙文恺:《赫克的利益法学》,载吕世伦编著:《法理的积淀与变迁》,法律出版社 2001 年版,第 556 页。

〔2〕 〔美〕本杰明·N. 卡多佐:《司法过程的性质》,苏力译,商务印书馆 1998 年版,第 74 页。

〔3〕 〔美〕本杰明·N. 卡多佐:《法律的成长·法律科学的悖论》,董炯、彭冰译,中国法制出版社 2002 年版,第 125 页。

〔4〕 H. M. Hart, Jr., and A. M. Sacks, The Legal Process: Basic Problems in the Making and Application of Law 1414—1415, (1958). 转引自〔美〕理查德·A. 波斯纳:《法理学问题》,苏力译,中国政法大学出版社 2002 年版,第 134 页注〔4〕。

〔5〕 〔美〕罗纳德·德沃金:《法律帝国》,李冠宜译,台湾时英出版社 2002 年版,第 342 页。

者于制定法律衡量各种利益所为之取舍,设立者本身对各种利益业已衡量,而加取舍,则法义甚明,只有一种解释之可能性,自须尊重法条之文字。若有许多解释可能性时,法官自须衡量现行环境及各种利益之变化,以探求立法者处于今日立法时,所可能表示之意思,而加取舍。斯即利益衡量。换言之,利益衡量乃在发现立法者对各种问题或利害冲突,表现在法律秩序内,由法律秩序可观察而得之立法者的价值判断。"[1]

同时,在我国大陆也有为数不少的人主张在个案解释中法官应当优先进行旨在获得个别正义之"想象性重构"。[2] 另外,一些人则认为法官为应付例外所设计的裁判方案必须"符合立法者的立法意图"[3],而且它是一个正当裁判首要的技术性衡量标准。这也可以被认为是一种对立法者意图的想象性重构。

从文本上看,想象性重构的行动似乎也得到了一些国家实定法的支持。例如,在法无明文规定时,《瑞士民法典》第 1 条规定:"法律应用到根据条文或者解释该法所包含的一条为之规定的一切问题上。如果不能从法律里找到一条规定,法官应该根据习惯法作出判决,如果没有习惯法,则根据他作为立法者提出的规则进行判决。在提出规则时,他遵循经受考验的学说和传统。"杨仁寿将该条后半部分(即第 2 项)解释为:"依自居立法者所应行制定之法规判断之"[4]

但问题是,上述想象性重构是可能的吗? 从以上叙述看,这取决于如下三个条件:其一,司法情境与立法情境之间具有内在一致吗? 其二,法官与立法者可以进行换位思考吗? 换言之,司法思维与立法思维具有实质相似性吗? 其三,司法追求的效果也是立法者所希求或至少认同的吗? 换言之,立法者是否与法官有类似的目的希求? 如果上述三个条件都不成立,那么此种通过想象性重构寻求立法者意图的方案就不可行。

---

〔1〕 杨仁寿:《法学方法论》,中国政法大学出版社 1999 年版,第 175—176 页。
〔2〕 尹萍:《法治政府与行政判例》,载《学习与探索》2009 年第 4 期;贾敬华:《塑造规则的法庭对话模式分析》,载《法制与社会发展》2008 年第 2 期。
〔3〕 黎丽:《价值判断之于法官》,载《法学》2003 年第 6 期。
〔4〕 杨仁寿:《法学方法论》,中国政法大学出版社 1999 年版,第 179 页。

二、对想象性重构三个条件的考察

法官所处的情境是一个纠纷未了的、双方当事人处于相互对立状态的"个案情境"。这种情境具有下述三大特点：一是该情境存在于一个特定的时空条件下，由一系列的行为、事件和态度所掣动，并围绕着对立的、剑拔弩张的权利主张而运转；二是该情境要求法官依一套具体的规则和技术作出制度性反应，因而法官都是在立法者划定的空间内"戴着镣铐跳舞"的；三是该情境要求法官的反应不仅应是合乎规则的，而且还应是合乎情理深得人心的。因而经常的情形是，法官试图将立法文本中的正义和价值贩卖给当事人及社会公众，但无一例外地会遭到后者的断然拒斥。相对于法官而言，立法者所处的情境则要超然、从容、洒脱得多，回旋的空间相应地也要广阔得多：他所面临的虽然可能是矛盾丛生危机四伏的社会现实，但是现实再残酷也没有哪一件活生生的社会纠纷摆到他面前需要他立即去解决；即使他需要去解决一系列棘手的社会矛盾，也不必在规则和技术狭小的空间内小心翼翼地行走，而可以直抒胸臆大展宏图。在人类历史上也不乏想在司法领域一展身手大干一番的法官，但是他们的宏大志愿最终不得不屈从于规则与技术上的锱铢必较，而终老于立法者为其设定的逼仄的制度空间之中。面对立法者直抒胸臆时不小心留下的制度空隙，面对立法者拙劣的起草方法造成的模糊"有时甚至是荒谬"[1]，勤勉的法官"试图通过司法行动从法律制度内部完全克服这一缺陷，殊非易事，而真正有效的救济方法往往来自外界，或通过行使政治权力来促成立法以完善法律，或建立一个衡平法制度以严格意义上的法律制度进行补充和修正"[2]。也就是说，法官不仅要为立法者的粗心或无能而买单，而且最后还得讨好后者通过立法程序认可自己的解决方案。

更为重要的是，法官与立法者所面对的社会情境也是不同的，它们之间不

---

[1] 〔英〕丹宁勋爵：《法律的训诫》，刘庸安、杨百揆、丁健译，法律出版社1999年版，第9页。

[2] 〔美〕埃德加·博登海默：《法理学——法律哲学与法律方法》，邓正来译，中国政法大学出版社2004年修订版，第342页。

仅存在时空上的间距，而且也存在价值上的间距：在立法时认为是对的、善的行为、事件，在司法时就未必是对的和善的，相反甚至可能被认为是错的、恶的；立法者所应回答的社会问题和情况未必——而且往往就不是司法者所要面对的社会问题和情况。这样，法官与立法者的价值立场必然也会有所差异，或者说存在一定的间距。法官必须站在个案发生时的价值环境中判案，否则其判决就难以得到当事人和社会公众的认同。法官所生活的空间制约了他对这个空间内发生的行为、事件的理解。法官也不可能带着一块"心智白板"（tabula rasa）去执行立法者的命令。[1] 即便如此，谨小慎微的法官仍然可能掉进立法者和当事人之间双重指责的夹缝中：立法者可能指责法官曲解其立法之真意，而当事人却可能抱怨法官忽视了个案之情境。

因而，行走在纠纷边缘，急需说服当事人和社会公众接受自己的解纷方案的法官，能够与始终处于从容状态的立法者进行换位思考吗？个案的复杂情境也不允许法官有时间去对立法者的意图进行想象性重构。既然面对的"情境"已经不同，法官又如何能采取"移情"的方法站在立法者的角度来裁判手头案件？"境"已失，"情"亦能"移"往何处？更何况在现代社会，立法所需要的是一种从纷繁复杂的社会现象中抽象出本质性规定的"归纳思维"，而司法所需要的则是根据社会情境将抽象的法条适用到具体个案中去的"演绎思维"；立法所需要的是尽可能详尽地、周到地覆盖其认为重要的、关系全局的生活领域的"防纷思维"；而司法所需要的则是根据个案情境作出让当事人和社会公众认可的解纷方案的"解纷思维"。思维的路向和目的既然不同，思维的主体又如何换位呢？而且从认识论上深究，两种思维是需要不同的教育背景、职业训练和社会经验予以养成的。在当下中国，要想成为一名法官至少需要经过四年大学本科教育，接着是通过全国统一司法考试，然后是在进入司法系统那种艰难而复杂的选拔考试中脱颖而出，当然在最终成为一名"开庭法官"前还得熬过平凡而漫

---

[1]　参见〔美〕理查德·A.波斯纳：《法理学问题》，苏力译，中国政法大学出版社2002年版，第158页。

长的书记员生涯。而立法者则不需要这些,他只要在日常工作中表现出色深得民心,就可能被选举为人大代表进而成为立法者。

如果说立法所追求的是对其认为重要的生活领域和事件的规制,那么从严格法治主义的角度看,司法则没有自己独立的追求:它所追求的是立法者创规立制所欲的结果,它在运行时不得不考虑到法律的安定性和可预期性。相对于立法者而言,任何法官在人格上都是"不健全"的,它以前被认为是立法者之"喉舌",现在仍然被认为是为立法者所欲之自由、正义和安全的秩序"保驾护航"。当然,司法实践中,法官确有异于立法者的目的希求,即他不仅关注立法文本所载规则是否得到了遵循,而且更关注纠纷是否得到了平息,当事人和社会公众是否认可其解纷方案。为达此目的,法官必须进行基于自身立场和个案情境的独立判断。因而,此种判断往往是超越立法文本和一般正义的判断。

三、不是重构而是续造

事实上,法律意图主义者也承认,法官要发现想象中立法者的意图,必须在理解立法文本的基础上将自己的主观性因素掺杂到理解当中;理解者总是带着自己的"前见"来理解立法文本,"而所谓立法者的意图不过是经过乔装打扮后的理解者的意图而已"[1]。在上述想象性重构中,法官所采取的"移情"手法只不过是对魔术师的障眼法的拙劣模仿而已。同时,法律意图主义主张:"通过解释只能查明立法放置到其中的规范的要求内容,而不能得出其他。"[2] 但是,我们又怎么知道立法者把哪些规范要求放置到法律文本当中呢? 除了通过对法律文本的常识理解和专业理解,我们反过来又只能仰赖司法者的法律解释。因而,立法者的意图终归是立法者的,司法者的意图终归是司法者的,两者无法通过想象性重构实现同构。

从心理学上看,在例外出现时,人们总是希望法官是在发现法律,是在找

---

〔1〕 范春莹:《法律思维研究》,山东大学博士学位论文 2008 年,第 149 页。
〔2〕 〔德〕伯恩·魏德士:《法理学》,丁晓春、吴越译,法律出版社 2005 年版,第 335 页。

法,而不是在造法,这既符合人们对法官的角色预期,也符合人们对法律的预期。同时,法官也一直声称他们始终是在立法者画地为牢的制度空间内艰难地行走,而从没有越雷池一步去僭越立法者的权限。但是例外既是对规则和传统的突破,是一个反常事件出现的标志,那么法官又如何将例外纳入常规,将反常归为正常呢? 法律的统一性难道仅仅意味着铁板一块,抑或仅仅意味着法官只能对立法者的心思进行揣摩吗? 换言之,法官难道只能在想象性重构的帷幕下进行法律修补吗? 如果法官打着想象性重构的旗号进行了真正的造法,那么对于当事人和社会公众而言,这种行为不是欺骗又是什么? 因此,与其羞羞答答说"重构",不如明明白说"续造"。正如弗里德里希·米勒所明白指出的:"裁判始终是以法官塑造出来的规范为基础,因此,所有适用的法规范都是'法官法'"。[1]

续造不是对立法者权限的僭越,因为它是在制度的空间内干着类似缝衣妇或维修工的活,而不是"拿着布料做新衣"或"推墙凿基盖新房";续造不是对法律统一性的破坏,因为它是续写立法者未竟的篇章,是苦心经营维护人们对法律的合理预期;续造更不是对秩序的颠覆,恰恰相反它在维持秩序的同时,更在逼仄的制度空间内刷新了某一局部秩序。续造是在穷尽立法者所提供的解决方案之后对个案漏洞或法律不公的创造性修补,"法官的法的续造,有时不仅在填补法律漏洞,毋宁在采纳乃至发展一些——在法律中至多只是隐约提及的新的法律思想,于此,司法裁判已超越法律原本的计划而对之作或多或少的修正"[2]。诚哉斯言!

---

〔1〕 〔德〕卡尔·拉伦茨:《法学方法论》,陈爱娥译,商务印书馆2003年版,第14页。
〔2〕 同上书,第246页。

第三章

现代司法的方法论体系(二)：
法益衡量的方法论构造

第一节　法益衡量与价值衡量的位阶

　　在司法情境中,法益衡量是法官根据当事人权利主张背后所隐含的法益之性质、种类和强度,比较它们之间的权重、正当和紧迫程度以及保护或不保护它们各自将导致的积极或消极后果,来对案件作出裁判的方法。价值衡量则是指法官根据特定的价值基准或位序,对当事人之间冲突着的权利诉请进行价值正当性和强度上的比较、权衡和取舍,以作出裁判的方法。可见,法益衡量与价值衡量是两种界限模糊的裁判方法,它们之间在方法论上的位阶关系一直是法学界的一个未解之谜。那么,它们之间在方法论上到底有没有一种相对明确的位阶关系呢？如果有,又是什么呢？本文试从两者的若干优先原则入手对此予以探讨。

一、内在优先原则

在探讨法益衡量与价值衡量之间的位阶关系前,我们首先必须阐述若干与两者相关的内在优先原则。对这些原则的阐述牵涉到对法益衡量和价值衡量各自的客体或基准的"法益"和"价值"等的分析。

所谓法益,乃指法律保护或认可之利益。但是法益是一个多层次的概念,它既可指立法者在创制法律时所欲保护的"主观法益",也可指在具体的社会条件下立法文本实际上保护了的"客观法益"。这两种法益在通常情况下是重合的,但是受立法者的认识能力、社会的物质生活条件和时代变化等的限制,它们之间有时也会出现脱节或分离。当主观法益与客观法益之间发生冲突时,法官应当优先保护客观法益。同时,法益既可指立法文本明确认可和保护的"明示法益",也可指虽未为立法文本所明确认可和保护但可以从中推论出来的"隐含法益"。通常情况下这两者之间形成推论与被推论的主从关系,但是有时它们之间也会发生分离甚或冲突,当此之时,法官应当优先保护明示法益。此外,法益既可指整体法律秩序确认和保护的"一般法益",也可指根据具体社会情况,特定案件所应予以保护的"个案法益"。当这两者之间发生冲突时,法官应当优先保护个案法益,但是也应当给一般法益的实现留下可能的、适当的条件。上述优先原则是从"法益"这一核心范畴中推论出来的,故本文称之为法益衡量的"内在优先原则",它们在司法情境中必须遵循立法文本预定的"法益逻辑",即高位阶的法益优先于低位阶的法益,相同位阶的法益之间的衡量应当遵循比例原则。

所谓价值,通常是指客体满足主体需要的关系、属性或意义。[1] 与法益一

---

[1] 参见[德]卡尔·马克思:《评阿·瓦格纳的"政治经济学教科书"》,载《马克思恩格斯全集》(第19卷),人民出版社1963年版,第406页。

样,价值也是一个多层次的概念,它既可指客体本身对于主体的实际效用——"客观价值",也可指支配着主体对于自身和客观世界的选择和评价之标准——"主观价值"。价值衡量之"价值"主要是指后一种价值。如果说法益是法律保护或认可之利益的话,那么法律价值却是指法律这种事物对于主体所具有的各种价值——主要是善恶、好坏、积极或消极。法律价值既可指法律内在的价值——例如比例、协调、均衡和有节奏,也可指法律的外在价值——例如自由、正义、平等和有效率。我们通常所讲的法律价值是指法律的外在价值,即工具价值。在司法情境中,价值衡量之"价值"无法局限于法律价值,因为法律价值与社会价值之间往往是联通的、对流的。事实上,在缺乏法律价值时,法官往往也只能依据在社会上占主流地位的价值作出裁判。即便如此,当法律价值与社会价值之间发生分离或冲突时,法官应当优先保护前者,除非依据前者作出的裁判将带来严重的个案不正义。当法律上的基本价值与非基本价值发生冲突时,法官应当优先保护基本价值;当保护人权与维护秩序之间发生冲突时,法官应当优先保护人权,同时适当注意基本秩序之维护;当人权价值与物权价值之间发生冲突,法官应当优先保护人权价值;当生存人权与发展人权之间发生冲突时,法官应当优先保护生存人权;当个案正义与制度正义之间发生冲突时,法官应当优先实现个案正义,同时兼顾制度正义,等等。这些优先原则是从"价值"本身推论出来的,我们称之为价值衡量的"内在优先原则",它们在司法情境中必须遵循法律共同体和社会公众公认的"价值逻辑",即高位阶的价值优先于低位阶的价值,相同位阶的价值之间应当遵循比例原则。

二、外在优先原则

由上述分析不难发现,在寻找有关法益衡量与价值衡量各自的内在优先原则时,我们是以下述两个不言自明的公理为前提或指引的:公理一,权利请求所得到的规范和法益支持越明确,越应得到司法的优先保护,对此可称为权利请求的"明确性公理"[1];公理二,权利请求所得到的法益和价值支持的强度越大,越应得到司法的优先保护,对此可称为权利请求的"强度性公理"。当"明确性公理"与"强度性公理"发生冲突时,后者优先于前者,但判断者须提供充分的论证。[2] 这两个公理不仅是权利请求的公理,而且也是司法衡量的公理,因而可以将之适用到对有关法益衡量与价值衡量的外在优先原则的寻找上。

在一方当事人的权利请求可以在立法文本中找到明确的规范依据,或至少可以从法律条文中推论出来,而另一方当事人的权利请求不能在立法文本中找到相应强度的规范依据或根本没有规范依据时,法官应当优先保护前者的诉请。换言之,法官通常应当优先保护有较强法益支持的诉请,而舍弃只有较弱或没有法益支持的诉请。这可以称为法益衡量与价值衡量的"外在优先原则Ⅰ":法益衡量通常优先于价值衡量。外在优先原则Ⅰ的深层理由有二:其一,服从法律是法官的天职,在通常情况下有法律时法官应当依据法律进行裁判,同时这也是上述"明确性公理"所要求的;其二,法律的规定本身已经体现了立法者的价值选择,作为司法者的法官应当尊重此种选择,也就是说,立法者的价值选择在通常情况下优先于法官的价值选择。

在一方当事人的权利请求虽然可以在立法文本中找到明示或隐含的规范依据,而另一方当事人的权利请求不能在立法文本中找到相应强度的规范依据或根本没有规范依据,但是选择保护前者而放弃保护后者将导致严重的个案不正义或者有可能损害法律上的重要甚或基本价值时,法官应当优先保护后者的诉请。换言之,法官应当优先保护有重要甚或基本价值支持的诉请,而舍弃虽有法益支持但没有相应强度价值支持的诉请。这可以称为法益衡量与价值衡量的"外在优先原则Ⅱ":特殊情况下价值衡量优先于法益衡量。外在优先原则

〔1〕　事实上,阿列克西关于规则与原则效力冲突的优先性判断是以"明确性公理"为前提的。(See Robert Alexy, *A Theory of Constitutional Rights*, trans. by, Julian Rivers, Oxford University Press, 2002, the third section.)当然,也有人认为它是建立在"惯性原则"之上的。参见林来梵、张卓明:《论法律原则的司法适用——从规范性法学方法论角度的一个分析》,载《中国法学》2006 年第 2 期。

〔2〕　判断者必须"按照论证负担规则承担论证责任,必须提出足够充分且正当的理由,来支持自己的价值取向"。王轶:《民法价值判断问题的实体性论证规则——以中国民法学的学术实践为背景》,载《中国社会科学》2004 年第 6 期。

Ⅱ的深层理由在于:其一,立法者的价值选择是可错的,法官有权在特殊情况下发现这种错误所在并予以校正;其二,法官在尊重立法者基本价值选择的前提下,有权对立法文本中的价值结构、配置和发展方向进行微调,同时也是前述"强度性公理"所允许的;其三,法官有权在个案中填补立法者在某些领域中价值选择的空缺。[1] 当然,法官在作出此种校正时必须展示上述发现立法者错误之详细过程和对立法文本中价值结构予以微调甚或变更之正当理由。[2]

三、分离的次级外在优先原则

但是上述两条外在优先原则只是抽象的、概括的,如果要将它们适用到具体的司法情境中,还必须对它们予以细化,从中分解出若干条"次级外在优先原则"。[3] 为了清楚地显示不同情形所带来的相应的方法论排序,我们必须对外在优先原则Ⅰ和Ⅱ中的变量予以分解。在此,我们以P1表示一方当事人,P2表示另一方当事人;以L表示当事人的权利请求可以在立法文本中找到明确的规范依据的情形,相应地以−L表示当事人的权利请求不能在立法文本中找到明确的(但可能找到隐含的)规范依据的情形;以l表示当事人的权利请求只能从法律条文中推论出来的情形,相应地以−l表示当事人的权利请求不能从法律条文中推论出来(即连隐含的规范依据也没有)的情形;以V表示当事人的权利请求(相对于另一方当事人权利请求的价值支持而言,下同)有超强价值支持的情形,相应地以−V表示当事人的权利请求没有超强的(但可能有一般的)价值支持的情形;以v表示当事人的权利请求只有一般价值支持的情形,相应地以−v表示当事人的权利请求连一般价值支持也没有(即没有价值支持)的情形。这样我们可以分别从外在优先原则Ⅰ和Ⅱ中分解出下述次级外在优先原则。

1.1 当一方当事人的权利请求可以在立法文本中找到明确的规范依据

---

〔1〕 参见〔德〕卡尔·拉伦茨:《法学方法论》,陈爱娥译,商务印书馆2004年版,第246—247页。

〔2〕 如果将此种变更之说明称为"目的正当性原则",亦不失为精当。相关论述参见劳东燕:《公共政策与风险社会的刑法》,载《中国社会科学》2007年第3期。

〔3〕 约翰·斯图亚特·密尔认为,无论我们采用什么作为道德的基本原则,我们要求一些次级原则运用它。See John Stuart Mill, *Utilitarianism, Parker, Son, and Bourn*, West Strand, 1863, p.35.

(L)，而另一方当事人的权利请求只能在立法文本中找到隐含的规范依据(l)时，外在优先原则 I 得到维持。用公式表示即：P1L∧P2l = I。

　　1.2　当一方当事人的权利请求可以在立法文本中找到明确的规范依据(L)，而另一方当事人的权利请求连隐含的规范依据也没有(-l)时，外在优先原则 I 得到加强。用公式表示即：P1L∧P2 -l = 强 I。

　　1.3　当一方当事人的权利请求可以在立法文本中找隐含的规范依据(l)，而另一方当事人的权利请求连隐含的规范依据也没有(-l)时，外在优先原则 I 也得到加强。用公式表示即：P1l∧P2 -l = 强 I。

　　如果将 1.1、1.2 和 1.3 合并，仍然可得到外在优先原则 I，用公式表示即：P1(L∨l)∧P2(l∨ -l) = I。

　　1.4　当双方当事人的权利请求在立法文本中都有明确的规范依据(L)时，外在优先原则 I 虽然得到维持，但有向外在优先原则 II 转换的可能。用公式表示即：P1L∧P2L = I / II。

　　1.5　当双方当事人的权利请求在立法文本中都只有隐含的规范依据(l)时，外在优先原则 I 虽然得到维持，但有向外在优先原则 II 转换的可能。用公式表示即：P1l∧P2l = I / II。

　　如果将 1.4 和 1.5 合并，可以得到如下公式：(P1L∧P2L)∨(P1l∧P2l) = I / II。

　　1.6　当双方当事人的权利请求在立法文本中都连隐含的规范依据也没有(-l)时，外在优先原则 I 不能得到维持。用公式表示即：P1 -l∧P2 -l≠ I。这里可能存在两种情形：一是双方当事人的权利请求是非制度性的，即其诉请属于法外空间，不发生法益衡量和价值衡量的问题；二是双方当事人的权利请求可以得到非规范性制度范畴(例如法律的目的、精神、价值和原则)的支持(即属于受案范围)，法官应当进行价值衡量，用公式表示即：P1 -l∧P2 -l = II。

　　2.1　当一方当事人的权利请求可以在立法文本中找到明确的规范依据(L)，而另一方当事人的权利请求只能在立法文本中找到隐含的规范依据(l)，但后者的权利请求相对于前者而言在法律上有超强价值的支持(V)时，外在优先原则Ⅱ得到加强。用公式表示即：(P1L∧P2l)∧P2V = 强Ⅱ。

2.2 当一方当事人的权利请求可以在立法文本中找到明确的规范依据(L)，而另一方当事人的权利请求在立法文本中连隐含的规范依据也没有(-1)，但后者的权利请求在法律上有超强价值的支持(V)时，外在优先原则Ⅱ得到支持。用公式表示即：(P1L∧P2-1)∧P2V =Ⅱ。

2.3 当一方当事人的权利请求只能在立法文本中找到隐含的规范依据(1)，而另一方当事人的权利请求在立法文本中连隐含的规范依据都找不到，但后者的权利请求在法律上有超强价值支持(V)时，外在优先原则Ⅱ得到支持。用公式表示即：(P1l∧P2-1)∧P2V =Ⅱ。

如果将2.1、2.2和2.3合并，可以得到如下公式：{P1L∧P2(1∧V)}∨{P1L∧P2(-1∧V)}∨{P1l∧P2(-1∧V)} = Ⅱ。该公式也可简写为：P1(L∨1)∧P2(1∨-1)V = Ⅱ。

2.4 当一方当事人的权利请求可以在立法文本中找到明确的规范依据(L)，而另一方当事人的权利请求只能在立法文本中找到隐含的规范依据(1)，同时后者的权利请求相对前者而言在法律上只有一般价值的支持(v)时，外在优先原则Ⅱ不能得到支持。用公式表示即：(P1L∧P2l)∧P2v≠Ⅱ。

2.5 当一方当事人的权利请求可以在立法文本中找到明确的规范依据(L)，而另一方当事人的权利请求在立法文本中连隐含的规范依据也找不到(-1)，同时后者的权利请求在法律上只有一般价值的支持(v)时，外在优先原则Ⅱ不能得到支持。用公式表示即：(P1L∧P2-1)∧P2v≠Ⅱ。

2.6 当一方当事人的权利请求只能在立法文本中找到隐含的规范依据(1)，而另一方当事人的权利请求在立法文本中连隐含的规范依据都找不到(-1)，同时后者的权利请求在法律上只有一般价值支持(v)时，外在优先原则Ⅱ不能得到支持。用公式表示即：(P1l∧P2-1)∧P2v≠Ⅱ。

如果将2.4、2.5和2.6合并，可以得到如下公式：{(P1L∧P2l)∧P2v}∨{(P1L∧P2-1)∧P2v}∨{(P1l∧P2-1)∧P2v}≠Ⅱ。该公式也可简写为：P1(L∨1)∧P2(1∨-1)v≠Ⅱ。

2.7　当双方当事人的权利请求都能在立法文本中找到明确的规范依据(L),而其中一方当事人的权利请求相对前者而言在法律上有超强价值支持(V)时,外在优先原则Ⅱ得到支持。用公式表示即:P1L∧P2L∧P2V = Ⅱ。

2.8　当双方当事人的权利请求都只能在立法文本中找到隐含的规范依据(l),而其中一方当事人的权利请求在法律上有超强价值支持(V)时,外在优先原则Ⅱ得到加强。用公式表示即:P1l∧P2l∧P2V = 强Ⅱ。

2.9　当双方当事人的权利请求在立法文本中都连隐含的规范依据也找不到(-l),而其中一方当事人的权利请求在法律上有超强价值支持(V)时,外在优先原则Ⅱ得到支持。用公式表示即:P1 -l∧P2 -l∧P2V = Ⅱ。

如果将2.7、2.8和2.9合并,可以得到如下公式:｛P1L∧P2L∧P2V｝∨｛P1l∧P2l∧P2V｝∨｛P1 -l∧P2 -l∧P2V｝ = Ⅱ。该公式也可简写为:P1(L∨l∨ -l)∧P2(L∨l∨ -l)V = Ⅱ。

2.10　当双方当事人的权利请求在立法文本中都连隐含的规范依据也不到(-l),而其中一方当事人的权利请求相对前者而言在法律上只有一般价值支持(v)时,外在优先原则Ⅱ得不到维持。用公式表示即:P1 -l∧P2 -l∧P2v ≠ Ⅱ。

以上我们对外在优先原则Ⅰ和Ⅱ各自的次级外在优先原则进行了分离式细化,由此所得到的次级外在优先原则可以称为"分离的次级外在优先原则"。下面我们拟对外在优先原则Ⅰ和Ⅱ的次级外在优先原则进行合并式细化,由此可以更详细、更准确地描述法益衡量和价值衡量之间的位阶关系,进而归纳出若干法官裁判的定理。

四、合并的次级外在优先原则

如果要对外在优先原则Ⅰ和Ⅱ的次级外在优先原则予以合并式研究,那么我们必须首先对它们各自的次级外在优先原则予以简化处理,以便更清晰地显示两者之间的内在关系。事实上,以上论述已经表明,1.1、1.2和1.3可以合并表示为:当一方当事人的权利请求可以在立法文本中找到明确的(L)或隐含的规范依据(l),而另一方当事人的权利请求只能在立法文本中找到隐含的规范依据(l)或连隐含的规范依据也没有(−l)时,外在优先原则Ⅰ得到维持。用公式表示即:P1(L∨l) ∧ P2(l∨ −l) = Ⅰ。

1.4 和 1.5 可以合并表示为:当双方当事人的权利请求在立法文本中都有明确的规范依据(L)或都只有隐含的规范依据(l)时,外在优先原则Ⅰ虽然得到维持,但有向外在优先原则Ⅱ转换的可能。用公式表示即:(P1L ∧ P2L) ∨ (P1l ∧ P2l) = Ⅰ / Ⅱ,或 P1(L∨l) ∧ P2(L∨l) = Ⅰ / Ⅱ。

这样,结合 1.6,从外在优先原则Ⅰ中演绎出的次级外在优先原则用公式可以依次表示为:P1(L∨l) ∧ P2(l∨ −l) = Ⅰ;P1(L∨l) ∧ P2(L∨l) = Ⅰ / Ⅱ;P1 −l∧ P2 −l = Ⅱ。从中不难发现,外在优先原则Ⅰ随着变量 L、l 的改变(主要是弱化),有向外在优先原则Ⅱ转变的趋势。换言之,通过对外在优先原则Ⅰ的次级外在优先原则的分离式研究,可以发现或验证其与外在优先原则Ⅱ的部分位阶关系。

同时,以上论述也已经表明,2.1、2.2 和 2.3 可以合并表示为:当一方当事人的权利请求可以在立法文本中找到明确的规范依据(L)或只能找到隐含的规范依据(l),而另一方当事人的权利请求只能在立法文本中找到隐含的规范依据(l)或连隐含的规范依据也没有(−l),但后者的权利请求相对于前者而言在法律上有超强价值的支持(V)时,外在优先原则Ⅱ至少可以得到维持。用公式表示即:P1(L∨l) ∧ P2(l∨ −l)V = Ⅱ。

2.4、2.5 和 2.6 可以合并表示为:当一方当事人的权利请求可以在立法文本中找到明确的规范依据(L)或只能找到隐含的规范依据(l),而另一方当事人的权利请求只能在立法文本中找到隐含的规范依据(l)或连隐含的规范依据也找不到(−l),同时后者的权利请求相对于前者而言在法律上只有一般价值的支持(v)时,外在优先原则Ⅱ不能得到维持。用公式表示即:P1(L∨l) ∧ P2(l∨ −l)v ≠ Ⅱ。

2.7、2.8 和 2.9 可以合并表示为:当双方当事人的权利请求都能在立法文本中找到明确的规范依据(L)或只能找到隐含的规范依据(l)或都连隐含的规范依据都找不到(−1),但其中一方当事人的权利请求在法律上有超强价值支持(V)时,外在优先原则 Ⅱ 得到维持。用公式表示即:P1(L∨l∨ −1)∧P2(L∨l∨ −1)V = Ⅱ。

这样,结合 2.10,从外在优先原则 Ⅱ 中演绎出的次级外在优先原则用公式可以依次表示为:P1(L∨l)∧P2(l∨ −1)V = Ⅱ;P1(L∨l)∧P2(l∨ −1)v≠ Ⅱ;P1(L∨l∨ −1)∧P2(L∨l∨ −1)V = Ⅱ;P1 −1∧P2 −1∧P2v≠ Ⅱ。从中不难发现,外在优先原则 Ⅱ 随着变量 L、l、V、v 的改变(例如弱化),没有向外在优先原则 Ⅰ 转变的趋势,其发展是不可逆的。换言之,通过对外在优先原则 Ⅱ 的次级外在优先原则的分离式研究,不能发现或验证其与外在优先原则 Ⅱ 的位阶关系。同时,外在优先原则 Ⅱ 是否得到维持,主要与 P2 是得到 V 还是得到 v 支持有关:当 P2 得到 V 支持时,Ⅱ 也得到维持;当 P2 只得到 v 支持时,Ⅱ 得不到维持。

此外,对比 1.4、1.5 的合并公式 P1(L∨l)∧P2(L∨l) = Ⅰ/Ⅱ 与 2.7、2.8、2.9 的合并公式 P1(L∨l∨ −1)∧P2(L∨l∨ −1)V = Ⅱ,并结合 1.6 的公式 P1 −1∧P2 −1 = Ⅱ 可以发现,在双方当事人权利请求的规范支持强度相当时,P2 是否有 V 的支持是外在优先原则 Ⅰ 向 Ⅱ 转变的主要原因,但不是全部原因。换言之,V 不是外在优先原则 Ⅰ 向 Ⅱ 转变的必要条件。

五、结论

通过对上述不同层次的优先原则的探讨,我们至少可以对法益衡量与价值衡量的方法论位阶关系得出如下结论或定理:

第一,两者的内在优先原则和外在优先原则(尤其是 Ⅰ)对它们之间的位阶关系有着重要影响,由此可以得出定理一、借助规范分析方法可以预测外在优先原则 Ⅰ 向 Ⅱ 转变的趋势。它给法官裁判带来的启示是,在法律发现中规范分析与价值判断之间存在内在的关联性,并且前者构成后者运行的逻辑前提。[1]

第二,两者的外在优先原则 I 和 II 在逻辑上构成一般与特殊、原则与例外的关系,由此可以得出定理二:一个完整的裁判规范必须是优先原则 I 和 II 的内在结合。它给法官裁判带来的启示是,在法律论证中不排除价值判断存在的空间就不能依规范分析作出裁判,因而前者构成了对后者的前提性限制。[2]

第三,两者的外在优先原则 I 向 II 的转变是单向的、不可逆的,促变的主要(但非全部)因素是 V,由此可以得出定理三:价值变量的参与是法益衡量转变为价值衡量的充分但非必要条件。它给法官裁判带来的启示是,法官在促成法益衡量向价值衡量转变时必须引入超强价值的支持,否则不可轻易促变。

上述所有结论都得到"明确性公理"和"强度性公理"的支持,因而在逻辑上都是确凿无疑的。

第二节　法益衡量的方法论构造

"法益"(legal interest)是我们从西方引进的、使用频率很高的一个方法论范畴,但不幸的是,它常常被人们与"利益"(interest)一词不加区分地使用,从而导致了法益衡量与利益衡量这两种截然不同的方法论工具之间的混用乃至混同。不仅如此,人们往往还在不同意义和语境下使用"法益"一词,又是更增添了该方法论范畴上的混乱。既然法益之概念的外在关系与内在结构上尚是云

---

〔1〕 川岛武宜只指出了价值与逻辑说明(规范分析)之间的相互联系,而没有说明到底孰先孰后。相反,他倒认为价值判断是先于逻辑说明进行的。(参见〔日〕川岛武宜:《现代化与法》,申政武、渠涛、李旺等译,中国政法大学出版社 2004 年版,第 251 页)许德风则将此认识推进了一步,认为法教义学(规范分析)优先,价值判断只起补充和校验作用。(参见许德风:《论法教义学与价值判断——以民法方法为重点》,载《中外法学》2008 年第 2 期)

〔2〕 孙斯坦认为,在法律解释中对每一个规则的解释都至少存在一个例外,而某种解释的例外是否成立只能取决于价值判断。参见〔美〕凯斯·R.孙斯坦:《法律推理与政治冲突》,金朝武、胡爱平、高建勋译,法律出版社 2004 年版,第 146—149 页。

雾重重,那么在以之为方法论硬核的法益衡量之方法论构造上更是莫衷一是、未有定见。

一、法益衡量之方法:比利益衡量更常见

利益衡量被认为是利益法学的一个基本方法论工具,与之伴生的、更经常地发生的法益衡量却为人们所忽视或与前者相混淆。对于法益衡量的常见性,拉伦茨的论述可资佐证。他说:"司法裁判适用此方法(法益衡量——引者注)的范围之所以这么大,主要归因于权利之构成要件欠缺清晰的界限,……权利也好,原则也罢,假使其界限不能一次确定,而毋宁多少是'开放的',具'流动性的',其彼此就特别容易发生冲突,因其效力范围无法自始确定。一旦冲突发生,为重建法律和平状态,或者一种权利必须向另一种权利(或有关的利益)让步,或者两者在某一程度上必须各自让步。于此,司法裁判根据它在具体情况下赋予各该法益的'重要性',来从事权利或法益的'衡量'。"[1]

对于利益衡量与法益衡量之间的混淆,可能始自对"利益法学"之称谓。利益法学运用个案分析及经验之方法声称要揭开法律之面纱直扑其背后的利益,并对这些利益进行比较和衡量。实际上,从注重的是法律所确认和保护的利益这一点来看[2],利益法学派似乎应当改称"法益法学派"更为恰当。[3] 在这一点,德国法学要负一定的责任。据学者研究,该国法学文献常将"法益"与"利益"、"法益衡量"与"利益衡量"交互使用。[4] 将利益与法益、利益衡量与法益衡量混淆在一起,是当下中国学界的常见现象,似乎已经不足为奇。[5] 例如,

---

[1] 〔德〕卡尔·拉伦茨:《法学方法论》,陈爱娥译,商务印书馆2003年版,第279页。

[2] 参见吕世伦:《法理的积淀与变迁》,法律出版社2001年版,第553页。

[3] 可能正是看到这一点,继赫克之后,威斯特曼、莱尼克、布洛克斯将"利益法学"改名为"评价法学"。

[4] 参见高金桂:《利益衡量与刑法之犯罪判断》,台湾元照出版公司2003年版,第3—4页。

[5] 参见孙光宁:《法律方法课程在法学研究生教育中的引入——法律思维的视角》,载《学位与研究生教育》2008年第11期。

一些人在文章中直接称利益衡量为法益衡量。[1] 又如有人援引赫克的言论[2]，声称法官面对一项法律漏洞时，"必须发现业已隐含在制定法中的利益评判"[3]。但是，赫克所称之"利益"在此其实是"法益"，因为这种评判虽然不是制定法所明示的——否则就形诸明确的法条而不允许衡量，但它却是制定法所隐含的，即可从中推论出来。"利益"与"法益"之所以被学人一再等而视之，乃是因为国人规范主义意识的缺失。

实际上，"利益"是一个事实性而非规范性概念，它只有与价值发生关系时才可能成为"法益"。"换言之，利益须以价值为基准，加以评价后，方能形成法益。"[4]利益衡量大致相当有人所说的事实衡量（基于事实/结果的衡量），而法益衡量则大致相当于规范衡量（基于规范/权利的衡量）。[5] 拉伦茨早就意识到上述两种衡量之间的区别，他说："评价法学的追随者都习于将实际的利益及其权利关系与——立法者或法官在评价时所取向的——理想的价值或评价标准加以区别。"[6]

进言之，法官在裁判过程中对种种欲求的比较和选择并不一定就是人们常说的利益衡量，这要看衡量的背景、方式和边界。如果法官是在严格遵守三权分立的背景下，对个案进行适法性判断，那么这里可能存在的衡量不是利益衡量而是法益衡量；即使法官不遵循三权分立下的司法逻辑，而是对冲突着的规

---

〔1〕 参见胡玉鸿：《关于"利益衡量"的几个法理问题》，载《现代法学》2001 年第 4 期；胡玉鸿：《利益衡量与"社会需求"——诉讼过程的动态分析之一》，载《法商研究》2001 年第 3 期；余净植：《获致法律上妥当的裁判——对法益衡量思维与方法的全面检视》，载《学术研究》2009 年第 12 期；余净植：《宪法中的法益衡量：一种可能的重构》，载《浙江学刊》2008 年第 2 期；魏胜强：《司法能动与价值衡量》，载《华东政法大学学报》2010 年第 1 期；王帅：《民事案件审理中情与法冲突的利益衡量》，载《法学论坛》2008 年第 6 期。

〔2〕 See Philipp Heck, The Formation of Concepts and the Jurisprudence of Interests, in *The Jurisprudence of Interests*, trans. and ed. by M. Magdalena Schoch, Harvard University, 1948. pp.130—131.

〔3〕 陈林林：《方法论上之盲目飞行——利益法学方法之评析》，载《浙江社会科学》2004 年第 5 期。

〔4〕 高金桂：《利益衡量与刑法之犯罪判断》，台湾元照出版公司 2003 年版，第 33 页。

〔5〕 参见徐继强：《衡量的法理——各种利益衡量论述评》，载陈金钊、谢晖主持：《法律方法》（第 9 卷），山东人民出版社 2009 年版，第 331—332 页。

〔6〕 〔德〕卡尔·拉伦茨：《法学方法论》，陈爱娥译，商务印书馆 2003 年版，第 12 页。

范所表达的不同利益进行比较、选择,那么此种衡量也不是利益衡量而仍然是法益衡量;只有在法官抛开规范的利益表达,而直接诉诸法外的利益逻辑,这种衡量才是利益衡量。[1] 可见,法官在多数情况下进行的衡量是法益衡量而非利益衡量。法益衡量是在司法过程中经常发生的方法论事件。

传统识见认为,法官在进行适法性判断时,如果发现有多个裁判方案,且这些方案之间相持不下,法官选择一种自认为对当事人和社会公众最有利的方案作出判决,此种裁判行为可以认为是在进行利益衡量。[2] 笔者认为,此时法官仍是在法律所确认和保护的利益(即法益)中作出选择,因而仍应认为是在进行法益衡量而非利益衡量,即使此时法官采取了假想立法者处于裁判情境的方法。而且,在裁判过程中,法官不能轻易诉诸利益衡量作出判决,而必须是在法无明文规定,或者法律的规定模糊不清,或者适用法律的规定将导致严重的不正义等三种情况下才能进行利益衡量。在英美法系,法律还要求法官遵循先例,没有特殊理由不得违反先例进行利益衡量。即便是在利益衡量的情况下,法官也被要求尊重先例。[3] 适用利益衡量方法的条件与适用价值判断的条件一样严格,因为在现代法治国家,有法律不适用法律裁判,是法官对神圣法律的最大亵渎;破坏立法者(选民代表)为其拟定的利益序列表而擅自代之以个人的利益观,是法官对司法民主的背叛。因而法官在面临利益衡量的机会时必须保持适度的谦抑,必须尽可能的进行法益衡量而不是利益衡量。对于这一点,即使是一些利益衡量倡导者(例如加藤一郎)亦保有清醒的认识。[4] 那么法益之衡量之"法益"又究竟是一个什么样的方法论概念呢?

---

〔1〕 从这个角度看,波斯纳的实用主义衡量论也不是标准的利益衡量,而是颇近于法益衡量。参见〔美〕波斯纳:《法理学问题》,苏力译,中国政法大学出版社 2002 年版,第 167—168 页。星野英一的利益考量论也与波斯纳一样颇近于法益衡量。参见张利春:《日本的民法中的利益衡量论》,载陈金钊、谢晖主持:《法律方法》(第 7 卷),山东人民出版社 2008 年版,第 153 页。

〔2〕 参见赵可:《浅谈利益衡量的若干基础问题》,载《湖北社会科学》2009 年第 2 期;郑金虎:《基于司法克制主义立场的利益衡量操作规则》,载《华东政法大学学报》2010 年第 1 期。

〔3〕 参见〔美〕波斯纳:《法理学问题》,苏力译,中国政法大学出版社 2002 年版,第 167—168 页。

〔4〕 参见〔日〕加藤一郎:《民法的解释与利益衡量》,梁慧星译,载《民商法论丛》(第 2 卷),法律出版社 1994 年版,第 91 页以下。

二、法益衡量之法益：一个众多面相的范畴

人们普遍认同，法益衡量之法益是法律所确认和保护的、可能受到侵害或威胁之生活利益[1]，但是司法过程中的法益的含义却远比这一认识要复杂得多。法益可以指立法者在创制法律时所欲保护的利益，也可以指在具体的社会条件下立法文本客观上保护的利益，前者可称为"主观法益"，后者可称为"客观法益"。这两者之间在通常情况下是重合的，但是受立法者认识能力、社会物质条件和时代发展的影响，两者之间也可能会出现脱节或分离。尤其是进入 20 世纪以后，政治、经济、文化、教育等格局发生突变，科学技术迅猛发展，其中生物和信息技术给原有的社会关系带来前所未有的巨大冲击，立法的主观法益与客观法益之间势必会走向分裂甚至对抗。主观法益与客观法益之间这种裂隙往往被人们称为"违反计划的法律漏洞"。

法益可以指立法文本所明确确认和保护的利益，也可以指隐含在立法文本中并可以从中推论出的为该文本所确认和保护的利益，前者可称为"明示法益"，后者可称为"隐含法益"（或默示法益）。这两者之间存在推论和被推论的关系，即根据文本的上下文并结合立法时的时代背景可以从前者中逻辑地推论出后者。不过，在司法裁判中，这两者之间往往结成一种主从关系，当可以依据前者作出合法、正当和可接受的裁判时，不可径直依据后者作出裁判；只有当依据前者无法作出裁判，或者作出的裁判严重违反正义时，才可依据后者作出裁判。

法益可以指整体法律秩序所确认和保护的一般法益，也可以指法官在司法裁判中具体确认的特殊法益，后者被拉伦茨称为"个案法益"。[2] 例如，法官可以在系列转基因食品潜在危害案件中，确认消费者对转基因食品名单的知情权。当然，一般法益与个案法益之间的界限是相对的，中间必然存在若干过渡地带，例如宪法法益、部门法法益、具体法律制度法益。

---

〔1〕 参见张明楷：《法益初论》，中国政法大学出版社 2003 年修订版，第 167 页。
〔2〕 参见〔德〕卡尔·拉伦茨：《法学方法论》，陈爱娥译，商务印书馆 2003 年版，第 279 页。

　　法益还可以指制度法益与非制度法益,前者是指为正式的法律制度所确认和保护的利益,后者是指虽未为正式的制度所明文确认,但是对于促进制度法益和社会公平、正义的实现至关重要的法益。例如,司法判决所产生的正面的社会效果、政治效果在一定程度上属于非制度性法益,它已超出了个案范围内的制度法益,而在整个社会范围内产生示范性效应、预测性效应、秩序维持效应和道德提升效应等。这些效应从非制度层面促进正式制度所认可的价值、利益之实现,因而也应被归为广义的"法益"范畴。

　　此外,从现实化程度上看,法益可以分为实质法益与想象法益;从归属主体上看,法益可以分为个人法益、集体法益、国家法益和社会法益。由此可见,作为法益衡量之方法论硬核的"法益"是一个有着众多层次或面相的范畴,在理论研究我们切不可"执一相而称全相",以至以讹传讹而导致不必要之混淆,从而影响衡量方法的程序、技术和原则选择上的正确性。

三、法益衡量之程序:内在难题的外在展开

　　"'衡量'也好,'称重'也罢,这些都是形象化后的说法;于此涉及的并非数学上可测量的大小,毋宁是评价行为的结果,此等评价最困难之点正在于:其并非取向于某一般性的标准,毋宁须同时考量当下具体的情况。……若果如此,那么'法益衡量'究竟还算不算一种方法,或者它只是下述自白的简称:于此,法官根本没有任何方法原则为后盾,而只是依其自定的标准而作成裁判的?倘若如此,对于依'在个案中之法益衡量'所做的裁判即无从控制,法官也可以堂而皇之依自己的主观见解来裁判。"[1] 事情真如上述言论那么悲观? 法益衡量是否像利益衡量和价值判断一样是一个比较主观的、难以被客观化的裁判过程呢? 对于法益衡量是否有比较确定的、可复现的审查标准呢? 换言之,法益衡量的程序是客观的吗? 对此,我们必须在与利益衡量的比较中叙述法益衡量的程序。

────────────────

〔1〕　参见〔德〕卡尔·拉伦茨:《法学方法论》,陈爱娥译,商务印书馆 2003 年版,第 279 页。

事实上,法益衡量并非像利益衡量那样是一种结果衡量论,它不仅重视衡量的结果而且还注重衡量的程序,不仅重视衡量的事实性因素(经验、效益和人情)而且还注重衡量的规范性因素(例如规则、原则和概念),不仅重视衡量的解纷功能而且还注重衡量的规范(或标准)发现功能。"在法益衡量的过程中是规范沟通了价值与现实利益,也正是规范体现了法益衡量作为一种方法的属性。"[1] 因而,法益衡量在程序上不同于利益衡量论,前者具有中度规范指引性,而后者只具有弱意义上的规范导向性;前者具有类案普适意义,而后者通常只具有个案解纷意义。

对于法益衡量的具体程序,许多学者有过论述。例如,波斯纳认为疑难案件中的法益衡量程序是:首先借助相关立法文本和史料、法院和立法机关的组织制度、社会理想,抽象出一个作为裁判指导的法概念;其次是尽可能地从有关先例及其他材料中获取裁决手头案件的有用信息;再次是运用上述判断来裁决手头案件;最后是看上述判断是否与有关先例相抵触。[2] 虽然波斯纳将上述过程说成是一个政策分析过程,我国的一些学者也将它看作是一个利益衡量过程[3],但是很显然,波斯纳的上述衡量过程具有很强的规范性和类案普适意义,因而仍属于一种法益衡量。

笔者认为,在进行法益衡量时,法官也必须从事与利益衡量时类似的前提性工作,即估算衡量的成本与收益,如果成本大于收益,那么此种衡量是不经济的;反之则是可行的。例如在系列"王海知假买假案",作为基层法院的法官因所掌握的信息、权力和符号等方面资源的有限性而无法进行全面的"成本—收益"估算,因而他们最稳妥的处理方式往往是依照严格规则主义的模式作出裁判。普通法官不可能拥有最高法院法官那样宏阔的视野和敏锐的政治直觉,更不可能拥有政治家式的统筹全局、高瞻远瞩的政治气魄。因而,基层法院的法

---

〔1〕 余净植:《获致法律上妥当的裁判——对法益衡量思维与方法的全面检视》,载《学术研究》2009 年第 12 期。

〔2〕 参见〔美〕波斯纳:《法理学问题》,苏力译,中国政法大学出版社 2002 年版,第 167—168 页。

〔3〕 参见徐继强:《衡量的法理——各种利益衡量论述评》,载陈金钊、谢晖主持:《法律方法》(第 9 卷),山东人民出版社 2009 年版,第 341—342 页。

官在处理本辖区内的知假买假案时,衡量的成本过高而收益(包括示范性效应)过低,故而不宜进行法益衡量。

从总体上看,我们可以将法益衡量的具体程序粗略地分解如下:首先,洞悉当事人争执的法益性质、种类和强度。例如在系列"王海知假买假案"中,法官必须清楚原告"王海"们所指向的直接法益是"假一罚二"的赔偿规则,间接法益是一般消费者的正当权益;而被告的直接法益是双倍赔偿不适用知假买假者,间接法益是一般经营者的经济权益。从正当性和紧急程度上看,"王海"们捍卫的间接法益要比后者的直接法益和间接法益都要更正当、更紧急。

其次,提出解决争执的初步方案或假定。例如发生在杭州、上海等地的系列"玻璃幕墙案"中[1],法官最佳初步解决方案应是提出一个既保护原告的隐私权、采光权、挡风权,又能保护被告的建筑施工权、经营权的折中方案。

再次,列举并比较前述方案对于当事人的法益的积极、消极后果。例如在上述系列"王海知假买假案"中,保护原告"王海"们的法益更有利于打击制假售假行为,维护潜在消费者的利益;保护被告的法益无异于在今后的类似案件中鼓励潜在的制假售假行为,纵容更多的经营者采取机会主义策略以损害消费者权益为代价获取额外利益。

复次,尽可能地从法秩序和现行实定法上寻找最终解决方案的蛛丝马迹。"法的确定性原则要求判决是在现行法律秩序之内自洽地作出的。……法的种种建制史构成了每个当代的判决实践的背景。……在一种当下的未来的视域中判决实际案例的法官是以合法的规则和原则而主张其判决的有效性。"[2]一般而言,法官应当通过原则和不确定性概念将法益衡量运送到司法中。例如在前述"玻璃幕墙案"中,法官应从《民法通则》第83条中援引有关不动产相邻权的条款,以作为解决该案的实定法依据。

---

〔1〕　参见《都市快报》2000年6月9日第1版,2006年8月15日第1版;《新闻晚报》2006年12月10日第1版。

〔2〕　〔德〕哈贝马斯:《在事实与规范之间——关于法律和民主法治国的商谈理论》,童世骏译,生活·读书·新知三联书店2003年版,第246页。

最后,根据个案情境调整原先的解决方案,并予以论证。寻求法益衡量最终方案的过程其实是一个寻求各种冲突着的法益的"阿基米德点"。在这一过程中,衡量者不得不遵循一些早已固化的法律原则(例如过度禁止原则、让路原则)。[1] 在对解决方案进行论证时,应综合运用各种解释方法、法律规则、类似判例等展示该方案的合理性、妥当性和可接受性。

由以上分析可见,法益衡量之程序并非是法官可以任意操作之内在化的主观过程,而是一个可以被外在化的规范过程。如此,方能保证衡量之结果的正确性和客观性。

四、法益衡量的技术:从个案衡量到群案衡量

对于法益衡量与利益衡量在程序方面的比较,亦可适用于其技术方面,即法益衡量的技术不同于利益衡量的技术,前者具有中度规范指引性,而后者则只具有弱意义上的规范导向性。从个案上看,法益衡量的技术有如下几种:

第一,个案类推法。与利益衡量不同,在拟定解决方案时,进行法益衡量的法官必须优先采用隐含在类似法条和先例中的解决方案,根据类似案件类似处理的"平等原则"类推适用到手头案件上。这样,法官就可以使手头案件的处理结果与类似先例及未来的个案之间保持一种大体上的一致。这一点类似于赫克所说的寻找利益评判标准的阶段。[2]

第二,个案权重法。在缺乏类似解决方案的情况下,法官必须根据具体情况赋予冲突着的法益以"权重"(即重要性),以确定哪一种法益必须让步或被缩减。赋予权重的过程其实是法益衡量的实质过程,它必须遵守两个原则:一是位阶原则,即高位阶法益应比低位阶的法益得到优先保护,例如人权法益应比物权法益得到优先保护,个体法益应比集体和国家法益得到优先保护,公共法益应比私人和集体法益得到优先保护;二是在同位阶的法益之间只能实行比

---

〔1〕 参见〔德〕齐佩利乌斯:《法学方法论》,金振豹译,法律出版社 2009 年版,第 87 页。

〔2〕 See Philipp Heck, The Formation of Concepts and the Jurisprudence of Interests, in *The Jurisprudence of Interests*, trans. and ed. by M. Magdalena Schoch, Harvard University, 1948, pp.180—181.

例原则,即被影响程度较重的法益应比受影响程度较轻的法益得到优先保护,同时应尽可能地给不受保护的法益以最轻微和最小的限制,即如拉伦茨所言:"为保护某种较为优越的法价值须侵及一种法益时,不得逾达此目的所必要的程度。"[1]

第三,个案衡量法。当冲突着的法益之间不存在一定位阶关系时,前述个案权重法难以适用,而只有诉诸个案衡量法。"之所以必须采取'在个案中之法益衡量'的方法,如前所述,正因为缺乏一个由所有法益及法价值构成的确定阶层秩序,由此可以像读图表一样获得结论。"[2]当然从大的历史尺度上看,运用此种方法亦有助于法律的确定性和裁判的可预见性之达成。"当各最高法院的裁判日渐累积,比较的可能性亦日益提高,则判决时的判断余地亦将日渐缩小。"[3]

如果说上述方法仅是法官在个案中从事法益衡量的方法的话,那么从个案乃至整个法益衡量的历史长河中看,法官从事法益衡量的技术相应地也有如拉伦茨所说的"个案积累法"、"类型化方法"和"群案类推方法"[4],而这三种"整体性技术"不仅是为了解决个案纠纷,更是为缩减法官在个案中进行法益衡量时自由裁量的余地,防止其裁判恣意给现代法治造成的伤害。

开始是"个案积累法适用之阶段"。随着进行法益衡量的个案之积累,一些衡量的规范性因素也得以丰富,而且在法律的模糊或空白之处还可能创生出一定数量的衡量规范,这些规范性因素或衡量规范对于今后个案中的法益衡量无疑具有规范指引功能。

接下来是"类型化方法适用之阶段"。随着上述法益衡量的个案之积累,法官还可以借助一些分类标准将这些个案予以类型化,以进一步提炼出一些可资日后进行法益衡量的标准。如人所言,法官"在对作为审判行为客体的具体事

---

[1] 〔德〕卡尔·拉伦茨:《法学方法论》,陈爱娥译,商务印书馆 2003 年版,第 279 页。
[2] 同上。
[3] 同上书,第 286 页。
[4] 同上书,第 286 页以下。

件进行审判时,往往不只是将其作为一次性的实践,而是力求在每一次的审理中抽象出具有普遍性的社会关系的类型并进行深入的分析"[1]。

最后跃迁至"群案类推法适用之阶段"。在个案中进行法益衡量时的类推法可以在整个法益衡量的历史长河中被放大为一种寻找个案与个案、个案与类案之间相似点的衡量作业,以扩大比较和类推的空间。

当然,上述三种"整体性技术"发生的阶段划分仅为一种理论逻辑抑或思维逻辑之进程,而并非每一位法官在法益衡量过程中实际遵循之过程。总之,法益衡量的方法从总体上可以分为个案衡量的方法和群案衡量的方法,前者旨在解决个案之纠纷,而后者则志在总结、归纳衡量之规范。

五、法益衡量之原则:法治主义的内在要求

法益衡量在本质是一种揭开面纱的权利衡量,但它又与利益衡量具有若干家族相似性,因而往往成为上述两者之间的坚定中介。"'法益衡量'并非单纯的法感,不是一种无法做合理掌握的过程,在某种程度上其仍须遵守若干可具体指称的原则。"[2]无论如何,它必须按照一定的原则进行,否则就可能或者倒向权利衡量一边而成为一种形式性衡量,或者倒向利益衡量一边成为一种实质性衡量。从法治主义的角度看,法益衡量必须遵守以下原则:

第一,合法性原则。这是法益衡量与利益衡量之间的最大区别:前者衡量的对象是法内的各种利益,后者衡量的对象是法外的各种利益;前者是在存在有效规则的情况下,依照法内的利益逻辑进行的衡量,后者是在不存在有效规则的情况下,依照法外的利益逻辑进行的衡量。因而,从狭义的角度上看,与法益衡量相比,利益衡量很难说必须遵循合法性原则进行运作。但法益衡量是在有有效规则的背景下进行的,因而像赫克所说的,法官必须接受现行法的约

---

〔1〕 〔日〕川岛武宜:《现代化与法》,王志安、渠涛、申政武、李旺译,中国政法大学出版社1994年版,第253页。

〔2〕 〔德〕卡尔·拉伦茨:《法学方法论》,陈爱娥译,商务印书馆2003年版,第286页。

束.[1] 现行之"法"从广义的角度看还包括"宪法"及其基本价值秩序。

第二,平等性原则。法益衡量所遵循的平等原则主要是一种法内的平等原则,即在同等情况下,不同主体的法益应当得到同等对待;在不同情况下,不同主体的法益应当得到区别对待。为了保证平等性原则得到贯彻,现代法治要求法官在适用法益衡量作出裁判时必须尊重先例,并对事实进行类型化。

第三,人权保障原则。法益衡量既是在宪法之价值秩序约束下进行的衡量,那么它必须尊重宪法作为人权法之特征:高扬保障人之生命、自由和尊严及与之紧密联系的私有财产之旗帜,此谓德国法上的"自由权优先性"原则.[2] 即便出于社会法益、国家安全之需要而必须限制上述基本人权时,也应尽可能使用最轻微之限制手段。

第四,效益性原则。这一原则可以贯彻于法益衡量之始终:在开始前,法官估算衡量的成本与收益,以决定是否适用法益衡量解决纠纷;在开始后,法官要比较保护不同法益所消耗的成本和获得的收益,以初步决定保护哪一种法益。例如在前述系列"王海知假买假案"中,如果上诉法院法官不得不对该案作出具有规范指引性和类案普适意义的判决,那么他必须在既可判"王海"们败诉也可判其胜诉的两可状态中,衡量不同判决对社会效益的促进作用。很显然,支持"王海"们的诉请更利于保护一般消费者的合法权益,制裁违法经营者的制假售假行为。

在上述原则中,合法性原则是法益衡量必须遵守的前提性原则,平等性原则是法益衡量应当遵守的形式性原则,而人权保障原则和效益性原则是法益衡量应当遵守的实质性原则,它们相互联系,相互制约,共同构成了决定法益衡量运行方向的网状结构。

六、法益衡量的边界:最后手段的抉择

法益衡量是法官在无法对个案进行适法性判断的情况下采取的不得已之

---

〔1〕 参见何勤华主编:《西方法学流派》,中国政法大学出版社 2003 年版,第 148 页。

〔2〕 See Jarass/Pieroth: GG(5. Aufl.), 2000. Art. 20, Rdnn. 80—82.

举,因而它只能发生在法律的规定模糊不清或相互冲突的情境下。在采取法益衡量的方法进行裁判时,法官必须遵守以下边界:

第一,在可以从制定法中析解出隐含规范的情况下,法官不得进行法益衡量而应径行适法性判断;即使不能从法条中推论出隐含规范,如能从中发现隐含法益,法官在衡量时必须依照此种而非它种法益进行衡量。在疑难案件中,适性判断、法益衡量和利益衡量之间的边界极为模糊,法官在选择何种方法裁判时应谨慎行事。

第二,在有明示法益的情况下,法官通常应依据明示法益作出裁判;只有当依据明示法益无法作出裁判,或者作出的裁判严重违反正义时,法官才可依据默示法益作出裁判,但此时法官对其选择负有较强意义上的论证义务。

第三,在采取法益衡量的方法进行裁判时,法官有遵循先例和参照同行法官的类似判例的应然义务,而且,此时他还不能像在利益衡量情境下有合理地违背先例的权力。相对于利益衡量,法官在法益衡量的情境下有更多的维护裁判结果统一的义务。

第四,法官不能因为诉诸法益衡量进行裁判就不遵守正常的衡量程序和规范性因素:他不仅应实际遵守正常的衡量程序和规范性因素,而且应将这种衡量的程序和规范性因素展示给当事人和社会公众,以求得后者的认同。

最后,即使在缺失上述规范性因素的情况下,法官也应在现行法秩序、法传统(例如对情理、和谐的重视)、法目的(例如人的自由的全面的发展、人与自然和谐相处、经济社会的可持续发展)、法原则(例如平等原则、位阶原则)、法价值(例如自由、秩序和平等)和法理想(例如法治国理想)的界限内进行法益衡量。"法的确定性原则要求判决是在现行法律秩序之内自洽地作出的。……法的种种建制史构成了每个当代的判决实践的背景。"[1]

---

〔1〕〔德〕哈贝马斯:《在事实与规范之间——关于法律和民主法治国的商谈理论》,童世骏译,生活·读书·新知三联书店2003年版,第246页。

第四章

现代司法的方法论体系(三)：
利益衡量的方法论构造

第一节　利益与价值之辩

利益的英文可以是 advantage, interest, profit, benefit,它是指客体满足主体需要的属性。从确定性程度上看,利益可以分为客观利益和主观利益,前者是指按照理性的标准,某事物对主体的有用性;后者是指按照主体的需求,某事物对主体愿望的满足程度。利益衡量之"利益"主要是指客观利益。同时,与利益衡量之"利益"有密切联系的法益衡量之"法益"是指法律确认和保护的利益,因而抛开其法律属性不谈,其上位概念仍是利益。因而,利益衡量与法益衡量在最终的方法论标准上都可以归属为"利益"。但是,由于法益毕竟是立法者根据一定的价值标准对各种利益之取舍,所以它具有较强的涉价值性,因而在多数情况下成为利益与价值之间的联结点,从而使利益、法益和价值成为了三个有机联系的方法论范畴。

价值的英文可以是 value,merit,worth,它是指客体满足主体需要的关系、属性或意义。从哲学上看,价值是事物存在的依据和形式。从确定性程度上看,价值也可以分为客观价值和主观价值,前者是指客体本身对于主体的实际效用,与前述客观利益的内涵比较接近;后者是指主体对于自身和客观世界的认识,它支配着主体的思想、行动、选择和评价等方面。价值衡量之"价值"主要是指主观价值。

一、利益衡量与价值衡量之间的纠缠

利益衡量(interest judgment)最早为 20 世纪初兴起于德国的利益法学所明确地提出,或者说其背后的方法论为利益法学。利益法学的一个基本思想是,认为法律对生活事实的规范之实质是对其中所包含的利益之确认、固定、协调和选择。利益法学认为概念法学的纯逻辑体系和规则至上主义遮蔽了法律表象下的利益冲突、争斗、权衡之事实,因此,与其让法律遮蔽利益,不如让利益直面法官更能调整生活中的利益冲突。价值衡量(value judgment)是兴起于 17 世纪的价值法学的重要方法论工具,其基本思想是认为实证法背后存在一个应然的价值体系,前者的制定、运行要受到后者的制约。价值衡量是要分析客观事物对于满足人类需要的质和量,它从根本上受到主体的价值观和世界观的影响。在法律上,价值衡量被认为是一个"当为"(ought to be)的判断,是一个比较不同规范背后价值之权重的过程。

在实践中,人们常将利益衡量与价值衡量相提并论。例如,日本学者加藤一郎将利益衡量视为实质价值判断,认为:"价值判断为利益衡量之一,或者说是指更看重什么样的利益,也是利益衡量的基础,而且进行作为全体的利益衡量时考虑哪一方应当获胜,也成为价值判断。""假如把价值判断直到那些具体的细分的利益衡量全体,称作总括的利益衡量,则无论裁判官、辩护士,还有学者,谁都在以不同的形式进行利益衡量,这是毋庸置疑的。"[1] 国内学者中,杨仁寿认为利益衡量是立法者面对利益冲突时的价值衡量,并断定:"在目的考量或利益冲突时,恒须为利益衡量,恒应为价值判断"。[2] 受杨仁寿的影响,国内多数学者认为利益衡量具有价值衡量的性质。[3] 例如,有人从本质上给上述两者和法益衡量定性,认为价值衡量、法益衡量和利益衡量本质上都是一种价值判断,所以其衡量的对象都是利益、法益、价值。[4] 另有人也认为,利益衡量与价值衡量的本质是相同的,对利益的衡量也就是对价值的筛选。[5] 为什么人们将利益衡量与价值衡量不加区分地使用呢? 难道仅仅是法律意识上的原因吗? 仔细思之,我发现可能有以下几方面的原因:

第一,"利益"与"价值"之间存在相互定义现象。由于人们对价值的定义常常以"利益"为上位概念(属概念),所以在论述中不时地将"利益衡量"这一理性色彩较浓的方法论工具与"价值衡量"(又称价值判断)这一非理性色彩较浓的方法论工具牵扯到一起,从而产生了无穷无尽的误解和困惑。而且更令人困惑的是,在实践中,人们在定义"利益"时,又以"价值"为上位概念。例如利益法学派的代表人物赫克将"利益"定义为"生活价值"和"对生活价值的追求",它包括各种主体和形式的利益。[6] 这样,"利益"与"价值"这对概念就互为属概念,且相互定义对方,其所带来的方法论上的混乱自然可以想见。因而,无须惊讶的是,在理论研究中,多数学者将"利益"与"价值"这两对概念不加区

---

　[1] 〔日〕加藤一郎:《民法的解释与利益衡量》,梁慧星译,载《民商法论丛》(第2卷),法律出版社1994年版,第77页。

　[2] 参见杨仁寿:《法学方法论》,中国政法大学出版社1999年版,第178页。

　[3] 也有少数学者对此种流行识见表示了怀疑甚或不同见解。参见魏胜强:《司法能动与价值衡量》,载《华东政法大学学报》2010年第1期;魏治勋:《司法过程中的利益衡量批判》,载《学习与探索》2006年第2期。

　[4] 参见武飞:《法律解释的难题:服从还创造——法律方法视角的探讨》,载《法学论坛》2005年第6期。

　[5] 参见赵可:《浅谈利益衡量的若干基础问题》,载《湖北社会科学》2009年第2期。另见张斌:《现代立法中利益衡量基本理论初论》,载《国家检察官学院学报》2004年第6期;沈仲衡:《论法律推理中的利益衡量》,载《求是学刊》2003年第6期;胡玉鸿:《关于"利益衡量"的几个法理问题》,载《现代法学》2001年第4期。

　[6] 转引自雷小政:《刑事诉讼法学方法论·导论》,北京大学出版社2009年版,第182页注②。

分地互换使用[1],这必然造成事实与价值、描述与判断之间界限的模糊乃至混淆。

第二,利益衡量与价值衡量之间存在方法论工具上的相互借用现象。人们将"利益衡量"方法与"价值衡量"方法牵扯在一起的原因可能还在于,认识到利益衡量方法在协调重叠冲突着的利益时的不能或不足(即力不从心),从而提出应当采取价值衡量方法予以补足或协调。[2] 但是事实上,利益衡量之"利益"与价值衡量之"价值"不仅是一对既有联系更有区别的概念,而且利益衡量方法解决不了的利益冲突问题,价值衡量方法更是爱莫能助。如果说利益之间的冲突尚可以靠世俗权力予以解决的话,那么价值(诸神)之间的冲突只能从个体对于生命的态度中寻求解决的方法。同时,在另一些人看来,利益衡量是解决价值冲突的方法,其程序是将价值还原为利益,然后对它们予以逻辑上的排序[3];或者进行利害上的取舍。[4] 但是,首先,价值能否还原成利益是大有疑问的,因为价值冲突不仅涉及世俗领域的利益冲突,而且还关涉精神领域的形而上学之冲突;其次,如同价值一样,各种利益之间的排序是否可能? 或言之,存在这么一张"利益序列表"吗? 同时我们必须注意,如果我们不能为所有利益制定一张"利益位阶表",从而对冲突着的利益予以排序的话,那么利益衡量方法也不能提供比价值衡量方法更多的方法论启示甚或解纷手段。因此,跟"利益"与"价值"之间的相互定义现象相似,在出现"方法不能"情形时,"利益衡量"与"价值衡量"之间也出现了相互借用——或美其名曰"转化"之现象。无疑,这是一种极具讽刺意味且略为滑稽的"方法论循环借用"现象,除了能将读者搞得晕头转向之外,它什么问题也解决不了。

第三,利益衡量的涉价值性对于上述混淆也负有一定的责任。客观地看,

---

[1] 例如有人直言,利益就是价值,价值观就是利益观。参见龙宗智:《相对合理主义》,中国政法大学出版社 1999 年版,第 39 页。

[2] 参见〔美〕博登海默:《法理学——法律哲学与法律方法》,邓正来译,中国政法大学出版社 1999 年版,第 503 页;许中缘:《体系化的民法与法学方法》,法律出版社 2007 年版,第 121 页。

[3] 参见陈金钊等:《法律解释学——立场、原则与方法》,湖南人民出版社 2009 年版,第 38 页。

[4] 参见胡灵:《探微法律价值衡量的践行——对法律价值衡量方法运用的思考》,载《贵州大学学报(社科版)》2009 年第 5 期。

利益衡量的涉价值性是很明显的,因而带有强烈的"感情色彩";在司法过程中,由于缺乏有约束力的方法论规制,法官的利益衡量也具有强烈的主观性或个体性。但是人们没有注意到,利益衡量的涉价值性主要是在利益选择阶段而非利益白描和利益论证阶段。在利益选择阶段,法律人要依据一定的价值立场和价值位序对冲突着的利益作出取舍。因而从程序上讲,将利益衡量与价值衡量等而视之的观点是有失妥当的。

此外,利益衡量还经常与目的论解释相互混淆。其原因在于,人们认为法律目的后面常常存在相互矛盾的利益,"只有当人们对相互矛盾的规范利益加以考虑时,才能理解这个复杂的规则"[1]。因而,"利益"、"价值"和"目的"三个概念也经常纠缠在一起,成为人们在遇到方法论难题时任意逃窜的"狡兔三窟",自然也给"利益衡量"与"价值衡量"之间的界分带来更多困惑。

二、利益与价值之间的界分

在利益衡量与价值衡量的问题上,笔者赞同有人所提出的,"当我们赞成或反对衡量论的时候,首先要明确针对的是何种理论。司法实务中要采用衡量论的方法,必须明确是何种衡量,以免相互矛盾、冲突;或者仅凭主观、各取所需,以致失于恣意"。[2] 但是要将利益衡量与价值衡量有效地区分开来,我们该从何处入手呢? 当下,一些人在区分上述两词时,往往将"价值"等同于"权利",从而使上述两词之间的区别变成"利益"与"权利"之间的区别。[3] 这一做法固然简化了上述两词之间的复杂关系,但是价值与权利毕竟是两个不同的概念,岂可如此蒙混不分呢? 因此我们必须直面问题之本源,从界分"利益"与"价值"两词入手,否则无法从根本上解决问题。

笔者发现,在法学方法论的语境中,"利益"(benefit)与"价值"(value)是两

---

〔1〕　〔德〕N.霍恩:《法律科学与法哲学导论》,罗莉译,法律出版社2005年版,第136页。

〔2〕　徐继强:《衡量的法理——各种利益衡量论述评》,载陈金钊、谢晖主持:《法律方法》(第9卷),山东人民出版社2009年版,第332页。

〔3〕　参见魏治勋:《法律解释在司法过程中的利益衡量》,载广州市法学会编:《法治论坛》(第3辑),中国法制出版社2008年版,第141页。

个既有联系但是又有区别的概念。在物理学和经济学的意义上,两者的内涵大体一致,即一个物品、产品或商品(包括劳动力)对于主体所具有的使用价值、劳动价值和交换价值。因而,两者之间的联系在于,在日常生活中,它们都可以表达一种事物对于人的需求属性。例如我们说"做某件事情对我是有利益的"和说"做某件事情对我是有价值的"是一个意思;"做某件事情给我带来 8 美元的利益"和"做某件事情给我带来 8 美元的价值"几乎也是一个意思。但是,当我们对两种或两种以上的事物进行分类或选择时,"利益"与"价值"之间的区别就显露出来了。例如,赫克说"利益包括个体利益、群体利益、共同体利益、公共利益和人类利益"与赫克说"价值包括个体价值、群体价值、共同体价值、公共价值和人类价值"时,这两种表述是有差异的:前一种表述毋宁是在做描述,是对一种实然的、客观状态的素描;后一种表述其实是在做判断,是对一种应然的、具有感情色彩的事物的内心倾向之表达。又如,我们常说的"个人利益、集体利益和国家利益"与"个人价值、集体价值和国家价值"也是不同的,它们之间的区别与上述赫克的两种表述类似。正如哲学家罗素说:"当我们断言这个或那个有'价值'时,我们是在表达我们的感情,而不是在表达一个即使与我们个人的感情各不相同但却仍然是可靠的事实。"[1]

因此,从总体上看,"利益"和"价值"都可以做名词和动词,但是在做名词时,"利益"更偏向于描述(即某种好处,甚至是某种实物),而"价值"则更偏向于划定一种等级、标准;在做动词时,"利益"更偏向于表示使某人获得某种方便、好处,甚至是实物,而"价值"则更偏向于表达对某种事物的评价。同时,在方法论的语境中,"利益"更偏向于做名词使用,而"价值"更偏向于与"衡量"、"判断"、"评价"等词串用,而以"利益"为施动对象,即价值衡量/判断/评价(错误地)以"利益"为衡量对象。严格地讲,价值衡量/判断/评价应以"价值"为施动对象,因为"价值"在方法论上属于"应然"的范畴,而"利益"则属于"实然"的

---

〔1〕 转引自张登巧:《价值论视野中的社会认识论研究》,载《新华文摘》2009 年第 15 期。

范畴[1],两者之间存在方法论上的难以通约性。利益的外延不外乎是那些能够满足主体需要的物质和精神产品,而价值的外延则还包括那些无法予以理性处理的个人偏好和内心信仰。

在法学上,利益是一个非道德性范畴,不同的利益之间可以交换、沟通,而价值是一个历史性、道德性范畴,不同的价值之间难以沟通,更遑论交换;利益可以被数目化,而价值则与人的人格联系在一起而不能被数目化。总之,在惯常用法中,利益衡量之"利益"具有现实性,它是在一定生产力基础上产生的对人类各种需求的满足;而价值衡量之"价值"具有理想性、观念性,它是主体对事物的合目的性评价和要求,与人的情感、态度和意向等紧密相连。如前所述,从广义上讲,利益衡量之"利益"确实可指法律承认和保护的利益(即法益或权益)。

"利益"与"价值"均可与法律结合分别构成"法律利益"和"法律价值",前者即为前文所说的"法益";后者是指法律这种行为性事物对于主体所产生的各种价值(主要是善恶、好坏、积极或消极),主要是指"法上之价值"。在通常情况下,利益衡量之"利益"不是法上之利益(即法益),而是法外或法后之"利益"。那么,是否由此可以推论,价值衡量之"价值"也是法外或法后之价值呢?笔者以为应当以"法上之价值"为限。因为法上之价值——例如公平、正义、自由、民主、平等、秩序、公序良俗——本身已经非常宽泛,如果再将它拓展至法外价值,则有无限扩大法官的价值衡量权之虞,将给法的安定性造成极大危害。同时,将价值衡量之价值限定在法上之价值,也是为了遵守现行法秩序和宪政上三权分立之格局。"法官的价值衡量应尽量避免以社会上的一般道德标准作为衡量的标准,尤其是在这种一般道德标准与法律价值不相吻合的情况下。"[2]

---

〔1〕　参见李德顺:《价值论》,中国人民大学出版社1987年版,第140页。
〔2〕　陈金钊等:《法律解释学——立场、原则与方法》,湖南人民出版社2009年版,第538页。

三、利益衡量与价值衡量的方法论向度

由以上论述可见,由于利益与价值是两个不同的事物,所以利益衡量与价值衡量是两种不同的裁判方法,它们之间在适用条件、标准、范围和方式等方面多有所不同。

首先,从适用条件上看,利益衡量是在手头案件缺乏有效规则的情况下的不得已之举,其中包括对于案件法律存在漏洞、模糊、冲突之处,或适用现有规则将导致严重的个案不正义等四种情形。只有在这四种情形发生时,法官才可能适用利益衡量作出裁判。与之相比,从广义上讲,价值衡量渗透于法官裁判的每一个环节中,因为法律规范是立法者价值之表达,法官司法时事实上是依规则对手头案件作出立法者业已表达的价值选择。[1] 当然,从狭义上讲,价值衡量也是在立法者缺乏有效价值选择之情况下的不得已之举,但是只有在该案无法通过适用利益衡量得以解决的特别情况下,才可以适用价值衡量作出裁判。对此下文将叙明详细理由,在此不赘。

其次,从适用标准上看,利益衡量通常是适用在个案中形成了大致位阶的物质利益或精神利益来作出裁判;而价值衡量则是适用实定法或社会中客观存在的价值等级体系来作出裁判。相比于价值衡量而言,利益衡量的判断标准因大多可转化为定量的财富,因而可能更具有实证性和可操作性,法官的裁量空间也相对比较小。也正是考虑到这一点,在选择价值衡量的标准时,如果实定法缺乏有效的标准,那么必须选择在社会中占主流地位的价值标准,或至少是在该案发生地通行的价值标准。

再次,从适用范围上看,利益衡量主要适用于涉及物质或精神利益冲突的案件中,而价值衡量主要适用于涉及有关自由、平等和正义等价值冲突的案件中。因而,利益衡量主要适用于私法尤其是民商法案件当中,而价值衡量主要

---

〔1〕 从严格规则主义的视角讲,法官在司法裁判中必须遵守立法者业已作出的价值选择,不得私自适用价值衡量对手头案件作出裁判。因而,从狭义上看,只有在立法者没有作出明确的价值选择或选择不当时,法官才能依据法律的原则、目的和精神适用价值衡量作出裁判。

适用于公法尤其是宪法行政法案件当中。

　　最后,从适用方式上看,利益衡量通常借助调查、分析和比较等实证方法予以适用,而价值衡量则往往隐身于一般条款当中、以法律原则的面目的形式得到适用。

　　例如,在 20 世纪 60 年代发生于日本的"姘居妻接受遗赠"案和 2001 年发生在四川泸州的"二奶接受遗赠"案中[1],如果采取利益衡量的方法进行裁判将会发现,无论是支持正妻还是姘居妻(二奶)的诉请,都有足够的利益分析上的理由:因为姘居妻(二奶)的利益在个体、群体、制度乃至社会公共利益等层次都有相对应的利益支持。尤其是在泸州的"二奶接受遗赠"案中,"二奶"的利益更是得到合法的遗嘱制度、保护妇幼的立法政策和不离不弃的善良风俗等利益的支持。因而从适用条件上看,该案不能采取利益衡量的方法予以解决,只能适用价值衡量作出裁判。但是价值衡量的标准又具有比利益衡量的标准更大的模糊性和难以操作性,为了保证裁判结果的确定性,法官只能选择在社会上占主流地位的价值标准。不过,在私法中例外地适用价值衡量是一种需要叙明特别理由的裁判行为,如果不是为了形成一个新的裁判规则甚或塑造、彰显某种非常重要的社会价值,法官不得适用价值衡量作出裁判。在泸州"二奶接受遗赠"案中,法官之所以否定"二奶"的诉请,是为了引导社会价值和舆论给正当的婚姻制度比坚贞的"婚外情"以更多的支持。当然在该案中,法官是以违反社会善良风俗原则的实定法理由实质性地适用价值衡量作出裁判的。

四、利益衡量与价值衡量的方法论位阶

　　那么它们在法律方法论上有没有一种相对确定的位阶关系呢? 在利益衡量与价值衡量的方法论位阶上,学界的态度都不大明朗。究其原因可能在于,大多数人认为这两者是同一过程的两个方面,只有极少数人认为两者的方法论

　　〔1〕　分别参见〔日〕加藤一郎:《民法的解释与利益衡量》,梁慧星译,载梁慧星主编:《民商法论丛》第 2 卷,法律出版社 1995 年版,第 84 页;《四川省纳溪市人民法院民事判决书,(2001)纳溪民初字第 561 号》。

位阶有一些零星的表述。例如星野英一认为,在裁判过程中,应先进行利益衡量再进行价值判断[1],后者是比前者更高层次的伦理判断。[2] 但是在解决利益衡量与价值衡量之间的方法论位阶之前,我们必须先对利益衡量与法益衡量之间的方法论位阶有所了解,因为这三种方法论之间存在密切的关联。

在利益衡量与法益衡量的方法论位阶上,笔者发现后者应当优先于前者。原因大致有:其一,法益衡量是法官在无法依据法条作出判断时的一般选择,而利益衡量则是此时的个别选择,一般选择要优于个别选择;其二,在进行目的论衡量时,法条中的明确理由(法益)通常优先于法条后的隐含理由(利益);其三,利益衡量发生的场合之一是就个案而言存在冲突着的法益,从发生学上看,后者也要优于后者;其四,从价值序列上看,法益是为立法者所明确认可的利益,"尊重立法者业已确立的利益评判,既是司法裁判的原则,也是法治的基础"。[3] 因而,在司法程序中,法官应优先采用法益衡量作出裁判,只有此种方法无济于事,才能求助于利益衡量这一法外工具。

在解释和裁判的情境中,利益衡量的目的是要实现不同的、相互竞合的利益之间的妥协和最大化。如果说在法律内的法续造过程中我们要进行的是法益衡量的话,那么在法律外的法续造中所要进行的则是利益衡量。因而很显然,法益以利益为基础,利益以法益为导向。在裁判的情境中,从程序上看,既然只能在法律内的法续造不能解决系争案件时才能进行法律外(超越法律)的法续造,那么法官应在洞悉法条和争点后的法益的基础上,先进行法益衡量再考虑进行利益衡量。

由上述认识,我们似乎可以推论出,在利益衡量与价值衡量的方法论位阶上,通常前者要优先于后者。首先,如前所述,相比于价值衡量而言,利益衡量

〔1〕 参见张利春:《日本的民法中的利益衡量》,载陈金钊、谢晖主持:《法律方法》(第7卷),山东人民出版社2008年版,第153、155页。

〔2〕 参见段匡:《日本的民法解释学》(五),载梁慧星主编:《民商法论丛》(第20卷),金桥文化出版社(香港)有限公司2001年版,第367页。

〔3〕 陈林林:《裁判的进路与方法——司法论证理论导论》,中国政法大学出版社2007年版,第186页。

是一个理性色彩较浓的方法论工具,因而从保障法的安定性出发,前者要优先于后者。其次,从技术上看,利益衡量可以借助于问卷调查、统计分析、权重比较等实证方法得到定量分析,从而为法官裁判提供比较明确的方法论指引;而价值衡量则较难通过上述实证方法予以定量分析,而只能求助于人们的态度、立场、倾向等非实证方法给予定性分析,从而无法为法官裁判提供精确的指引,因此,从保障判决结果的可预期性出发,前者也要优先于后者。最后,即使我们采取案发地占主流地位的价值观念进行衡量,也难以做到如采用哪怕是相当个别的、模糊的利益标准进行衡量那样的可操作性。

　　利益衡量与价值衡量的方法论位阶问题其实反映了在法律模糊或空缺的情况下,法官裁判程序上实质判断与形式判断之间的紧张关系。是实质判断优先还是形式判断优先,如果笼统地提出这一问题,我想任何一个法官和法学家都回答不了。事实上,在司法裁判中,先作出实质判断再提出形式理由的"执果索因式司法模式"比比皆是,但是相反的情形(即"三段论式的司法模式")也大量存在。但是笔者认为,在可以进行利益衡量的情况下,如果不优先进行利益衡量而径直作出价值衡量,那么无论如何都有裁判臆断之嫌,即便法官随后也补充了利益衡量之程序,这一先实质后形式的"执果索因式司法模式"也可能被指为逻辑混乱甚至是程序不当。

第二节　利益衡量与概念法学

　　"在进行判断时考虑结果之当否,或者进行判断时考虑所作判决对于现实将起什么作用,对概念法学来说,是邪门歪道。"因此,在概念法学的世界中,"作为裁判,应当排除这种实质的考虑"[1]。

―――――――――――――

　　[1]　[日]加藤一郎:《民法的解释与利益衡量》,梁慧星译,载梁慧星主编:《民商法论丛》(第2卷),法律出版社1994年版,第77页。

但是利益衡量论却认为，"假使把价值判断直到那些具体的细分的利益衡量全体，称作总括的利益衡量，则无论裁判官、辩护士——虽然辩护士是为委托人的利益，还有学者，谁都在以不同的形式进行利益衡量，这是毋庸置疑的"[1]。

"根据该学派的理论，法官享有一种新的自由，他不必再进行概念上的堆砌，而是可以权衡当事人的利益，并通过对个别案件的判决或对一般原则的阐释，使当事人的利益得到协调；但现在对很多案件的讨论，仍然是在做表面文章。"[2]

"那种认为仅从法律条文就可以得出唯一正确结论的说法，只是一种幻想。而真正起决定作用的是实质的判断。对于该具体情形，究竟应注重甲的利益，或是应注重乙的利益，在进行各种各样细微的利益衡量之后，作为综合判断可能会认定甲获胜。得出这样的初步结论之后，再考虑应附上什么样的理由，亦即结合条文，怎样从论理上使该结论正当化或合理化，以形成判决。"[3]

但是笔者认为，这里根本的问题是要确认：其一，在实际裁判中，法官到底是否，以及在多大程度上进行了价值判断和利益衡量？其二，法官的此种行为在法律上是否，以及在多大程度上是正当的？前者是一个实然层面的事实问题，后者是一个应然层面的价值问题。只有对这两个问题作出了肯定或否定的回答，我们才能对上述两个学派的主张作出评论。我们无论是按照哪一个学派内在的理论逻辑推演下去，它们都没有错。例如，按照概念法学的逻辑，即使我们发现了法官（还有律师、学者）在实际裁判中进行了利益衡量，也不能由此得出结论说概念法学的核心主张错了，因为这个核心主张是一个应然而非实然命

---

[1] 〔日〕加藤一郎：《民法的解释与利益衡量》，梁慧星译，载梁慧星主编：《民商法论丛》（第2卷），法律出版社1994年版，第77页。

[2] 〔德〕罗伯特·霍恩等：《德国民商法导论》，楚建译，中国大百科全书出版社1996年版，第65页。

[3] 〔日〕加藤一郎：《民法的解释与利益衡量》，梁慧星译，载梁慧星主编：《民商法论丛》（第2卷），法律出版社1994年版，第78页。

题。同样,按照利益衡量论的逻辑,那种仅从法律条文依照三段论式的演绎逻辑得出结论的做法,也不能被认为是错的,正如依照实质判断的比较逻辑得出结论的做法也并不一定就是正确的一样。

比较而言,概念法学始终仅在强调一个应然命题,而利益衡量论则既在努力"描述"一件实然情事,又在刻意构建一个应然命题。因而从论证的角度看,利益衡量论要承担多出一倍的论证负担,即它要为存在一个法官进行了利益衡量的事实负举证责任。换言之,利益衡量论要搜集充足的个案以形成一个法官在裁判中进行了利益衡量的肯定性事实判断,并在此基础上证成此种行为在法律上是正当的、可欲的,其核心主张才能成立。

从根本上看,无论是从事实层面和还是从逻辑层面,我们都无法得出上述两个学派孰是孰非的结论。如欲对它们的主张作出最终裁定,也只能像它们一样选择一个坚定的方法论立场,而且这个立场必须有别于这两个学派的既有立场,同时又与它们争论的应然性命题具有高度相关性,才能够对这个应然性命题作出适切的分析。从前文的叙述中我们得知,这两个学派争论的问题是:法官在裁判中应当进行何种判断,是形式判断,还是实质判断;或者应遵循何种逻辑,是演绎逻辑,还是比较逻辑? 本来从功能论的立场我们可以很好地回答上述问题,但是前述概念法学的判断已经武断地拒绝了此种立场。为此,我们只能从现实操作的立场出发,叩问上述两个学派各自的核心主张在裁判实践中的可能性。对于概念法学我们要问,法官在裁判中仅从法律条文按照三段论式的演绎逻辑得出结论,可能吗? 同样,对于利益衡量论我们也要问,法官在裁判中仅按照实质判断的比较逻辑得出结论,可能吗? 如果我们发现法官在裁判中并非总是按照演绎逻辑抑或比较逻辑得出结论,那么很有可能的是,上述两个学派的核心主张都不对,或至少是偏颇的。

"假如将法律条文用一个图形来表示,这是一个中心部分非常浓厚,愈接近周边愈益稀薄的圆形。在其中心部分,应严格按照条文的原意予以适用,不应变动。如果说中心部分通常可以直接依条文决定的话,则周边部分可能出现甲乙两种结论,难有定论的情形。因此,适用法律时当然要考虑各种各样实质的妥当性。"[1]"由于条文的中心部分难以变动,因此裁判中关于这部分不大发生争论。因为一看条文,就可以了解其结果,所以谁也不用争执。而发生争执的,是条文的周边部分,因为可以有两种不同的解释,可以得出两种不同的结论。正是由于这样的边界状态,究竟倒向哪边不清楚,才发生争执。……由于有这样的争执,其判决的结论,多数情形并非取决于形式论理,而是取决于实质的判断。既然如此,难道不应当不加隐讳地将该实质的判断表明并听凭批评吗?这样的实质判断究竟是善是恶,对此姑且不论,我认为,仅仅从形式上讨论与条文的整合性,并不属于真正有生命的法律的议论。"[2]诚如利益衡量论在以上供述中所承认的:条文的中心部分难以变动,裁判关于这部分不大发生争论,因而一旦有案件落入该部分时,法官通常无需做实质判断,仅依条文做形式判断即可得出唯一正确的结论。只有当案件落入条文的周边部分时,法官才可能需要作实质判断。"不管怎么说,法典和法律仍是法官审理案件的出发点和主要渊源,这一地位并没有因新的解释原则的出现而受到削弱。"[3]

根据以上描述,我们可以证伪前述利益衡量论的那个全称命题,即在法官裁判中真正起作用的是实质判断,当然同时也证伪了概念法学的那个相反的全称命题,即法官应当根据形式判断得出结论。

第三节 利益衡量的定律

在利益衡量的司法适用问题上,当前学界存在两种误导法官判案的流行观

---

[1] 〔日〕加藤一郎:《民法的解释与利益衡量》,梁慧星译,载梁慧星主编:《民商法论丛》(第2卷),法律出版社1994年版,第78页。

[2] 同上书,第78—79页。

[3] 〔德〕罗伯特·霍恩等:《德国民商法导论》,楚建译,中国大百科全书出版社1996年版,第66页。

点。一种观点认为,利益衡量是贯穿于司法过程始终的裁判方法,是法律解释的一般方法论,其理由是认为源于日本的利益衡量最初是一种民法解释的一般方法论,并无适用范围上的限制。[1] 另一种观点则觉察到前一种观点有导致利益衡量被法官滥用的可能,因而提出要给它树立一些所谓的"界碑",即规定利益衡量只能在妥当的法律制度内进行,不能在法外空间内进行;利益衡量应在同一法律关系内进行;不能在法律救济不能的案件中进行。[2] 笔者认为,从法治主义的立场上看,上述两种观点都是不妥当的。

　　前一种观点以日本 20 世纪 60 年代的利益衡量作为一般方法论并无适用范围上的限制,就要求 21 世纪中国的利益衡量论也应当没有相应的限制,这是一种典型的"食洋不化"行为。它没有认真去思考如下三个问题:一是日本利益衡量论的此种要求能否适用于当今中国? 二是此种利益衡量论主张即使是在当时的日本是否获得了普遍的理论支持并收到了良好的实践效果? 三是此种利衡量论在当今日本理论界和实务界的支持情况如何? 后一种观点虽然觉察到了前一种观点在利益衡量适用范围上的"泛化"现象,但是它所提出的矫治方案可能在制止此种泛化的同时导致了另一种"泛化"甚至是"窄化",即不恰当地在"有法地带"适用利益衡量,同时又过分地限制了利益衡量在"无法地带"的适用范围,从而与法治主义的两大刚性要求——有法时应依"法"裁判和无法但又必须司法时才依法外标准裁判——相抵触。本文欲在对上述两种观点的批判中,探索适合当下中国司法裁判的若干利益衡量定律。

一、从立法性利益衡量到司法性利益衡量

　　利益衡量在出现之初虽然是对法律形式主义——一种依逻辑三段论获取

---

　　〔1〕　参见夏晨旭、张利春:《利益衡量论研究的回顾与反思》,载《山东社会科学》2010 年第 1 期,第 73 页;张利春:《关于利益衡量的两种知识——兼行比较德国、日本的民法解释学》,载《法制与社会发展》2006 年第 5 期,第 110 页。

　　〔2〕　参见梁上上:《利益衡量的界碑》,载《政法论坛》2006 年第 5 期,第 66 页。

司法判决的理论的反叛[1],但是作为一种法律方法,它要想在司法实务中被贯彻下去,就必须有机地融入当时的法律制度和法学理论当中。而且,作为一种方法,它不可能是放之四海而皆准的,即它必须有其生效的条件、作用的方式和功能的边界。早期的利益衡量论之所以遭到人们的众多批评,可能其原因就在于它忽视了在上述方面的努力。在立法领域中,利益衡量通常没有什么法定的生效条件,因为从近代三权分立的宪政体制上看,它属于立法者的当然权力。但是在立法领域的利益衡量(下文简称"立法性利益衡量")作用的方式是,它必须借助"先归纳后演绎"的方法实现各种不同利益之间的序列化或实证化。立法性利益衡量功能的边界在于:其一,它只能实现与社会中具体利益之间的抽象对应,而无法实现与后者的具体对应;其二,它不能与社会上占主流的利益观、价值观和正义观等相抵触,否则就无法实现其有序化社会生活的立法目的。

从法治主义的角度看,利益衡量主要适用于立法活动,而不能轻易适用于司法领域;法官必须尊重立法者通过民主代议制程序拟定好了的利益序列,不能轻易对它进行改动甚或颠覆;司法主要是一种判断权而非创制权,这也决定了利益衡量只能作为司法方法之例外和案件裁判之助手。因而,在司法领域,从利益衡量思想的萌芽(从耶林的目的论法学诞生算起)到利益衡量实践的展开(从利益衡量在法、美、德、日等国大行其道算起),中间相差了半个多世纪之久。即使是到了利益衡量获准适用于司法领域的时代,它也只是充当对立法领域的利益衡量拾遗补缺之配角,也只是充当法官通过演绎式裁判不能时的替补。从生效的条件上看,司法领域的利益衡量(以下简称"司法性利益衡量")只能在立法滞后、立法出错和涵摄不能等情况下才予以适用。其中立法滞后是指立法时的思想、观念、原则和方法严重落后于司法时的状态,导致立法文本不能适应个案裁判之需要;立法出错是指由于立法者理性的有限、观念错位或方

---

[1] 人们常将法律形式主义与概念法学混淆在一起,实际上它们是两种不同的法理学说,前者主要是关于法律运行的理论,后者主要是一种关于法律本体的理论。详言之,前者是关于在司法裁判中,法官如何获得其案件判决的描述性理论,后者主要是关于在诸多社会规范中,法律规范的独特之处是什么的理论。关于这方面的类似论述,可参见 See Brian Leiter, Naturalizing Jurisprudence: Essays on American Legal Realism and Naturalism in Legal Philosophy, Oxford University Press, 2007, p.60。

法不当,导致立法文本错误地反映了社会现实;涵摄不能是指立法文本不能有效覆盖法律现实,不能实现法律规范与个案事实之间的有效对接。从作用方式上看,司法性利益衡量仍需借助立法性利益衡量的"先归纳后演绎"的方法从个案中发现正当的利益形式,从而将之抽象化以实现与现有法律秩序之间的整合。

"从立法性利益衡量到司法性利益衡量"不仅是法律发展和社会转型的必然规律,对于法官而言也是思维方式领域的一场深刻变革,即他必须意识到他是在现行法秩序下、采取非常规的方式处理当事人争执的利益,因而他不得不认识到该方法适用的条件、作用的方式和功能的边界。

二、从有法司法到无法司法[1]

由以上论述可知,在通常情况下,法官通过三段论演绎的形式主义方法即可实现对案件的裁判,只是在立法滞后、立法出错和涵摄不能等情况下,法官才需要借助利益衡量完成裁判任务。其实这已经暗示我们,在有"法"时法官通常必须依法裁判,只有在无"法"时法官才能借助利益衡量实行无"法"司法。所谓"有法"是指有与个案相对应的、清楚明白的法,即人们通常所说的有效的裁判规范(以下简称"有效的法")。在有法的情况下,法律规范与个案事实之间至少可以形成大体对应的格局。当然,在适用有效的法将导致严重的个案不正义时,法官也可以例外地进行利益衡量,以解决一般正义与个别正义之间的重大冲突。只有在这种极端的情况下,法官才能根据法律的客观目的超越"有效的法"进行极个别的、需要特别说明理由的利益衡量。介于有"法"与无"法"之间的灰色地带可能存在大量"模糊的法"。从理论上讲,任何法律规范都是中心明确边缘模糊的,但是此处所讲的模糊的法是指中心也与边缘一样模糊的法律规范。但即使是在面对"模糊的法"时,法官也不能想当然地拥有借助利益衡量

---

〔1〕　有法司法与无法司法在本文与庞德那里的意义有所不同:本文是将之作为利益衡量的一条定律提出来的,而庞德是将之作为两种司法模式对待的。参见〔美〕博登海默:《法理学——法律哲学与法律方法》,邓正来译,中国政法大学出版社1999年版,第148页。

作出裁判的权力,因为横在利益衡量方法前面的还有法律解释、法律内的法续造和法益衡量三种方法。[1] 例如,法官可以通过字义解释、体系解释和历史解释等具体解释方法使模糊的法变为"清晰的法"。所谓"无法"是指现行法律没有对手头应予裁判的案件予以规定,更遑论"可能存在多种制度可供选择"以及"选择妥当的法律规范作为衡量依据"。[2] 对于手头案件法官是否负有裁判义务,可以根据立法规划、参照已有的立法规定和最高法院的相关司法解释予以判断。

虽然加藤一郎、星野英一等利益衡量论的倡导者曾一度突破"有效的法"的边界,将利益衡量推进到逻辑三段论裁判方法占据的领地,但是法治主义的倾向却是一再将它拉回到无"法"司法的地带。因而,"无法但又必须司法"是司法性利益衡量适用的前提性条件。其含义有二:一是指对于手头案件立法文本中没有对应的有效的法;二是指对于手头案件法官负有裁判义务,如不属于受理范围法官可以不予置理。[3] 当然,无"法"司法也不是说法官对案件裁判有无限的自由裁量权。其实,法官无"法"司法时也是应当遵守一定的裁判规则的。例如,在有类似法律规范可以参照的情况下,法官应通过类比的方法优先适用该类似规范;在有民间法、习惯法、司法惯例、外国法律和法律学说可以参照的情况下,法官应采取责令当事人提供或自己主动调查的方法适用这些非正式规范;在有道德原则、价值原则和伦理观念可以参照的情况下,法官应通过法律化的方法将之转化为法律规范适用于手头案件。自然,法官在进行类比、查询非正式规范和法律化道德、价值和伦理时,也可以兼采利益衡量的方法实现

---

〔1〕 人们常将法益衡量与利益衡量混淆在一起,实际上它们是两种性质不同的裁判方法,前者主要是在形式主义裁判方法失效的情况下,法官所使用的比较不同权利诉愿背后的利益之正当、紧急和重大程度的裁判方法;后者主要是法官通过权衡不同法律规范背后所代表的利益之间的性质、强度和分量来进行裁判的方法。

〔2〕 梁上上:《利益衡量的界碑》,载《政法论坛》2006 年第 5 期,第 71、77 页。

〔3〕 发生在重庆的"烟灰缸伤人案"就属于典型的"无法但又必须司法"的案件,而不属于法律救济不能的案件。(参见贾桂茹、马国颖:《楼上飞下烟灰缸砸伤人 楼上居民共赔偿公平吗?》,载《北京青年报》2002 年 9 月 24 日)在本案中,因公安机关不能查明扔烟灰缸的侵权人而导致该案成为悬案,受害人可以该公安机关为被告提起行政诉讼,法院可以通过利益衡量推定后者承担国家赔偿责任。

裁判结果的实质合法化。

"从有法司法到无法司法"是法治主义对司法裁判中利益衡量的基本要求，同时它确实也给法官提供了无限裁量的可能空间甚至是滥权的机会，但是现代法律发展的铁律却是在为此种无法司法行为寻找坚实的依据的同时，也为此种无法司法行为树立若干难以逾越的"栅栏"。

三、从始端衡量到末端衡量

由以上论述可知，在有法的情况下，只有当适用该法将导致严重的个案不正义时，法官才有权借助利益衡量作出裁判；在有模糊的法的情况下，只有穷尽了法律解释、法律内的法续造和法益衡量等手段不能使模糊的法变成清晰的法时才能诉诸利益衡量作出裁判；在无法的情况下，负有裁判义务的法官应在遵守类比优先、查询非正式规范和参照流行价值观念等规则的同时，借助利益衡量作出妥当的个案裁判。同时，无论是在有法还是在无法的情况下进行的利益衡量，都是一种对裁判规范和裁判结果的实质性论证。因而，在性质上，利益衡量方法与历史解释、文化解释、社会效果考量和价值衡量等方法同属于法律方法论阵营中的"末端方法"，即只有在演绎、归纳、类比、设证和推论等形式性方法不能获得"有效的法"的情况下，才能为法官所诉诸的方法。

虽然日本学者加藤一郎曾经强调要将现有法规排除出衡量者的脑海，在全然白纸的状态下，以一个外行人的识见进行"始端衡量"[1]，但是法治主义的要求和法律人的操守却强烈要求法官只能在现有的法体系、法价值和法知识面前做"末端衡量"。因而，"末端衡量"是司法性利益衡量适用的程序性条件。其含义有三：一是法治主义要求法官根据法律进行裁判，只有在无法或法律模糊冲突的情况下才能根据其他实质性标准作出裁判；二是法律方法论要求法官应优先采用三段论演绎的形式主义方法获取裁判结果，只有在无法进行形式主义

_____

〔1〕　参见张利春：《日本民法中的利益衡量论》，载陈金钊、谢晖主持：《法律方法》(第7卷)，山东人民出版社2008年版，第144页。

判断时,法官才能采取实质主义判断的方法作出裁判;三是法律人的思维天生是一种"趋法思维",即使是在缺乏前述"有效的法"的情况下,该思维也要求法律人应尽量从现行法秩序甚至是民间法、外国法、法律学说中寻求"类法"因素。同时,末端衡量也体现了法律人思考的经济性原则。法律人与外行人不同,前者每天要处理大量的案件,不可能不加区分地对有法还是无法的案件都进行利益衡量,再附加上相应的法律理由;他必须根据法律采取形式主义的方法对案件进行批量处理。即使是在面对无法的案件而不得不进行利益衡量时,他也必须通过类型化方法以实现案件的批量处理。当然,末端衡量并不是法官无法司法时的"末端",相反它仅仅是法官无法司法的"始端",即在此之后,法官还得对借助末端衡量得出的裁判结果进行逻辑、价值和经验上的论证,以说服当事人和社会公众接受该裁判。

"从始端衡量到末端衡量"是法律人尊重法律的应然之义,是利益衡量趋于成熟后的定然状态,更是现代司法应对"诉讼爆炸"的客观要求。

四、从特殊衡量到一般衡量

就手头案件来说,法官所从事的利益衡量属于特殊衡量,它所涉及的是当事人双方的各种具体利益,对于案件以外的第三人甚或社会公众来说并无直接影响。但是,无论是在判例法国家还是成文法国家,法官都要意识到手头案件的判决对于以后类似案件裁判的示范性效应。"个案的衡平固然是重要的,法官作为社会意识形态之表征所担负的社会责任要求法官的视域更应当是宽阔的、超越个案的,饱含使命感和正义观念。"[1] 在一个法治社会中,个案以外的任何个人、组织和法人从理论上讲都是类似案件中潜在的原告或被告,因而法官对手头案件的利益衡量势必潜在地影响到未来发生的类案的处理结果。这样我们很难说法官对手头案件的利益衡量仅仅是一种特殊衡量,他还必须考虑

---

[1] [德]卡尔·拉伦茨:《法学方法论》,陈爱娥译,商务印书馆 2003 年版,第 17 页。

到对手头案件进行一般衡量[1],即法官不仅要重视手头案件判决对当事人具体利益的已然影响,还必须预测手头案件对类案中潜在当事人的利益的未然影响,必须注意到手头案件的社会示范效应、规范形成效应。例如,在全国首例"二奶"与发妻争夺遗产案中[2],法官必须考虑该案判决对社会风气和舆论导向的影响。在利益衡量中,法官应"通过具体的纠纷解决而建立一套旨在影响当下案件当事人和其他人的未来行为的规则。……而规则之形成与个别纠纷之解决相比,前者具有巨大的正外在性;大约也正是在这个意义上,法院才更可以说是提供'公共产品'的而不是私人产品的一个机构"[3]。因而,法官在对手头案件进行利益衡量时,必须考虑到上述个案裁判效应、社会示范效应和规范形成效应三种效应之间的平衡和统一。

如果说近代法治过于片面地注重个案裁判的纠纷解决和权利保护功能的话,那么现代法治则是要在个案解纷与类案防纷、权利保护与社会防卫之间取得平衡。同时,法官从对手头案件进行特殊衡量转变对之实行一般衡量,也是与法律的本位从近代的个体本位跃迁到现代的社会本位、法院的功能从近代的纠纷解决过渡到现代的规范发现等嬗变历程相一致的。在美国,法官即使是在无法司法中进行利益衡量时,也要注意对手头案件的裁决结果与先例之间的和谐性[4];在日本,前述加藤和星野两人都主张应对个案利益予以类型化[5],美日两国的实践和理论均注意到了利益衡量的规范形成效应。为了实现对手头案件的一般衡量,法官必须对个案中的事实予以类型化,以在未来逐渐积累的类案中发展和丰富利益衡量的规范性因素,创生出便于操作的衡量标准。通过

---

　　〔1〕　例如在轰动一时的脑瘫双胞胎龚琦峰和龚琦凌的医疗事故赔偿案和"五月花案件"中,法院均采取了一般衡量的原则判决原告胜诉。分别参见雪源:《国内医疗赔偿第一案始末》,载《南方周末》2000年6月30日;《李萍、龚念诉五月花公司人身伤害赔偿案》,载《最高人民法院公报》2002年第2期。

　　〔2〕　参见《法制日报》2001年11月5日报道。

　　〔3〕　苏力:《农村基层法院的纠纷解决与规则之治》,《北大法律评论》第2卷第1辑,法律出版社1999年版,第80—81页。

　　〔4〕　参见〔美〕波斯纳:《法理学问题》,苏力译,中国政法大学出版社2002年版,第167—168页。

　　〔5〕　参见张利春:《关于利益衡量的两种知识——兼作比较德国、日本的民法解释学》,载《法制与社会发展》2006年第5期,第112—113页。

此种在个案与个案、个案与类案之间寻找相似点的类型化作业,法官不仅可以实现对手头案件的一般衡量,而且还可以逐渐缩减利益衡量时恣意裁量的可能空间。

五、结论

可以说,从立法性利益衡量到司法性利益衡量、从有法司法到无法司法、从始端衡量到末端衡量、从特殊衡量到一般衡量等,是法官在进行利益衡量时必须遵循的定律。当然,随着对司法裁判中利益衡量问题研究的深入,人们可能将发现更多的有关利益衡量的定律。这样,人们也才有可能将这一几乎不受限制的法外裁量行为纳入当事人、社会公众可预期的法制轨道上来。"无法有法",这既是道家的法理,更是当下中国法官在进行利益衡量时应当遵循的法理。

第四节　利益衡量的方法论构造

利益衡量兴起于 20 世纪初的自由法学运动的大潮之中,它是对概念主义或形式主义方法的反叛。利益衡量的理念在 20 世纪 20 年代通过庞德的介绍就传入中国[1],90 年代通过梁慧星的宣传[2],更是在中国法学界大放异彩。目前学界关于利益衡量的宏观研究和微观展开的论著不少,但是对于利益衡量生效的条件、发生的场域、作用的方式和功能的边界等诸问题的研究却难觅踪迹,这在很大程度上制约了人们对利益衡量的深入理解和正确运用。

---

[1]　参见〔美〕罗斯科·庞德:《社会法理学论略》,陆鼎揆译,上海商务印书馆 1926 年版,第 111 页以下。

[2]　参见梁慧星:《民法解释学》,中国政法大学出版社 1995 年版,第 321 页以下。

一、立法性利益衡量与司法性利益衡量

从发生的场域上看,利益衡量应分为立法场域中的利益衡量(立法性利益衡量)和司法场域中的利益衡量(司法性利益衡量)。两种利益衡量发生的条件、行使的主体、程序和方法有一定的区别,现缕述如下:

在立法场域中,利益衡量属于立法者的当然权力,没有法定的发生条件。从程序上看,利益法学认为,首先,立法者要采取"外推法"从个别利益(具体利益)中抽象出一般利益,从而形成法律所要规范的"类利益";其次,立法者要从一般利益(类利益)中"蒸发"出根本利益,从而形成指导法律的基本原则;再次,立法者要采取"倒转法"将"先归纳后演绎"的方法倒转为"先演绎后归纳",依次从"根本利益"、"类利益"到"具体利益"形成倒树形结构的利益等级体系。最后,立法者可以运用这一利益等级体系去调整社会生活,将那些符合该体系的社会关系上升为国家法律,以形成效力不同的规范等级体系。上述过程可以称为利益的"序列化"或"实证化"。

立法性利益衡量必须按照上述利益序列进行,不能超越这一序列进行所谓的"利益调整",因为这将从根本上破坏整个社会利益格局的稳定。同时,社会上占主流地位的价值观和正义观只能作为立法性利益衡量的背景性因素存在。在实践中,利益衡量主要在立法环节完成,从严格法治的角度看它不能延伸到司法环节。根据三权分立原则,法官在司法中原则上只能进行法益衡量。因此,在严格法治的17—19世纪的欧美法治国家,利益衡量仅指立法性利益衡量,而无司法性利益衡量之说。

到了20世纪,由于社会复杂程度的提高,立法滞后现象越来越严重,仅通过立法性利益衡量已无法及时地吸纳新涌现的利益主张和恰当地调整新的利益关系,因而司法性利益衡量的禁区开始松动。开始,只有在超越法律的法的续造中,法官才被允许进行极个别的、需要予以特别说明理由和严格论证的司法性利益衡量。当在判断法律明确规定的利益时,法官所要做的仍是进行法益

衡量,而非利益衡量。到后来,经自由法学运动中以赫克为首的利益法学派的倡导和推动,法官开始在法律模糊或冲突之处进行司法性利益衡量。[1]

很显然,当案件所涉利益法律没有规定或虽有规定但这些规定之间相互冲突时,法官就要进行利益衡量。因而,在司法场域中,利益衡量可能适用的四种场合是:法律空白之处、法律模糊之处、法律冲突之处、现有法的适用将导致不正义。在第一种情形下,法官照理可以拒绝受理案件或作出裁判,但是社会发展的需要或法律目的迫使法官作出裁判,在此,法官可以进行利益衡量,以决定究竟应当保护哪种涉法利益;在第二种情形下,法官依据法律规则无法作出裁判,而必须引入法外因素以塑造适用于手头案件的个案规范;在第三种情形下,法官即使求助于法律原则和法律目的也无法作出裁判,为此他不得不回归到立法者提炼这些法律原则和法律目的时的状态中,从中寻求解决的方案[2];在第四种情形下,虽然存在形式上可以适用的法律规则,但是该规则的适用将导致严重的不正义、不合理,从而无法为当事人和社会公众所接受,因而法官不得不遵从流行的正义观念进行利益衡量以作出判决。

例如,在房屋建造者误占相邻土地 2 平方米的典型案例中[3],法官面临着冲突着的法益而需要"立法回归"。在该案中,按照绝对所有权原理,法官可以责令建造者拆除违建部分。但是在该案中,法官可能不得不在拆违给建造者所带来的损失与邻地所有人的收益之间进行利益衡量,从而在绝大多数情况下作出责令建造者给予邻地所有人以适当的经济赔偿的裁决。

---

〔1〕 但赫克的利益衡量理论主要是立法性利益衡量,这一点我们必须清醒地认识到。同时庞德的利益衡量理论在外观上也保持着与赫克类似的特征。分别参见徐继强:《衡量的法理——各种利益衡量论述评》,载陈金钊、谢晖主持:《法律方法》(第 9 卷),山东人民出版社 2009 年版,第 336—337、346 页;〔美〕罗斯科·庞德:《法理学》(第 3 卷),廖德宇译,法律出版社 2007 年版,第 13—14 页。

〔2〕 See Philipp Heck, *The Formation of Concepts and the Jurisprudence of Interests*, in *the Jurisprudence of Interests*, trans. and ed. by M. Magdalena Schoch, Harvard University, 1948, pp.180—181. 另见〔美〕本杰明·卡多佐:《司法过程的性质》,苏力译,商务印书馆 1998 年版,第 74 页:"在正式的法律渊源沉默无言或不充分时,我会毫不迟疑地指示以下面的话作为法官的基本指导路线:他应当服从当立法者自己来管制这个问题时将会有的目标,并以此来塑造他的法律判决。"

〔3〕 参见梁慧星:《裁判的方法》,法律出版社 2003 年版,第 116、184 页。

二、司法性利益衡量的程序

在现代型诉讼(也称公共诉讼、政策形成型诉讼或指向诉讼)中,法官面临着极大的利益衡量压力或激励,因为在这些诉讼中,当事人的权利诉愿并无法定依据,法官不得不不断地回溯至立法状态或法律原则、法律目的之上进行合理性评价。那么,司法性利益衡量的具体程序是怎样的呢?

对于司法性利益衡量的程序,星野英一认为首先要对讼争中的利害关系进行类型化处理;其次是要弄清楚该讼争可适用的法律及其效果;最后是对冲突着的利害关系进行价值选择,以得出让当事人和社会公众可接受的判决。[1]梁慧星认为,首先是确定双方当事人争执利益的产生和后果;其次是比较当事人利益与社会利益之间的权重;最后是根据某一部门法理念作出利益选择。[2]在司法场域中,对于利益衡量的程序,笔者个人的看法是,应当包括利益白描、利益选择和利益论证三个基本环节。当然在此之前,法官还必须为能否进行利益衡量本身进行衡量或论证,这是利益衡量之前置问题而非其本身之构造。

首先是利益白描阶段。利益白描是一个形象的说法,即不带感情或价值预断的色彩,"忘掉法规"[3],对客观生活和个案中实存的各种利益进行如实的质量、分量和数量等方面的描述。例如,庞德曾采取这一方法将社会生活中的利益分为个人利益、公共利益和社会利益,并对这三种利益进行了定义和进一步细分。[4] 当然,我们并不一定要按照庞德的做法对客观生活和个案中的利益进行白描。例如,我们可以将客观生活中的利益分为个体利益、集体利益、国家

---

〔1〕 参见张利春:《日本民法中的利益衡量论》,载陈金钊、谢晖主编:《法律方法》(第7卷),山东人民出版社2008年版,第155—156页。

〔2〕 参见梁慧星:《电视节目预告表的法律保护与利益衡量》,载《法学研究》1995年第2期,第81—89页。

〔3〕 "忘掉法规"是笔者对加藤一郎利益判断方法的概括(参见张利春:《日本民法中的利益衡量论》,载陈金钊、谢晖主持:《法律方法》(第7卷),山东人民出版社2008年版,第144页)。当然这样做是否经济,则是另外一回事(参见杨圣坤、姜宝超:《我们需要什么样的"利益衡量论"——评加藤一郎的利益衡量论》,载《理论观察》2008年第4期,第53页)。

〔4〕 参见〔美〕罗斯科·庞德:《法理学》(第3卷),廖德宇译,法律出版社2007年版,第20页以下。

利益、社会利益和公共利益等五个大类,并再细分为若干小类,可能这样的分类方法更符合当下的社会现实,也更有利于法官进行司法性利益衡量。可见,在裁判过程中,当法律出现缺漏和空白时,法官必须首先采用利益白描的方法去发现当事人双方争执的利益种类、性质和大小,这是法官进行司法性利益衡量之前提。

其次是利益选择阶段。利益选择是指根据具体情况,按照一定的标准对冲突着的利益进行缩减或取舍。在裁判过程中,法官要根据利益在法秩序上的正当、紧急和重大程度,选择在个案中最需要保护的利益。其中选择标准的确定对于利益选择非常重要,有没有这样的一个标准以及这个标准具体究竟是怎样的,历来是法学家乃至伦理学家争论的焦点之一。庞德甚至认为它是各个时期法学家的主要活动,很可惜,庞德本人也只提出一个“以最小浪费获得最大效果”的功利主义公式。[1] 继其后的伦理学家也只是提出了一个与之近似的“最大利益净余额原则”。[2] 但是无论如何,利益选择是一个明确各种利益的生效条件、作用方式和伸展边界的过程,也是司法性利益衡量之核心。很显然,这同时也是一个利益划界的过程,即对各种利益的范围进行限定,明确其保护的范围和程度。

最后是利益论证阶段。利益论证是指法官要从规范、逻辑和经验等角度对在前述阶段作出的利益选择的合法性、正当性和可接受性进行司法性论证。这一论证过程不是对前述阶段的简单复现,而是要将前述阶段中的一些内隐性的标准尽可能地展示给当事人和社会公众,要对前述阶段中的各种选择方法的“正当性”或“适切性”予以反思性批判。例如,庞德曾提出要用文明社会的“法律公设”、不同利益之间的“化归法”去论证其选择方法的正当性。[3] 哈贝马斯

---

〔1〕 参见〔美〕罗斯科·庞德:《通过法律的社会控制·法律的任务》,沈宗灵、董世忠译,商务印书馆 1984 年版,第 55、71 页。

〔2〕 参见王海明:《新伦理学》,商务印书馆 2001 年版,第 154—157 页。

〔3〕 参见〔美〕罗斯科·庞德:《法理学》(第 3 卷),廖德宇译,法律出版社 2007 年版,第 248 页。

则强调要对解决问题的方案进行合理性论证,并将之追溯至合法的规则和原则。[1] 可见,在裁判过程中,法官必须对作出的利益选择予以法社会学上的论证,以使当事人和社会公众接受该选择。其中,现行法的原则、目的、精神和价值可以成为利益论证的规范性因素,归纳、类比和演绎可以成为利益论证的逻辑手段,法律传统、民间习惯和公共道德可以成为利益论证的经验性因素。

上述三个环节在具体的司法性利益衡量中并非像笔者上面所叙述的这样泾渭分明,它们之间可能往往是一个思维行程中的不同方面而已。但是方法论的任务却是将它们抽象地分解开来,以供当事人和社会公众验证衡量结果的正当性之用。其中,利益白描和利益选择虽然分别是利益衡量之前提和核心,但也并不意味着作为最后阶段的利益论证并不重要。加藤一郎曾认为给利益衡量的初步结论附加理由,进行正当化、合理化论证,是非常重要的。[2]

三、司法性利益衡量的方法

在适用利益衡量解决纠纷时,"立法回归"、"合理(目的)性考评"等成为法官实施利益衡量的具体方法。在需要对冲突着的法益进行"立法回归"的情境中,法官需要对重叠冲突着的利益纠葛中的立法抉择进行"想象性重构",也就是进行无限地回溯、回归和剥离,以发现事物之本真或本质、理念,因而可能面临着与做价值衡量类似的系列问题:回归的边界在哪里? 事物之本真和理念能作为裁判的基准吗? 这些问题经常困扰着不得不作出抉择的法官。

在运用"立法回归"方法解决冲突着的法益的选择问题时,法官事实上是在模拟立法者创制法律时的情境,因而他需要真正了解立法时的政治经济文化教育等条件,了解立法者的释法标准、价值准则。当然仅此还不够,法官还必须结合裁判时的相关条件和情境,想象立法者处于当下的裁判情境下可能作出的衡

---

〔1〕 参见〔德〕哈贝马斯:《在事实与规范之间——关于法律和民主法治国的商谈理论》,童世骏译,生活·读书·新知三联书店2003年版,第246页。

〔2〕 参见〔日〕加藤一郎:《民法的解释与利益衡量》,梁慧星译,载梁慧星主编:《民商法论丛》(第2卷),法律出版社1994年版,第78、92页。

量和选择。因而,此时的"利益"准据既依循着法益也超越了法益,既遵循了法律也更新了法律。

在解决冲突着的法益而不得不进行利益衡量时,庞德提出了一个以经验为途径、以理性为指导的、符合前述"以最小浪费获得最大效果"公式的"利益化归法"。庞德说:"法院必然像过去一样,通过经验来发现并通过理性来发展调整关系和安排行为的各种方式,使其在最少的阻碍和浪费的情况下给予整个利益方案以最大的效果"。[1] 那么具体怎样实现这个最佳解决方案呢? 因为各种利益的属性和权重各不相同,它们具有价值上的难以通约性,为了避免出现"预断主义"(即排序行为本身就决定了衡量结果)之困境,庞德主张以社会利益为公度,将其他利益化约为社会利益,然后去判断它们之间的轻重缓急。"在权衡和估量两种相对的主张或要求时,我们必须把它们放在同一层面上。如果我们把其一作为个人利益而把相对的作为社会利益,我们事先就会换种方式来解决。"[2]

司法性利益衡量的具体方法除了前文所讲的"立法回归法"和"利益化归法"外,笔者认为还可以有如下六种方法:

第一,正当程度法,即看冲突着的利益在正义的天平上孰轻孰重,正当程度大的利益应当受到司法的优先保护。这一点可能是利益法学内部各支派的共识[3],也是能进入衡量范围内之利益应具有的基本属性。一般而言,重大的利益的正当程度也大,法官应当保护比较重大的利益。但是何谓"重大"或"轻微"? 有没有这样一个利益位阶? 这需要法官参照整体法秩序的利益取向、主流的利益哲学和个案的具体情况。

第二,紧迫程度法,即看冲突着的利益对于双方当事人的紧迫程度,紧迫程

---

〔1〕 参见〔美〕罗斯科·庞德:《通过法律的社会控制·法律的任务》,沈宗灵、董世忠译,商务印书馆1984年版,第71页。

〔2〕 〔美〕詹姆斯·安修:《美国宪法解释与判例》,黎建飞译,中国政法大学出版社1994年版,第146—147页。

〔3〕 参见〔美〕E.博登海默:《法理学——法律哲学与法律方法》,邓正来译,中国政法大学出版社2004年修订版,第152页。

度大的利益最需要得到司法保护。因而,采取紧迫程度法决定保护的利益并不一定是分量大的利益,一些分量较小但是对当事人却更加紧迫的利益可能是最需要司法予以及时保护的利益。例如,个体的居住利益与城市的发展利益之间发生冲突时,前者可能对于当事人更紧迫而应当受到优先保护。

第三,别无选择法,即看冲突着的利益是否除了通过利益衡量抑或法律予以救济外就没有其他救济途径,如果是,该利益就可以优先获得司法的认可。如果该利益还可以通过其他法律途径抑或更经济更便捷的方式得到保护,那么法官就应该劝说当事人作出其他选择。[1] 例如,看当事人是否可以通过保险索赔、申请社会救济等途径获得救济。

第四,相容平衡法,即尽可能地协调冲突着的利益,让它们以"或多或少"的方式得到实现。例如,哈特认为:"在所有这些问题上,我们都应具有在相互竞争的利益之间力求公正的权衡和平衡的品行。"[2]星野英一也指出,利益考量就是要力求一种中庸的解释,调和对立的利益。[3] 当然,相容平衡也不是一味地"和稀泥",在裁判的情境中,应当在分清是非的前提下最大程度地实现各方的正当利益要求,同时应将对不予保护的利益的损害降到最低点。

第五,利益最大化法,即应以最小的成本获得最大的收益,它有点类似前述庞德所提出的功利主义公式。利益最大化既是一种资源配置方法,也是一种制度配置方法,它要求法官在相互冲突的利益整合中,优化配置司法资源,将被让位的利益之损失降到最小的程度[4],同时促进被保护的利益的最大化。从让位的利益角度看,这也可以称为"最小限制原则"[5]。

第六,其他方法,例如,宁曲官毋曲民,宁曲富人毋曲穷人,宁曲集体毋曲个

---

〔1〕 参见梁慧星:《民法解释学》(修订版),中国政法大学出版社 2000 年版,第 60 页。

〔2〕 〔英〕哈特:《法律的概念》,张文显、郑成良等译,中国大百科全书出版社 1996 年版,第 200 页。

〔3〕 参见张利春:《日本的民法中的利益衡量论》,载陈金钊、谢晖主持:《法律方法》(第 7 卷),山东人民出版社 2008 年版,第 156 页。

〔4〕 这样看来,利益最大化的反面是损害最小化,因而在列举利益最大化法后就不必再单列损害最小化法。与此相似,利益最大化原则与损害最小化原则也是一物之两面的关系。

〔5〕 参见沈仲衡:《价值衡量法律思维方法论》,吉林大学博士学位论文,2005 年 6 月 11 日,第 76 页。

人的传统的、保护弱势方的司法方法。这些方法其实也是在官与民、富人与穷人、集体与个人之间进行利益平衡,因为从经济能力上讲,前者较后者拥有更多的资源,在模棱两可的情况下让前者承担败诉的几率,更能增加社会的总体福利。

不过,在司法性利益衡量中,始终存在历史探寻方法与关系平衡方法、规范评价方法与经验判断方法、形式判断与实质判断之间的张力。例如,如何协调规范评价与经验判断方法之间的紧张关系,始终成为利益法学乃至继其后的评价法学的方法论难题。因为价值(规范)与事实(经验)自始是近代以来法学上的一对对立的概念,它相继成为自然法学、实证法学和社会法学方法论体系中的紧张对立之"双轴",既推动着这些学派的方法论体系向前发展,也让这些学派的倡导者异常棘手。同时,在形式判断与实质判断之间也一直存在着紧张关系。众所周知,实质判断往往可能是法官依直觉、灵感、顿悟等非理性方法作出的,那么,如何将它糅合进以规范、逻辑和实证为依据的形式判断当中,就成了利益衡量之结果得以躲开恣意衡量之指责的必行之举。但是,怎样从实质判断过渡到形式判断,一直以来是学界未能解决之难题。

四、司法性利益衡量的原则

由以上叙述可见,司法性利益衡量是遵循一定的原则进行的,这些原则既为其指明了运行的方向,也为其规定了衡量的界限或范围。司法性利益衡量通常是在缺乏有效规则的情况下发生的,因而此种超越规则的司法作业必须符合某些原则,才能不逸出当事人和社会公众对个案裁判的合理预期。正如哈特所指出的,在利益衡量的场合,法官要考量其选择的公正性和中立性;考量一切受判决影响之人的利益,因而他必须列出一些具有可接受性的一般原则作为其判决之基础,尽管这些原则在内容上可能是多种多样[1]。从法治主义的视角看,

---

[1] 参见〔英〕哈特:《法律的概念》,张文显、郑成良等译,中国大百科全书出版社1996年版,第200页。

司法性利益衡量应当遵守以下四条原则:

第一,手段穷尽原则。与适法性判决、法律解释和法益衡量等裁判方法相比,利益衡量给予法官的自由裁量权是最大的,同时也是最容易导致恣意裁量进而引发当事人和社会公众不满的裁判方法。因而,在司法裁判中,法官只有在穷尽了其他裁判方法之后,才能采取利益衡量的方法作出判决。这一点亦为日本的利益衡量论学者所反复强调。[1]

第二,合目的性原则。司法性利益衡量是在缺乏有效规则的情况下进行,自然谈不上依"规则"进行衡量的问题。不过,在司法性利益衡量的空隙内虽然没有了规则,由原则、概念、价值和政策等架构而成的系统的法律目的却是存在的。法律目的可以分为主观目的与客观目的,前者是指立法者在创制法律时所表达或持有之目的;后者是指法律文本客观上体现出来的、为人所公认之目的。法官在进行利益衡量时不仅要遵守法律的主观目的,更要自觉实践法律的客观目的。

第三,可接受性原则。法官适用利益衡量作出的判决要得到当事人和社会公众的内心认同,也就是说它要具有可接受性。当然,在诉讼中双方当事人的利益处于对立状态,法官在多数情况下只能采取"非此即彼"的方式保护其中一方的利益,这样,司法判决似乎很难是双方当事人都能接受的皆大欢喜之结局,尤其是在缺乏有效规则的利益衡量裁判中。但是,当事人对判决的接受并不仅仅是基于对有效规则之认同,恰恰相反,在日常生活中他们可能更多的是从事理、情理和习惯做法等角度来理解法律和判决,来判断法官基于利益衡量作出的裁判的可接受性程度。

第四,福利原则。司法性利益衡量所指向的相互冲突的利益要么没有明确的规则依据,要么有正当性相当的规则依据,因而法官难以依法衡量这些冲突着的利益,而往往只能兼采优先保护弱者、降低资源消耗和获取最大收益等标

---

〔1〕　参见段匡:《日本的民法解释学》(五),载梁慧星主编:《民商法论丛》(第20卷),金桥文化出版(香港)有限公司2001年版。

准充分实现社会福利。司法判决要实现社会正义,更要促进社会福利,这在现代法治社会已不言自明。但是,通过利益衡量促进社会福利时不能采取牺牲弱者利益的"劫贫济富"的方式,而是要均衡各方利益,优先保护在制度安排和现实生活中处于最不利地位者的紧迫利益。

在上述四项原则中,手段穷尽原则是司法性利益衡量发生的前提性原则,合目的性原则和可接受性原则是司法性利益衡量运作的实质性原则,而福利原则是司法性利益衡量的导向性原则。这些原则从发生、运作到最后的结果检验,形成对了司法性利益衡量的网状制约,从而保证了其正确的运行方向。

五、司法性利益衡量的边界

在裁判过程中,法官进行利益衡量前必须对利益衡量行为本身进行"衡量",即超越法律进行利益衡量给当事人、社会公众和现代法治所带来的"实质利益"是否比在法律的界限内作利益衡量带来的"形式利益"要大。同时要问此种利益衡量是否经济、可行? 如果答案是否定的,法官就不能进行利益衡量。例如在张学英诉蒋伦芳遗产纠纷案件中[1],法官就要衡量突破继承法的规定驳回张学英的诉请所带来的实质利益是否比依照继承法的规定判决张学英胜诉带来的形式利益要大。

因而,在能够通过适法性判断对案件作出正当裁判的情况下,法官绝对不能进行利益衡量;在能够通过法律解释获取裁判规范的情况下,法官也不能遽行利益衡量;在能够通过法律内的法续造填补法律漏洞的情况下,法官还是不能进行利益衡量;在通过法益衡量能够解决法条冲突的情况下,法官仍然不得径行利益衡量。[2] 如人所言:"如若根据法律的规定及案件事实某一利益应当受到保护,那么不论该利益与其他利益相比多么微小、多么不足以取,它都应当

---

〔1〕 参见《四川省纳溪市人民法院民事判决书,(2001)纳溪民初字第 561 号》、《法制日报》2001 年 11 月 5 日第 8 版报道。

〔2〕 虽然日本的利益衡量论是民法解释的一般方法论,并无适用范围上的限制(参见夏晨旭、张利春:《利益衡量论研究的回顾与反思》,载《山东社会科学》2010 年第 1 期,第 73 页),但是将之转化为法官裁判的一般方法时,我们完全可以给它设定生效的条件、作用的方式和功能的边界。

受到保护。这是正义的要求。"[1] 只有在上述四种方法都无法得出一个妥当裁判的情况下,法官才能诉诸利益衡量进行裁判。

司法性利益衡量是超越法律的裁判衡量,也就是说它已经脱离了实证法的框架而行走在应然法的边缘。但即便如此,司法性利益衡量也仍然要遵循法律的目的、价值、精神和原则,依"法"衡量。换言之,司法性利益衡量要在法的框架和秩序内进行,不能无视法的应然要求进行恣意衡量。如拉伦茨所指出的,即使是超越法律的法续造(相当于此处的司法性利益衡量),也仍然要落在整体法秩序的基本原则范围内。[2] 亦如加藤一郎所言,此种判断自由"终究是现在体制之内的自由,是没有被立法从正面加以封闭下的自由"。[3]

从立法与司法的分工上看,司法性利益衡量仅仅是为立法性利益衡量积累经验和准备素材的,它不能僭越立法的职权行使创法权力,从而将司法性利益衡量上升为立法性利益衡量。因而,在裁判过程中,法官必须克制其创法冲动,严守解决个案中当事人之间的利益冲突之规诫,甘心充当立法者的"助手"。

在司法性利益衡量中,法官必须时刻清醒地认识到,利益与价值、物质与精神以及其他实然性事物与应然性事物之间始终存在难以通约性,这些事物之间不能、至少难以进行比较、衡量。[4] 例如在损害赔偿案件中,不同性质的损害往往只能采取相应的、不同性质的赔偿方式。试问,对人格能以金钱赔偿了事吗? 贞操权可以化约为若干数量的金钱吗? 如果是进行这样的衡量,那么人的人格、尊严和价值将荡然无存,人将沦为只知吃穿住行的物质动物。同时,以集体和社会利益为表现形式的功利性利益与以个体的自由及人格尊严为内容的"不可克减的权利"之间也存在难以通约性,后者是司法性利益衡量无法触碰的边界。

---

〔1〕 李军:《利益衡量论》,载《山东大学学报(哲社版)》2003 年第 4 期,第 92 页。

〔2〕 参见〔德〕卡尔·拉伦茨:《法学方法论》,陈爱娥译,商务印书馆 2003 年版,第 279 页。

〔3〕 转引自张利春:《日本民法中的利益衡量论研究》,山东大学博士学位论文,2008 年 3 月 15 日,第 114 页。

〔4〕 关于异质的利益之间能否进行比较、衡量的争论,参见张利春:《日本民法中的利益衡量论研究》,山东大学博士学位论文,2008 年 3 月 15 日,第 167—168 页。

第五章

现代司法的方法论体系(四)：价值衡量的方法论构造

第一节 价值判断的客观化

"任何完整的法律规范都是以实现特定的价值观为目的,并评价特定的法益和行为方式,在规范的事实构成与法律效果的联系中总是存在着立法者的价值判断。"[1] 但是,怎样将法律中的价值判断客观化却始终是一个历史难题。价值判断的客观化可以说是法律方法的终极追求之一,同时它又构成了法律方法的确定性与灵活性、客观性与主体性之间的双重张力。一方面,价值判断作为一种法律方法,事实上已经承认了法律人在运用法律过程中的主观能动性,即法律人无须

---

〔1〕〔德〕魏德士:《法理学》,丁晓春、吴越译,法律出版社 2005 年版,第 52 页。

机械用法；另一方面，价值判断作为一种裁判方法，客观上又要求法律人在用法时尽量排除私见，秉公适法，得出在情、理、法上均妥当的判决。法律决定要为当事人所合理预见和诚心接受，它就必须遵循法律方法为其订立的规则和程序。

一、价值判断客观化之本质

如人所言："先进的法律制度往往倾向于限制价值论推理在司法过程中的适用范围，因为以主观的司法价值偏爱为基础的判决，通常要比以正式或非正式的社会规范为基础的判决表现出更大程度的不确定性和不可预见性。"[1] 因而，如何保证判决的确定性或可预期性，自始就是价值判断的核心问题。虽然有人声称价值判断的"客观性"是指其"一般有效性"。"假使不仅若干个人认定这些价值是宝贵的，反之，其可以满足所有——具有人类本质的——人的需求，并实现他们的希望，那么这些价值就是'客观'的(系一般有效性)。"[2] 但价值判断的客观性说到底还是一个判决的可预期性问题，不过它不是通过形式主义法学所主张的对法条的刻板遵守而实现的。在价值判断的情境下，其客观性其实只能通过践行"同等情况同等对待"、"类似情况类似处理"的"黄金法则"而实现。该法则是一切逻辑推理的实质基础。其基本含义有二：一是对相同的事件要同等对待、对所有的人按统一标准施加管束。[3] "正义的一个基本原则要求，法律应当以相同的方法处理基本相似的情形。"[4] "类似情况类似处理的准则有效地限制了法官及其他当权者的权限。这个准则迫使他们对他们参照有关法律规则和原则在人与人之间所作出的区分给出证明。"[5] 二是不同事件要不同对待、尊重个体之间在天赋、智力和体力等方面的差异。"根据人们对秩序和常规性的欲求而形成的先例原则要求，过去以一种特定的方式裁定

---

〔1〕　黄茂荣：《法学方法与现代民法》，中国政法大学出版社 2001 年版，第 247 页。

〔2〕　〔德〕拉伦茨：《法学方法论》(学生版)，陈爱娥译，台湾五南图书出版公司 1997 年版，第 9 页。

〔3〕　参见〔德〕柯武刚、史漫飞：《制度经济学》，韩朝华译，商务印书馆 2002 年版，第 102 页。

〔4〕　〔美〕E.博登海默：《法理学——法律哲学与法律方法》，邓正来译，中国政法大学出版社 1999 年版，第 476 页。

〔5〕　〔美〕约翰·罗尔斯：《正义论》，何怀宏等译，中国社会科学出版社 1988 年版，第 227 页。

的实施情形在今天以同样的方式裁定;尽管如此,正义所期望的平等并不一定就是过去的裁决与当今裁决间的相等。"[1] 因而,在价值判断中,同等情况至少应当适用类似的价值评价,作出类似的裁决。即使在裁判有多解的情况下,法官只要在这些解答的范围内作出判决,当事人和社会公众同样也能得到一种"弱意义上的可预期性"。对于一个价值判断,即使作出人认为它是主观的,但只要其他人默认该判断,那么这一价值判断至少也具有一定程度的客观性。

"价值判断是判断主体根据价值主体的需要,衡量价值客体是否满足价值主体的需要,以及在多大程度上满足价值主体需要的一种判断。"[2] 可见,价值判断客观化的本质至少应从三个方面去寻找:一是主体的维度,即作出价值判断的人[3];二是客体的维度,即价值判断所指向的有价值的事物本身[4];三是主客体相契合的维度。[5] 第一个维度要求人们去发现主体的兴趣、情感和意向等因素中的恒定成分,去发现最终决定人的偏好背后的本质规定[6];第二个维度要求人们去发现存在于客体之中的某些属性或功能;第三个维度要求人们去发现客体本身与主体需要之间相契合的属性、成分或特征。法律所处理的是事件、行为和关系,后者是否具有前者所需要的某些属性或功能,是否符合主体的偏好,客观上需要前者提供一个"应然"的判断标准。可以说,价值判断的客观化部分取决于法律能否为主体提供一个理性的、客观的和可操作的判断标准。"价值判断不仅指根据所选择的价值标准衡量利益的结果,而且也指对特定评价标准的选择。"[7] 只有存在这么一个判断标准,法官依据价值判断作出

[1] [美]E.博登海默:《法理学——法律哲学与法律方法》,邓正来译,中国政法大学出版社1999年版,第327页。

[2] 卓泽渊:《法的价值论》,法律出版社1999年版,第616页。

[3] 参见李德顺:《价值论》,中国人民大学出版社1987年版,第13页。

[4] 参见李秀群:《司法中的价值衡量》,载陈金钊、谢晖主编:《法律方法》(第4卷),山东人民出版社2005年版,第436页。

[5] 参见李连科:《价值哲学引论》,商务印书馆2001年版,第70页。

[6] 如有人所指出的:人的需要是价值判断的精灵。参见张继成:《价值判断是法律推理的灵魂》,载《北京科技大学学报(社科版)》2001年第1期,第66页。

[7] [英]迪亚斯:《法律的概念与价值》,黄文艺译,载张文显、李步云主编:《法理学论丛》(第1卷),法律出版社2000年版,第465页。

的判决才是可预期的。当然,客体本身是否可以客观化,主体是否理性的、中立,主体能否有效地认识客体,对于价值判断的客观化和判决的可预期性也有重大影响。

通常人们认为,在法律上,价值判断之"价值"应当局限于"法律上的价值"尤其是宪法上的价值。但是事实上,法律上的价值往往与"社会上的价值"是联通的;法律人在做价值判断时往往也不可能局限于法律上的价值,因而法律上的价值判断之价值是一个开放的、流动的概念,这样自然增加了价值判断客观化的难度。

二、价值判断客观化之作为

为使价值判断客观化,人们在判断的标准上进行了不懈地努力,力图拟定出一张众口称是的价值等级体系或位序表。例如,凯尔森将价值判断分为法律价值判断和正义判断,前者与法律规范一样具有位阶性,从而形成一个秩序井然的价值体系;后者是因人而异且彼此冲突的,没有唯一性和客观性可言。法学的价值判断以前者为准据,而应当舍弃对后者的讨论。[1] 博登海默认为,至少在质上,由于生命的价值是其他价值存在的正当性前提,所以它高于财产的价值;由此推论出健康的价值也比享乐和娱乐的价值要高。[2] 庞德孜孜于找到像门捷列夫的化学元素周期表那样的抽象价值图表;拉伦茨则为了使个案中的价值判断客观化,从宪法中归纳出了一个大体上的价值位序,认为人的生命和人性尊严最高。[3] 阿列克西采取"基序法"和"相序法"对价值进行排序。前一种方法给不同价值设定相应的权重;后一种方法规定了两个相关价值之间的位序关系。[4] 星野英一构筑了一个价值等级序列,认为人类的尊严、精神的自

---

〔1〕　See Hans Kelsen, Value Judgment in Legal Science, 7 *Journal of Social Philosophy and Jurisprudence*: 312—333, 1942.

〔2〕　参见〔美〕E.博登海默:《法理学——法律哲学与法律方法》,邓正来译,中国政法大学出版社1999年版,第400页。

〔3〕　参见〔德〕卡尔·拉伦茨:《法学方法论》,陈爱娥译,商务印书馆2003年版,第279页。

〔4〕　转引自陈林林:《方法论上之盲目飞行——利益法学方法通盘置评》,载《浙江社会科学》2004年第6期。

由是第一等级的基础价值,交易安全是次级价值,作为判断基准的具体价值是直接面向个案的价值。[1] 川岛武宜构造了一个以共通的社会价值为基础,以支持该价值体系的人数为保障的价值基准。[2] 家永三郎、渡边洋三等人致力于构建一个以"历史进步的方向"的客观标准。[3] 杨日然认为,一个社会基本的价值观念包括以下三个层次:第一层次是宪法明示和保障的价值;第二层次是社会上一般人的价值通念;第三层次是法律上的基本原理原则。[4] 当然,我们不能一概否定庞德和拉伦茨等人的上述努力,毕竟,将那些众口称是的价值(例如自由、秩序、平等、正义)形诸文本,本身是对人类历史上客观存在的价值的复现;同时,依据众口称是的价值作出的判断,人们很难否认它不是一种客观的价值判断。从总体上看,在判断标准的拟定上可以有以下几条进路:

第一,实证主义的进路。这一进路要求主体从实证法尤其是宪法上寻找评价客体正当与否的标准。详言之,法官要根据立法者在法律文本中为公众拟定的价值序列表作判断,而不得抛开法律文本另拟评价标准。例如前述凯尔森、拉伦茨、杨日然的行为以及前期评价法学的理论作为大致是一种实证主义的进路。[5] 这一进路的优点是可以减少因法官个体特性的不同而带来的个案价值标准上的歧异,其缺点是因为过于强调立法者的单边价值而有可能导致一种价值专制或价值独断。

第二,本质主义的进路。这一进路认为法律形式上所规定的价值标准未必真切地反映了法的本质和主体的客观需求,人们必须透过法的现象去发现其背后的本质规定。因而,该进路要求法官主动从法律文本中根据社会通行的价值

---

〔1〕 转引自张利春:《日本的民法中的利益衡量论》,载陈金钊、谢晖主持:《法律方法》(第7卷),山东人民出版社 2008 年版,第 150 页。

〔2〕 参见〔日〕川岛武宜:《作为科学的法律学》,载《川岛武宜著作集·第五卷》,日本岩波书店 1982 年版,第 15 页。转引自张利春:《日本民法中的利益衡量论研究》,山东大学博士学位论文,2008 年3 月 15 日,第 68 页。

〔3〕 转引自同上书,第 76—77 页。

〔4〕 参见杨日然:《判决之形式妥当性与实质妥当性》,载杨日然:《法理学论文集》,台湾月旦出版社股份有限公司 1997 年版,第 551 页。

〔5〕 参见沈仲衡:《价值衡量法律思维方法论》,吉林大学博士学位论文,2005 年 6 月 11 日,第 14 页。

观念归纳、总结出一个客观的价值标准,以作为裁判手头个案的依据。例如,前述庞德、星野英一的行为大致可以归为一种本质主义的进路,这一进路的优点是可以促使法官将法律的价值与社会的价值有机地整合在一起,其缺点是因为法律本质的难以发现而有可能导致一种新的价值专制。

　　第三,个案主义的进路。这一进路认为不可能为所有案件拟定一个具有普适性的价值等级体系,各种价值的位序必须在个案中根据具体情况予以判定。在这一点上,日本学者我妻荣反对新康德主义式的抽象的、普适的标准,主张与具体法律关系相对应的具体价值标准。[1] 正如有人所指出的:"一个时代的某种特定的历史偶然性或社会偶然性,可能会确定或强行设定社会利益之间的特定的位序安排,即使试图为法律制度确立一种长期有效的或刚性的价值等级序列并没有什么助益。"[2] 例如,2000 年发生在成都市金牛区的"余涌军诉居委会停止搓麻"案中[3],原告因工作需要夜间得早点休息的权利与老同志晚上搓麻将娱乐的权利之间发生冲突。对于该冲突的解决,我们不能先定地认为前者源于宪法上公民享有的健康权就必然高于后者的娱乐权,而是要看能否找到既保护前者的休息权又不至于断然拒绝后者的娱乐权的解纷方案;如果不能,则比较健康权对于原告更为根本还是娱乐权对于被告更根本。在此,保护哪一种权利更能促进社会福利的最大化原则不能被适用。这一进路的优点是可以具体情况具体对待,最大程度地发挥法官的主观能动性,其缺点是过于扩大了法官的裁量权,并可能导致价值上的相对主义。

　　在判决中,法官应当向当事人和社会公众展示其得出价值判断的根据、过程和结果。同时,法官还负有从法社会学角度对其判断进行正反、利弊等方面的论证,这一点亦为作为利益考量论的星野英一所提倡。[4]

---

　　〔1〕　转引自张利春:《日本民法中的利益衡量论研究》,山东大学博士学位论文,2008 年 3 月 15 日,第 48 页。
　　〔2〕　〔美〕E.博登海默:《法理学——法律哲学与法律方法》,邓正来译,中国政法大学出版社 1999 年版,第 399 页。
　　〔3〕　参见中央电视台《实话实说栏目》2000 年 11 月 16 日报道。
　　〔4〕　参见张利春:《日本的民法中的利益衡量论》,载陈金钊、谢晖主持:《法律方法》(第 7 卷),山东人民出版社 2008 年版,第 149、151 页。

综合以上三条进路的优缺点,笔者认为在实证法对冲突着的价值有明确评价的情况下,法官原则上应依法评价,只有当依该评价得出的结论严重违反主流的价值观念时,法官才能采取本质主义的进路从社会生活中总结出一个新的评价标准;在法律没有明确评价时,法官可以径直采取本质主义的进路解决评价标准的缺失难题。而通过上述两种方法得出的评价标准都应当放到个案中予以具体衡量,以保证裁判结果的个案妥当性和可接受性。无论是通过哪一条进路获取的判断标准,都要适合于个案之具体情况和有助于达成个案之正义,对此笔者称为"适合个案"原则,此谓指导人们协调和安排任何价值判断客观化进路之根本原则。

三、价值判断客观化之因素

事实上,在实践中有许多因素有利于价值判断的客观化。[1] 从总体上看,这些因素主要有如下一些:

第一,从文化层面上看,法官的价值判断是在特定的文化背景下作出,其行为要受到该社会文化的基础、结构、特征和取向等的影响,同时也要受到法官本人的文化性格和倾向的影响。反映在法律当中,法官的价值判断要受到该国特定的法律文化传统、政治与法律的关系、法律制度的结构、司法文化、司法惯例和国民的法律情感等的影响。人们虽然无法对上述因素进行非常定量的测算,但至少还是能够对它们作出定性的分析。

第二,从价值层面上看,一个社会的价值就像一张无形的网,自始至终影响甚至是决定个体的价值判断。在社会中,占主流地位的价值观念、价值准则和价值取向总是在挤压着非主流的价值,迫使个体按照其价值偏好作出判断。反映在法律上,法的正义观念、宪法上的人权标准、法的合理性标准、法的可接受性要求也一直潜移默化地影响法律人的思想和行为,并在关键时刻影响其价值抉择。"这样,法官的行为(即裁判)就应该以这一事实形态中的一定法律价值

---

[1] 对此人们也进行了一些揭示,参见〔美〕波斯纳:《法理学问题》,苏力译,中国政法大学出版社 2002 年版,第 9 页;〔德〕阿图尔·考夫曼、温弗里德·哈斯默尔主编:《当代法哲学和法律理论导论》,郑永流译,法律出版社 2002 年版,第 146 页。

体系为前提并服务于该特定的法律价值体系。"[1] 因而从表面上看,法官的价值判断似乎是自主的,但实际上它始终受到社会整体的价值观念的制约。"法官为价值判断时,应以社会通念为务,随时要求自己谦虚之心为之,不得我行我素也。"[2] 这样看来,"法官所做的价值判断中只有极少数是自主的,所谓自主,在这里是从它们独立于当地的习俗、基本前提和社会理想的意义上来讲的"[3]。

第三,从程序层面上看,法官的价值判断作为一种司法行为,必须遵守正常的司法程序和接受事后必要的司法审查。"为防止司法中出现过激的主观性,事实上通过两种设置发挥作用:合议庭和多元审级;通过多个法官以及多个法院之间对一个判决的协作,可以共同控制个别法官的个性,使判决回到传统价值判断的平均线上。"[4] 即使它被认为是一种隐秘的内心司法行为,也必须以一种"看得见的正义"的形式展现给当事人和社会公众,才能为后者所认同和接受。这种展现在当代被称为司法论证。当然我们可以指责这种论证是一种执果索因式的司法模式,但是有"索因"这一形式论证程序总比没有这一程序的独断论要包含更多的合理性颗粒,要遭受较少的正当性质疑。事实上,在司法程序中,法官的价值判断客观上要受到当事人、律师、社会公众和其他法官的影响,它绝不仅仅是一种个体式的内心独断。为说服后者这一个庞大群体接受自己的裁判,法官不得不跟他们进行思想、观念甚至是行动上的交锋,必须跟他们进行有效地对话和沟通,至少要在形式上做到使他们"无话可说"。

第四,从规范层面上看,在价值判断的情境中,虽然没有明确的法律原则、规则对法官的价值判断构成制约,但是法官在作出判断时仍然要受到该国的宪法结构、司法惯例、民间习惯、道德准则等规范性因素和法律传统、法律目的、法

---

〔1〕　解兴权:《通往正义之路——法律推理的方法论研究》,中国政法大学出版社2000年版,第205页。

〔2〕　杨仁寿:《法学方法论》,中国政法大学出版社1999年版,第240页。

〔3〕　〔美〕E.博登海默:《法理学:法律哲学与法律方法》,邓正来译,中国政法大学出版社1999年版,第504页。

〔4〕　〔德〕拉德布鲁赫:《法学导论》,米健、朱林译,中国大百科全书出版社1997年版,第110页。

律精神和法律政策等准规范性因素的影响,仍然要从这些因素中寻找裁判的正当性准据。"这些非正式法源在立法者看来不是法律,但它对阻遏法官的任意裁判有重要意义,因而被视为解释法律的客观因素。法律解释的客观性原则虽然在一定意义上冲破了严格法治的界限,与合法性原则会发生一定冲突,但它与限权意义上的法治精神是一致的,因而备受法治论者重视。"[1] 因而,即使法官是在无"法"的情况下依价值判断作出裁判的,这一裁判仍然包含了若干规范性因素,因而仍然具有"弱意义上的可预期性"。

第五,从事实层面上看,法官的价值判断要受到案件事实的影响甚至是制约。案件事实并非是一个单纯的经验现象,一次事件或一种行为,而是一个包含复杂的背景、结构、关系甚至是价值和规范的现象综合体。一些事实可能体现了当事人之间长期以来比较稳固的社会关系,一些事实可能体现了当事人和社会公众对某种价值和规范的内心认同,而另外一些事实则可能是在某一区域长期流行的习惯、惯例和民俗等制度性事实的个别化,法官必须在尊重甚至是依据这些关系、价值、规范和习俗的基础上作出其判断,它们共同构成了法官价值判断的事实性基础。

第六,从目的层面上看,法官的价值判断虽然是在无"法"的情况下作出的,但是其最终目的还是要从上述诸因素中发现一个适合于手头案件的裁判规范,而这一规范也将成为以后类似案件的指导性规范。至少在嗣后的司法中,法律共同体还要对该规范进行规范、逻辑和经验上的各种检验、修正甚至是废弃。因而,从大的历史尺度上看,法官的价值判断和规范发现行为并不是最终的、独断的、主观的,相对于嗣后司法行为而言,它仅仅是一个开始,一种尝试,一次探索。如果将整个司法传统看作一部长篇小说,那么在无"法"情况下法官对手头新案作出的价值判断只能看做是给这部小说开了个头,随后怎么写得看他所在共同体的群体性作为。

---

〔1〕 陈金钊:《法律解释中的矛盾与选择》,载《法商研究》2004年第2期。

四、价值判断客观化之机制

上述因素可以形成一种有利于价值判断客观化的制度性或非制度性机制,此种机制我们可以用流程图大致表示如下:

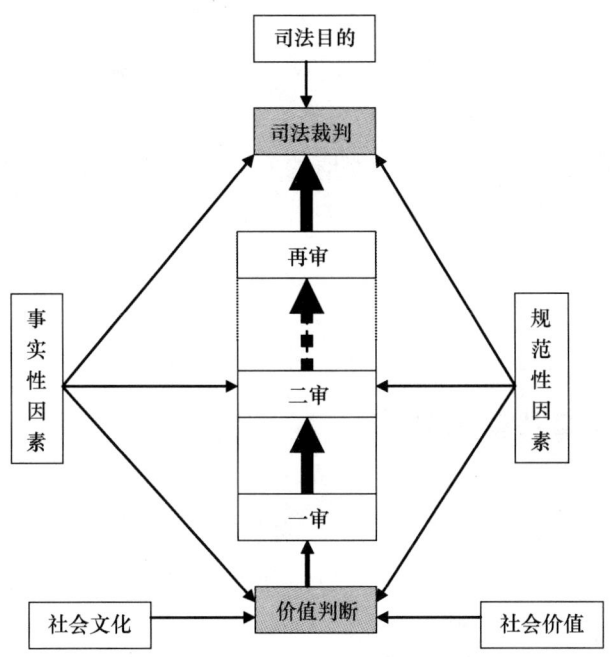

由上图可见,法官的价值判断要最终沉淀在司法裁判中,从时间上讲要经过一审或二审,甚或再审程序;从空间上讲要受到所处环境中的社会文化、社会价值和事实性、规范性等因素的型构。其中,司法目的始终像灯塔一样指引着法官价值判断的方向。因而,并非像人们想象的那样,法官可以径直将价值判断糅合进裁判结果之中,而必须考虑到各种制度性或非制度性因素、事实性或规范性因素等的影响。

当然,上述因素影响法官价值判断的形式和发挥作用的具体途径是不一样的。社会文化和社会价值作为一种背景性因素对法官的价值判断发挥着潜移默化的影响或制约,法官如欲将之形诸判决,必须把它们转化为法律价值。司法程序作为一种组织性因素影响着法官价值判断的展示形式、交流方式和传输结果,例如在一审中法官不得不采取法言法语的方式在事实陈述中运送并论证其价值判断,在二审中,法官也必须巧妙地将其价值判断糅合进对规范性因素的表达之中。规范性因素和准规范性因素作为一种制度性因素构成了法官价值判断的内在正当性限制,迫使法官为当事人和社会公众对裁判结果的预期留下足够的空间。事实性因素在展示当事人之间客观的社会关系的同时,构成了法官价值判断的事实性基础。司法目的作为一种潜在因素无时不在引导着法官裁判的方向,构成了对法官价值判断的方向性限制,迫使其在决策之时不得不"瞻前顾后"、"左顾右盼",以使手头案件与先例保持一致,并为以后类似案件提供指引。

第二节　价值判断的证立

在司法情境中,法官的价值判断应当以社会上主流地位的普遍道德观念、普遍道德规范或至少是案发地民众的是非感、正义观为基础,同时要考虑到现行制度、习俗和文化等客观因素。法官对其价值判断的证立向上要与前述普遍道德观念和普遍道德规范取得一致,向下要与个案的规范性和事实性因素取得联系。为了保证此种证立的客观性,法官必须优先在实定法和现行制度中寻找论证理由;即使不能在前述制度框架中找到论证资源,也要遵循现行法秩序的原理、原则、价值、目的和精神,即要在制度的观念资源中寻求证立理由。在证立过程中,法官要鼓励当事人及其辩护律师提出不同的法律命题、证立标准或证立基准。只有在各种对立或矛盾着的法律命题和证立标准的角逐中,法官价值判断所依凭的"终极命题"才能得以逐渐清晰和最后确立。

一、价值判断的形式维度之证立

在司法情境中,法官对价值判断的形式维度之证立必须遵循"明确性公理"

和"强度性公理",并在这两大公理的指导下遵循若干基本原则。

（一）两大公理

第一,明确性公理。法官在寻求证立价值判断之形式维度的理由时,应当以"明确性公理"为指引,即支持特定价值判断的形式性理由越明确越好。因而,在两个或两个以上形式性理由都可以支持某一价值判断时,法官应当优先选择更清晰、更明确的形式性理由。例如,如果通过文义解释从法律规范上为价值判断寻求到的形式性理由比借助历史解释从立法资料中探寻到的形式性理由更明确时,法官应当选择前一形式性理由。

第二,强度性公理。法官在寻求证立价值判断之形式维度的理由时,还应当以"强度性公理"为指导,即支持特定价值判断的形式性理由强度越大越好。这样,在两个或两个以上具有同样明确性的形式性理由都可以支持某一价值判断时,法官应当优先选择强度更大的形式性理由。例如,通过体系解释从法律文本中为价值判断寻求到的形式性理由比借助文义解释从法律规范上探寻到的形式性理由强度更大时,法官应当选择前一形式性理由。不难发现,当明确性公理与强度性公理发生冲突时,应当坚持强度性公理,但是法官在此必须叙明选择的充分理由。[1]

（二）三大基本原则

从上述两大公理中,我们可以推导出如下法官在证立其价值判断之形式维度时必须遵循的三大基本原则:

第一,形式性理由优先原则。无论是"明确性公理"还是"强度性公理"都要求法官在证立其价值判断时,必须优先从实定法及现行法秩序上寻求形式性理由和形式性判断,只有在穷尽上述理由时,才能转向制度的观念层面寻求证立理由,而不能轻易向实质性理由和实质性判断"逃逸"。在通常情况下,通过形式性解释获得的形式性理由或价值命题应当成为法官证立其价值判断的优先理由。在各

---

〔1〕　判断者必须"按照论证负担规则承担论证责任,必须提出足够充分且正当的理由,来支持自己的价值取向"。王轶:《民法价值判断问题的实体性论证规则——以中国民法学的学术实践为背景》,载《中国社会科学》2004年第6期。

种法律解释方法中,文义解释、体系解释和历史解释属于形式性解释方法,由这些解释方法获得的形式性理由或价值命题应当成为法官证立其价值判断的优先理由。

第二,整体解释原则。根据上述两大公理,法官在寻求证立其价值判断的理由时,应当采取形式性解释方法对实定法及现行法秩序进行整体解释,即使是从法条、制度或局部体系中获得的高度清晰的形式性理由,也要放到整个法律制度中予以比较、权衡和考量。因而,法律规范、立法资料、司法判例乃至客观的法律效果应当作为一个整体予以解释。

第三,相对独立原则。法官在证立其价值判断时,必须始终清醒地认识到从实定法及现行法秩序中归纳、概括出来的形式性理由应当相对独立于其背后的各种实质性理由,例如判决的社会效果和政治效果、法律的道德根据、共同体的正义观念和道德观念。

二、价值判断的实质维度之证立

在司法情境中,法官对价值判断的实质维度之证立必须遵循"可普遍化公理"和"可历史化公理",并在这两大公理的指导下遵循若干基本原则。

(一) 两大公理

第一,可普遍化公理。法官在寻求证立价值判断之实质维度的理由时,应当以"可普遍化公理"为指导,即支持特定价值判断的实质性理由应当可以回溯至某个普遍的道德规范或道德原则。[1] "任何值得被称为法律制度的制度,必

---

[1] "作为人的思考模式,把结论还原为一般原则,或者换言之,从一般原则出发给予结论以理由,能让判决看上去不是偶然的、恣意的判决,能够增强人们对结论妥当性的信赖感。"([日]加藤一郎:《法律解释方法论与论理上利益衡量》,载《民法方法论与论理上利益衡量》,日本有斐阁1974年版,第31页。转引自张利春:《日本民法中的利益衡量论研究》,山东大学博士学位论文,2008年3月15日,第111页。)同时亦如罗尔斯所指出的:"当人们对具有较低普遍性认识之原则丧失共识时,抽象化是一种继续公共讨论之方式。我们应当认识到,冲突愈深抽象化之层次应当愈高;我们必须通过提升抽象化之层次,以获得一种对于冲突根源清晰而完整之认识。"(John Rawls, *Political Liberalism*. New York: Columbia University Press, 1993, p.46.)

须关注超越特定社会结构和经济结构相对性的基本价值。"[1] 因此,如果某个实质性理由不能逆推至某个普遍的道德规范或道德原则,那么法官就不能选择它作为支持其价值判断实质维度的理由。例如,法官可以"藐视生命"这一实质性理由支持"撞了白撞"之交通法规的实质违法性判断,因为该理由可以回溯至"生命至上"这一个普遍的道德规范。但是,持相反意见的法官不能以"违反秩序"这一实质性理由主张"撞了白撞"之交通法规的实质合法性判断,因为支持该实质性理由的"秩序至上"不是一个普遍的道德规范。

第二,可历史化公理。法官在寻求证立价值判断之实质维度的理由时,还应当以"可历史化公理"为指引,即支持特定价值判断的实质性理由应当可以得到至今仍然有效的法律制度、民间习俗、司法惯例、权威标准和传统道德规范等历史性材料的印证,应当可以与它们之间形成一个连续统。"现行法律是一张由过去的立法决定和司法决定或者习惯法的种种传统所构成的不透明网络的产物。法的种种建制史构成了每个当代的判决实践的背景。"[2] 因而,如果某个实质性理由不能得到上述历史性材料的支持,甚或与它们之间产生断裂或矛盾,那么法官就不能引用它作为支持其价值判断实质维度的理由。例如,法官可以"珍视生命"、"严重伤害民众感情"这两个实质性理由支持将致多人死亡的交通肇事罪升格为以危险方法危害公共安全罪的实质合法性判断,因为该理由可以得到注重判决的法律效果、社会效果和政治效果三者统一之司法传统的印证,并且与之形成一个司法政策上的连续统。

(二) 三大基本原则

从上述两大公理中,我们可以推导出如下法官在证立其价值判断之实质维度时必须遵循的三大基本原则:

第一,突出正当理由原则。其实前述明确性公理和强度性公理及其衍生的

---

〔1〕〔美〕E.博登海默:《法理学——法律哲学与法律方法》,邓正来译,中国政法大学出版社 1999 年版,"作者致中文版前言",第 1 页。

〔2〕〔德〕哈贝马斯:《在事实与规范之间——关于法律和民主法治国的商谈理论》,童世骏译,生活·读书·新知三联书店 2003 年版,第 246 页。

形式性理由优先原则都表明,法官在证立其价值判断时,必须考虑到双方当事人的合法权益,"非有正当理由不得牺牲一方利益",即对于舍弃保护一方合法权益的决定,法官必须陈述正当理由。因而,当法官有正当理由必须舍弃保护一方合法权益时,就必须突出该正当理由,并对之予以详细阐述至当事人和公众毫无疑义的程度。例如在系列"二奶"继承遗产案中,法官如果舍弃保护"二奶"的法定权益,就必须陈述足够的正当理由,并能让当事人和公众信服此种选择的合理性。

第二,公共利益与弱者利益一致原则。在运用上述可普遍化公理和可历史化公理证立特定价值判断时,可能遇到如何处理公共利益与弱者利益相互冲突的问题。很显然,公共利益更容易回溯至这两大公理,但是如果失却了对弱者利益的保护又可能易于造成"多数人的暴政",这必然要求法官在证立其价值判断时,必须将对公共利益的保护与对弱者利益的保护统一起来,以实现它们之间的兼顾与共融,不能以保护公共利益为借口牺牲弱者的利益。

第三,价值衡平原则。法官在运用上述两大公理证立价值判断的实质维度时,还可能遇到必须在若干竞争着的根本价值(例如功利、正义、人道、自由和平等)及其评价基准之间进行选择的问题。尤其是当它们都可以回溯至上述两大公理时,这一选择问题就非常突出。为此,法官必须根据具体个案事实,并结合法律的目的、精神和司法传统对各种根本价值进行权衡、判断和取舍。平衡的优先目是尽可能地实现它们之间的共存、共融,只有在不得已的情况下才能进行非此即彼式的取舍。

三、价值判断的综合证立

虽然说价值判断的形式维度与实质维度之间自古以来就存在着一定程度的紧张关系,但是只要法官遵循前述公理和基本原则,完全可以协调和处理它们之间的矛盾。在实践之所以会产生价值判断的形式维度与实质维度之间"鱼与熊掌不可兼得"的困惑和慨叹,是因为判断者没有认识到两者之间的内在一致性和互补性:越明确的证立理由也就是越强的证立理由;越是可普遍化的证立理由也就是越是可历史化的证立理由;反之亦然。

当然,证立价值判断形式维度的公理及原则与证立其实质维度的公理及原则之间也可能产生非根本性冲突,此时,法官必须选择具有普遍历史意义的理由以解决上述冲突。这一选择蕴含了价值判断综合证立的根本规范——"普遍历史意义公理"。它是指法官寻求证立价值判断的理由不仅在形式上应当是明确而具有强度的,而且在实质上也应当是可以回溯至某个普遍道德规范,并且得到至今有效的历史性材料的印证的;这样的理由不仅具有实定法上的优先性、整体性和相对独立性,而且能够得到正当理由的充分支持,从而实现了各种根本价值及评价基准之间的衡平与统一。该根本规范与前述诸公理及原则的关系如下图所示:

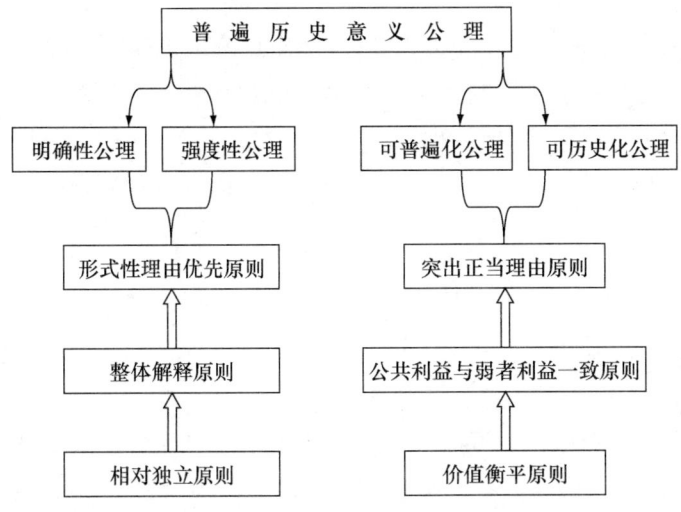

四、结论

法官在证立其价值判断的形式维度时,必须遵循"明确性公理"和"强度性公理"及由这两大公理指导下的形式性理由优先原则、整体解释和相对独立等三大原则;在证立其价值判断的实质维度时,必须遵循"可普遍化公理"和"可历史化"两大公理及这两大公理指导下的突出正当理由、公共利益与弱者利益一致和价值衡平等三大原则;在综合证立其价值判断时要遵循"普遍历史意义公理"这一根本规范,从而实现价值判断形式维度与实质维度的深层统一。无论如何,法官在证立其价值判断时,不能将私人性价值观念、价值偏好甚或个人好恶掺杂到证立理由之中。

第三节　价值衡量的十大进路

"价值问题虽然是一个困难的问题,但却是法律科学所不能回避的。法律科学与自然科学不同,自从韦伯主张科学中的价值中立的立场以来,不断有人继续坚持这种观点,但我们不难发现最草率的或最反复无常的关系调整或行为安排,在其背后总有对各种相互冲突和互相重叠的利益进行评价的某种准则。"[1]价值衡量的进路问题至今仍是法理学界莫衷一是的方法论之谜,而且它内含了法律的确定性与灵活性、客观性与主体性、合法性与正当性等诸种难解之矛盾。从根本上讲,它要求人们为此种衡量提供一个客观的、理性的和可操作的判断基准。当然,也需要在该判准与结果之间架起方法论的桥梁。从总体上看,价值衡量的进路至少有以下十种:

一、实证主义的进路

在价值衡量的问题上,实证主义的进路可以分为"刚性的实证主义"进路和"柔性的实证主义"进路两种。刚性的实证主义认为"法即规则",法官在裁判时应当严格依规则断案,不得将个人的价值判断夹带到裁判当中。当然,刚性的实证主义并不否认法律当中存在价值判断,而是认为法律中的价值判断已然是凝固了的价值判断,是立法者业已表达和穷尽了的价值判断,法官只需要遵

---

〔1〕 〔美〕罗斯柯·庞德:《通过法律的社会控制·法律的任务》,沈宗灵、董世忠译,商务印书馆1984 年版,第 55 页。

照此种价值判断裁判即可。[1] 规则即是立法者业已表达的价值判断,它为行为人和法官规定了可以做什么和可以不做什么、必须做什么和必须不能做什么的指令,法官必须像军人一样依指令行事。在法律出现漏洞即立法者没有对案件作出价值选择时,法官只能依自由裁量权作出裁判。哈特的实证主义即属于此种刚性的实证主义,因而在面对法律的空缺时只能将当事人的命运交由法院和官员的裁量权。[2]

柔性的实证主义也认为"法即规则",法官裁判应严格依据规则,不得私自进行价值衡量。但是与刚性的实证主义不同,柔性的实证主义认为规则并没有穷尽立法者的价值判断,因而当法律出现漏洞即立法者没有对案件作出价值选择时,法官应当依立法者在面对此种情形时可能作出的价值选择进行裁判。如先哲亚里士多德所预见的那样:"当法律确定了一项一般性规则而此后发生了该规则的一个例外情形时,那么立法者的声明因具有绝对的性质而有其不完善和错误的一面,所以执行法律的人士就应当首先确定如果立法者本人处于现在这种情形中会作出什么决定、如果立法者知道这一情形的问题所在又会颁布什么法律,然后再据此对原有法规的不完善性加以修正。"[3] 因而与刚性的实证主义不同,柔性的实证主义认为此时法官的裁判仍然没有逸出立法者可能的价值指向。拉伦茨的实证主义大体上属于此种柔性的实证主义,而且他明智地从宪法而非部门法中归纳出以人的生命和人性尊严为至上原则之价值体系。[4] 与之有相似作为的是中国学者杨日然,他认为作为基准的价值体系至少应包括宪法明示和保障的价值、社会上一般人的价值观念和法律上的基本原理原则。[5]

---

〔1〕 参见〔奥〕凯尔森:《法律科学中的价值判断》,张书友译,载葛洪义主编:《法律方法与法律思维》(第4辑),法律出版社2007年版,第228—229页。

〔2〕 参见〔英〕H. L. A. 哈特:《法律的概念》,许家馨、李冠宜译,法律出版社2006年版,第130页。

〔3〕 〔美〕E.博登海默:《法理学——法律哲学与法律方法》,邓正来译,中国政法大学出版社2004年修订版,第334页。

〔4〕 参见〔德〕卡尔·拉伦茨:《法学方法论》,陈爱娥译,商务印书馆2003年版,第279页。

〔5〕 参见杨日然:《判决之形式妥当性与实质妥当性》,载杨日然主编:《法理学论文集》,台湾月旦出版社股份有限公司1997年版,第551页。

二、本质主义的进路

在价值衡量问题上,本质主义的进路可以分为无限认识论支配下形成的
"绝对本质主义"进路和有限认识论支配下形成的"相对本质主义"进路。绝对
本质主义进路认为主体拥有无限的、完全的理性,因而能够认识并固化所有事
物的本质。立法者作为一个拥有完全理性的主体,能够认识到所有与法律有关
之事物的本质,并已经将之固化到法律文本当中,法官在裁判时只要通过自身
的理性将立法者的价值选择复现出来,并将之运用到手头案件上即可完成价值
衡量之任务。因为不存在立法者所不能关照到的案件,所以也就不存在法官在
法律文本之外另外单独进行价值判断之必要。"如果,法律是在实现一套价值,
那么法律便是该套价值具体化的结果;同样的,如果一条法律是在实现一项价
值,那么判决便是该项价值具体化的结果"。[1] 因而与前述刚性的实证主义一
样,绝对本质主义也否认法官个人的价值判断权。但与之不同的是,绝对本质
主义同样否认法律有存在漏洞之可能。自然法学的价值处理模式可以算是一
种本质主义的进路。"依(唯理论的)自然法学说,实证的法律规范来自绝对的
法伦理原则,又从实证的法律规范中推出具体的法律判决。"[2] 因而法官在司
法时无需独立于立法者之理性单独进行价值判断。

相对本质主义认为主体拥有的只是有限的、不完全的理性,因而不能够认
识和固化所有事物之本质。立法者作为一个仅具有有限理性的主体,无法认识
到所有与法律有关的事物之本质,自然也无法将之形诸法律文本。因而,法官
在裁判时不仅要依照立法者凝结在法律文本中的价值选择进行裁判,而且必要
时还要参照自身的理性对前述选择进行校正、补全和充实才能顺利地完成价值
衡量之任务。规则是法官解决纠纷的权威性渊源,"法官们在解释这些渊源时,

---

〔1〕 吕荣海:《法律的客观性与科学性》,台湾龙田出版社1981年版,第79—80页。
〔2〕 〔德〕考夫曼、哈斯默尔主编:《当代法哲学和法律理论导论》,郑永流译,法律出版社2002年
版,第121页。

往往必须弄清楚它们得以颁布与认可所赖以为基的目的和价值论方面的考虑”。[1]而且,由于法官与立法者一样也是一个有限理性主体,所以他所作出的价值衡量也是可错的、需要补全的,只是借助司法权的终局性和权威性,(终审)法官的价值衡量才被认为在法律上是正确的。

三、相对主义的进路

法国社会学家布律尔的下述言论为通过相对主义进路解决价值衡量问题提供了依据,他说:“人的任何一行为,本身都无所谓无辜或有罪。在我们看来最为可憎的犯罪行为,如杀害父母罪,在某些社会群体里是允许的;而另一些在某些原始群体中受到了严厉惩罚的犯罪行为,如违反某些宗教迷信的禁忌,在我们看来却是无所谓的。”[2]既然这个世界上不存在绝对的、本体论意义上的价值准则来判定人类行为之善恶,那么当不同群体之间的价值主张发生冲突时,就只可能依据人们主观的、任性的一时一地之情感需要加以取舍。相对主义严格区分“是”与“应当”抑或“事实”与“价值”之间的关系,认为不能从“是”(事实)推出“应当”(价值),后者属于主体的情感世界,一切以主体的需求为转移。“‘价值’这个普遍的概念是从人们对待满足他们需要的外界物的关系中产生的。”[3]如果以需要、目的等情绪性基准来判断事物、行为之有无价值,那么由此得出的价值必然是漂浮不定、随风而逝的。符合主体需要和目的的是善的,反之是恶的。

在相对主义进路看来,法律上的合法与非法、罪与非罪皆为人为设定之范畴,并非生活世界内在要求之表现。在道德上是善的,在法律上也是善的,反之亦然。相对主义抹煞了道德与法律之间的差距,将它们拉至同一平面,从而为通过法律乃至刑罚手段惩罚单纯道德上的恶行提供了理论上的依据。因为“人

---

〔1〕〔美〕E.博登海默:《法理学——法律哲学与法律方法》,邓正来译,中国政法大学出版社1999年版,第504页。

〔2〕〔法〕亨利·莱维·布律尔:《法律社会学》,许钧译,上海人民出版社1987年版,第29页。

〔3〕〔德〕卡尔·马克思:《评阿·瓦格纳的“政治经济学教科书”》,载《马克思恩格斯全集》(第19卷),人民出版社1963年版,第406页。

们是基于不同的目的根据不同的社会历史情况来使用各种各样的犯罪概念的"[1]。与此同时,在相对主义进路的观念中不存在像自然法学所声称之自然犯,一切犯罪都是法定犯,因为犯罪的根本属性乃是其规范性而非"悖德性"。由此可见,在道德与法律问题上相对主义与价值主义的关键区别在于,前者用法律淹没了道德而后者却用道德淹没了法律。

相对主义进路虽然能解释一些群体之间因生产力水平、意识形态、文化和生活方式之多样性而产生的价值歧异,但是其缺陷也是相当明显的:既然行为之正当与否乃政治上处于强势地位之集团的意志表达,那么个体之自由就如水中萍、风中蓬而无固定之根基,从而处于朝不保夕之不确定状态。同时,由于相对主义在实质上是一种情绪主义、目的主义,所以此种进路必然导致价值衡量上的主观主义、后果主义和唯政治风向是瞻的骑墙主义。

四、程序主义的进路

在价值衡量问题上,程序主义进路具有形式客观主义的外在表征,它强调必须构造一套精确的评价标准或规则。该进路可以分为哈贝马斯的商谈程序主义进路和阿列克西的论证程序主义进路。哈贝马斯的商谈程序主义进路试图通过主体之间的商谈达成价值共识以解决价值冲突。它认为产生法律规范的程序与道德实践的程序相互交叉,前者包含有道德上的论辩。[2] 在理想的言谈情境中,各种意见、意志以至价值之间的交锋、汇聚能够重铸一种法律的合法性。[3] 同时,商谈达成的同意不仅产生了一种法律合法性,而且也产生了一个法律共同体。商谈是一种反思性的交往行动方式,它也能为法律的合理性和可接受性之产生创造条件。[4] 法官的裁判是在一种类似商谈的情境中进行

---

〔1〕〔美〕理查德·昆尼、约翰·威尔德曼:《新犯罪学》,陈兴良等译,中国广播出版社1988年版,第2页。
〔2〕参见〔德〕哈贝马斯:《在事实与规范之间——关于法律和民主法治国的商谈理论》,童世骏译,生活·读书·新知三联书店2003年版,第569页。
〔3〕同上书,第695页。
〔4〕同上书,第278页。

的,它通过双方当事人之间论辩的方式实现了对判决结果正确性之证成。在论辩过程中,当事人可以使用的资源有:实用的、伦理的、道德的,等等。

阿列克西的论证程序主义进路旨在获取司法价值衡量的正当性,即证成司法裁判所欲之规范性命题的正确性。当然,与一般论辩不同,法律论辩是受制定法、先例和法律特有的论辩程序(即诉讼程序)之制约下进行的。法官只要依照规范性指令及时充分地展开了论辩,就可以正当化其裁判结论。[1] 他将命题证立分为"内部证立"和"外部证立"两个面向,前者通过逻辑三段论法完成,后者则借助对前提的正当化实现。[2]

此种进路存在如下诸多问题,其中最大的问题是一个衡量成本的问题。首先,司法过程很难是在一个理想言谈情境中进行的,法官的裁判要考虑政治的、社会的甚至是经济的方面的因素;当事人也不可能一点也不顾及诉后与对方的交往需求和社会舆论压力。其次,司法过程与立法过程也不可能共享太多相似性,因为它们各自的目标、方式、条件和所面临的情境是不同的,尤其是前者不可能像后者那样无休止地进行论辩。再次,其实程序主义进路也注意到司法程序是在特定时间、空间和事实的限制下进行的[3],它必须在一个时限中得出结论,因而也就不可像一般商谈程序那样彻底和完结。最后,如考夫曼所指出的,形式主义的论辩程序虽然必需,但它充其量只能产生一种"形式性正确的合意",决不能产生一种"实质性真实的正当"。只有给论辩安置一个并非论辩本身的一项内容、一个"论题",论辩才能达致真实性正当。[4] 因而就像波斯纳所指出的,该进路所达致的价值衡量之客观性是一种相对于本体上的符应性、科

---

〔1〕　参见〔德〕罗伯特·阿列克西:《法律论证理论》,舒国滢译,中国法制出版社 2002 年版,第 1 页以下。

〔2〕　参见〔日〕田中成明等:《法思想史》,日本有斐阁 1997 年版,第 226—227 页,转引自张利春:《日本民法中的利益衡量论研究》,山东大学博士学位论文,2008 年 3 月 15 日,第 276 页。

〔3〕　参见〔德〕哈马斯:《在事实与规范之间——关于法律和民主法治国的商谈理论》,童世骏译,生活·读书·新知三联书店 2003 年版,第 217 页。

〔4〕　参见〔德〕阿图尔·考夫曼:《后现代法哲学:告别演讲》,米健译,法律出版社 2000 年版,第 47 页。

学意义上的可复现性而言的、最弱意义上的"交谈客观性"。[1]

五、多元主义的进路

在价值衡量问题上,多元主义的进路认为我们生活在一个价值多元的社会中,为使纷繁复杂的价值取向相互共存而不至于相互戕害,就必须给予它们平等地且宽容地对待。在政治问题上,多元主义秉承一种"有限政府"理念,主张政治国家应当严守"政教分离"和"价值中立"之原则对市民社会予以最少最低程度之干预,约束权力对个体公民价值选择之权利界限。政治国家在价值上的中立是以分权与宪政、法律至上与程序本位等基本法律构架而实现的,法律所欲保障的是一种根本的、框架性的抑或底线的价值取向,而把具体的、特殊的抑或时代的价值取向及精神、信仰领域留给个体公民和市民社会。

从客观上看,多元主义的进路在相当程度上抑制了政治国家在追求绝对价值过程中的意识形态之狂迷病症,对于维护个体自由发挥了不可估量之作用。当然不可否认,多元主义的进路也掩盖了政治国家在价值选择问题上的"价值偏袒"之事实,遮蔽了现代国家及其法律也是"以实质的同价值为基础"之真相[2];同时其价值中立之技术化处理也包藏了一种"技术殖民"之企图,从而有可能走向"价值虚无"抑或"价值涣散"之困境。[3] 之于当下中国,多元主义的进路可能忽视自近代以降中国法治的民族性、传统性和时代性之浓墨重彩的价值取向,忽视了法官对疑难案件所作出之新解对于公民具体价值选择之导向功能。

六、个案主义的进路

在价值衡量问题上,个案主义的进路认为不存在抽象的、一般的价值,即使

---

〔1〕 参见〔美〕理查德·A.波斯纳:《法理学问题》,苏力译,中国政法大学出版社 2002 年版,第 9 页。

〔2〕 刘小枫:《施米特与政治法学》,生活·读书·新知三联出版社 2002 年版,第 33 页。

〔3〕 参见〔美〕李普曼:《公共哲学的复兴》,载《市场逻辑与国家概念》,生活·读书·新知三联书店 1995 年版,第 26—54 页。

存在立法者也无法穷尽更无法明确表达这些价值,因而前述实证主义和本质主义两大价值衡量的进路都不可行。当然,在认为规则没有穷尽立法者的价值判断这一点上,个案主义与柔性的实证主义、相对本质主义有相似之处。但在法律出现漏洞时,个案主义并不强求法官必须想象立法者在此种情境当中将如何判断来进行司法,它允许法官依自己的价值衡量作出裁判,因为个案的情况与立法者所面对的情境是完全不同的。如格梅林所言:"表现在司法决定和判决中的意志就是以法官固有的主观正义感为手段获得一个公正的决定,作为指南的是当事人利益衡量的有效掂量,并参照社区中普遍流行的对于这类有争议的交易的看法;除非是为某个实在的制定法所禁止,司法决定在任何情况下都应当与商业交往所要求的诚信以及实际生活的需要相和谐;而在掂量相互冲突的利益时,应当帮助那种更有理性基础并且更值得保护的利益。"〔1〕个案主义认为绝对本质主义所宣称的立法者能够认识所有与法律相关之事物的本质并已经将之形诸法律文本,完全是一个"美丽的谎言"。而且法官在司法中也并不一定都能洞悉立法者所作出的价值选择将之复现出来,基于这一认识法官也并不是在所有情境下都有绝对的义务贯彻立法者的价值选择。

个案主义进路的优点是能够实现"具体情况具体对待"这一法律灵活性要求下的个案正义,并且可以充分发挥法官的自由裁量权。但是其缺点是可能过于扩大了法官的裁量权,容易导致在价值衡量问题上的司法主观主义甚或专制主义。因而,为了克服个案主义的上述缺陷,必须采取如下措施:首先,在价值衡量问题上引入当事人和社会公众的民主参与制度,以多主体间的共识防止法官的恣意裁量。其次,采取个案类型化方法具体化价值衡量的内容,并在个案积累到一定程度后生成衡量之规范。

七、实用主义的进路

在价值衡量的问题上,实用主义进路认为应该透过现象看本质,透过非理

---

〔1〕　〔美〕本杰明·N.卡多佐:《司法过程的性质》,苏力译,商务印书馆2000年版,第45页。

性的各种价值表象把握其中比较恒定的理性因素。从表面上看,价值似乎是一种冲动、欲望和情绪之体现,但在其背后隐藏的却是主体对各种冲突着的需求和利益反复权衡、掂量后的产物,是主体自觉反思后的结果。因而,价值判断是主体对价值背后隐藏的利益、关系和后果等的深刻洞察,是对自身冲动、喜好、欲望、动机等的自觉压抑和克制,从而使它们形成一股比较一致的力量向一个确定的方向运动。当然,主体为达到特定的目的,必须在洞察给定条件的前提下,选择恰当的方式方法来有步骤地向目的靠近。其中,不同的方法会带来不同的结果,也会产生不同的成本,主体必须遵循"手段—目的"理性作出选择。这样,价值判断"是关于我们所经验的事物之条件及结果的判断,也就是关于规制我们的欲望、情感、与享受之形成的判断"[1]。

在司法情境中,法官面临着解纷的压力,他必须对各种解纷方案及其各自可能导致的后果进行目的论考量,从而选择一种最有利于纠纷之解决、工作绩效之实现的方案。法官在作出价值判断之前,必须对个案事实、法律规范、当事人之间的关系、同事及社会公众的期望等进行综合衡量。很显然,法官对这些因素认识的程度受到其自身的知识、经验和能力等条件的影响,也会受到社会环境、文化传统、制度架构和司法惯例等的制约。但无论如何,手段与目的之间的关系是他要考虑的中心问题:达到同一目的可以有不同的手段,而这些手段又可能产生各种不同的结果。处于司法情境中的法官不仅要考虑到各种手段的适切性,而且也要考虑到各种可能之结果的合理性。[2] 正是这种适切性与合理性之间的激荡飞扬,将法官推上了价值衡量的风口浪尖上。因而,手段之选择不能仅看目的之实现,还得注意此种手段与司法情境之间的协调性。"目的观念之被评估或评价为好或坏,乃是根据它们指导某种行为以处理(由于某种欠缺或冲突而引起的)麻烦的事件状态之有效性而定,即根据它们对于完成这个目的(期望的目的)之必要性,来评估其为适合或不适合,恰当或不恰当,对

---

〔1〕 Dewey, The Quest for Certainty (New York: G. P. Putnam's Sons, 1960), p. 265.

〔2〕 参见〔美〕理查德·A. 波斯纳:《法理学问题》,苏力译,中国政法大学出版社 2002 年版,第569 页。

或错。"[1]庞德、霍姆斯、卡多佐、波斯纳等社会法学者的价值衡量进路大体上可以归为此种实用主义的进路,他们强调将当事人的权利冲突化约为分量不等的社会利益,然后置于一个客观的评价标准的衡量之下。

八、主体认同的进路

在价值衡量问题上,主体认同的进路假定无论在立法中还是司法中,通过合作性互动主体能够在冲突着的价值问题上产生共识,进而将之形诸法律文本作为下次互动之基础或出发点。"对于判断主体来说,价值判断这种行为是一种以价值的优先选择为媒介的、具有高度主观性的活动,价值判断内容的客观性只与依相同的社会价值的行为动机的人们的范围大小相应——只在社会一定的范围内的人们之间通用。"[2]由于主体对相互冲突着的价值的认同是出于自由意志的、自主自愿的,所以此种认同得出的共识也是最可靠的。

这一进路的优点是充分尊重了主体的自由意志,由此形成的法律决定之正当性也是最强。可以说它是解决价值争议问题最理想的进路,是适用价值衡量进行司法首先应当考虑的进路。但是该进路的缺陷是没有认识到人们在冲突着的价值问题上达成共识之艰巨性,立法尤其是司法不可能等到人们在某些重要的价值问题上达成共识后才作出决定。正如庞德所言:"法律秩序不能停顿下来,去等待哲学家们同意同一种理想,如同他们在上一个世纪所做的那样,也不能停顿下来去等法律专业和法院能被吸引或教导接受它作为权威性的理想。"[3]同时,该进路忽视了主体认同的经验性而可能导致的"价值弱化"现象。[4]必须注意,在缺乏制度性支撑时,主体认同的进路并不一定是合法的进路。例如,双方当事人通过规避甚至是公开违反现行法律而达成调解,虽然是

---

[1] Dewey, Theory of valuation (Chicago: The University of Chicago Press, 1972), p.47.

[2] 〔日〕川岛武宜:《现代化与法》,王志安、渠涛、申政武、李旺译,中国政法大学出版社1994年版,第246页。

[3] 〔美〕罗斯科·庞德:《通过法律的社会控制·法律的任务》,沈宗灵、董世忠译,商务印书馆1984年版,第58页。

[4] 参见〔德〕哈贝马斯:《重建历史唯物主义》,郭官义译,社会科学文献出版社2000年版,第262页。

采取主体认同的进路解决价值衡量问题,但它在制度上无疑是不合法的。

九、民主表决的进路

民主表决的进路认为,主体认同的进路欲在人们冲突着的价值问题上通过自觉认同达成共识进而解决价值衡量问题,是不可行的。在这种情形下,人们只能借助一些制度性机制或社会惯例解决价值衡量问题。因为在这些作为手段的制度性机制或社会惯例上,任何一个理性的社会都假定人们对之存在最大程度的共识,所以由之导出的价值判断也被认为是合理的、正当的,体现了最大多数人的最大共识的。事实上我们看到,一些解决价值争议的制度性机制在设计也是为了便利产生民主决策的,诸如民主表决中的奇数制度、当事人回避制度甚或抽签制度。例如在一直困扰着人们的刑事再审程序之存废问题上[1],我们可以采取民主表决的方式在判决既判力所代表的法律确定性价值与误判救济所体现的法律正确性价值之间作出抉择。又如:"当立法者或裁判者面对价值判断问题出现意见纷争时,在时限内经由讨论仍无法达成共识的,就会依照法律认可的表决程序和表决规则作出决断。"[2]如此等等,皆是民主表决进路之制度性体现。

但是该进路也同样可能面临着与前述主体认同的进路类似的因表决之经验性而导致的"价值弱化"困境。民主表决的进路可能仅关注价值衡量的经验抑或制度层面而忽视了其理性和伦理的层面:通过民主表决获取的价值共识通常能够为参与表决之主体所体验和分享,但由此可能存在三个问题:一是参与表决的主体在数量和分布上可能是欠充分的;二是制度本身可能在伦理上是有瑕疵或欠充分的;三是即使不存在前述两个问题,但是由此种进路获取的价值共识也可能不符合人类共同体的普遍理性和善德。

---

[1] 参见杨开湘:《刑事再审程序的价值判断与选择》,载《法学》1993 年第 11 期,第 11—13 页。

[2] 王轶:《民法价值判断问题的实体性论证规则——以中国民法学的学术实践为背景》,载《中国社会科学》2004 年第 6 期,第 116 页。

十、经济分析的进路

在价值衡量问题上,经济分析的进路认为,"增进社会福利"是处理冲突着的价值问题之总体原则。从达成目标的方式上看,它可以分为如下三条子进路:一是通过增进个体的具体福利达到间接增进社会总体福利的目标,这可称为福利促进的"零星工程"或"个体主义进路";二是通过增进各种集体、集团、阶级和阶层的单位福利达到间接增进社会总体福利的目标,这可称为福利促进的"部分工程"或"集体主义进路";三是直接增进整个社会的总体福利,这可称为福利促进的"总体工程"或"整体主义进路"。[1] 零星工程进路的优点是能确保个体尤其是处于不利地位之少数人福利的稳步增长;部分工程进路的优点是能照顾到弱势群体、少数民族的特殊福利需求;总体工程进路的优点是能够为个体、群体福利的增进提供制度性保障。但是,价值衡量是发生在双方当事人之利益相互对立、冲突的场合,法官于此必须选择保护一方的利益而压抑另一方的利益。也就是说,他必须采取利益压抑甚或减损的方式以达到增进社会总体福利之目的。

从具体使用的分析工具上看,它又可以分为利益分析和效益最大化两条子进路。利益分析的进路认为可以将冲突着的价值还原为各种利益,然后对它们进行排序和取舍。为此,它提出三种取舍方法:一是利与利比较时取其大;二是害与害比较时取其轻;三是利与害比较时取利舍害。[2] 这三种取舍方法的目的无非是为达到增进社会总体福利、减少社会总体损耗之目的,即实现社会"最大利益净余额原则"。[3] 这一进路的优点是将难以量化的价值还原为较易量化的利益进而对之予以权衡,在实际操作上可以收到化难为易之效果。但问题

---

〔1〕　对于上述三条子进路之划分,笔者借鉴了波普尔的"零星的社会工程"之思想。参见〔英〕卡尔·波普尔:《开放社会及其敌人》(第1卷),郑一明等译,中国社会科学出版社1999年版,第291—315页。

〔2〕　参见胡灵:《探微法律价值衡量的践行——对法律价值衡量方法运用的思考》,载《贵州大学学报(社科版)》2009年第5期,第15页。

〔3〕　参见王海明:《新伦理学》,商务印书馆2001年版,第154—157页。

的关键是,价值能够还原为利益并进而可以生成一张利益位序表吗? 如果不能,该进路在价值衡量问题上并不能比前述诸进路有更多的作为。

效益最大化进路采取"成本—收益"公式,对资源进行合理配置,以实现成本的最小化和收益的最大化,从而获得最佳的产出效益。在双方当事人的利益相互对立、冲突的情况下,牺牲掉一方的利益而保护另一方的利益,那么前者的利益可以看做是实现社会总体福利之成本,而后者的利益也可以看做是实现社会总体福利之收益。在利益冲突的情况下,减少一些人的利益要确保能增加另一些人的利益,这种减少才是合理的。[1] 但是它也面临着与上述利益分析进路同样的理论困境:即价值能够被还原成利益进而生成一张利益位序表吗? 如果不能,所谓的价值取舍或配置将成为一句空话。

余论

"大道以多歧亡羊"。[2] 由以上论述可见,横亘在人们面前的价值衡量之进路至少有实证主义、本质主义、相对主义等十条,其各自的理论假设、逻辑起点和方法论工具之歧异,着实令人头昏目眩,无所适从。它们展示给人们的是一幅扑朔迷离的价值衡量图景抑或诸神之间的拼死征战。从方法论功效上看,这些进路确实能从自身之角度对价值衡量问题作出独到之解释,但这些解释本身在方法论上亦有可推敲甚或质疑之处。为此,我们必须在权衡上述进路之方法论优缺点的基础上,以现实法律规制之需要为出发点,予以辩证地、理性地和合目之取舍。详言之,我认为,实证主义、本质主义、民主表决等进路主要适用于法治已建成之近代国家的司法实践,相对主义、多元主义、程序主义、个案主义、实用主义等进路主要适用于利益与价值多元之现代国家的司法实践,主体认同和民主表决等进路则主要适用于采用非诉之解纷方法的司法实践。从社会形态上看,本质主义、主体认同、民主表决等进路主要适用于价值比较单一之

---

〔1〕 See Robin Paul Malloy, *Law & Economics*: *A Comparative Approach to Theory and Practice*, West Publishing Co. 1990, p.25.

〔2〕 参见[战国·郑]列御寇:《列子·说符》。

社会的司法实践,相对主义、程序主义、多元主义、个案主义、实用主义等进路主要适用于价值多元之社会的司法实践,而实证主义、经济分析等进路对于上述两种社会的司法实践皆可适用。

第四节　价值衡量的方法论构造

价值衡量总是在一定的情境下发生的,而所谓情境"不是一个单独的对象或事件,也不是一组单独的对象或事件。因为我们绝不可能经验到孤立的对象或事件,或对它们下判断;而唯有当它们和一个系统的全体相联结时我们才经验到或对它们下判断。这一系统的全体就是所谓的情境"[1]。价值衡量是法官在司法情境中无法回避的活动,也是法官司法得以可能的必要条件,更被人称为是一个"困扰各国的世界性难题"[2],甚或是一个"千古以来的一个大难题","将永远不能解决"[3]。可能正是看到这一令人几近绝望之"事实",目前学界有关价值衡量的论著不少,但是有关价值衡量的程序、方法、原则和边界等方面的研究著述却并不多见。笔者不揣浅陋,试就这些问题作一论述,以求教于学界方家名流。

一、价值衡量的程序

如博登海默所言:"法官所作的价值判断中只有极少数是自主的,所谓自主,在这里是从它们独立于当地的习俗、基本前提和社会理想的意义上来讲的。"[4]因为法官的价值衡量不仅要受到客观的规范性要素和非规范性要素的

---

[1]　John Dewey, *Logic：Theory of Inquiry*, Irvington Publishers, Inc, 1982, p.66.

[2]　陈东升:《冲突与权衡：法律价值选择的方法论思考》,载《法制与社会发展》2003年第1期,第56页。

[3]　徐国栋:《民法基本原则解释》,中国政法大学出版社1992年版,第331页。

[4]　[美]E.博登海默:《法理学——法律哲学与法律方法》,邓正来译,中国政法大学出版社1999年版,第504页。

制约,而且更要遵循一定的程序。对于价值衡量的程序,有人认为在价值冲突的场合首要的是确定冲突着的价值是哪些;其次是要选择合适的衡量标准;最后是进行逻辑论证与推理,以得出一个相对合理的判断。[1] 有人认为它包括以下四个环节:首先是利用价值准则对当事人的诉请进行价值判断;其次是以价值判断为指南构建适合个案的裁判规范,并采取适当的推理方法形成裁判结论;再次是对裁判结论进行正当性和可接受性论证;最后是作出法律判决并载明衡量过程。[2]

但是我认为,在进行价值衡量之前,必须解决一个是否有必要进行价值衡量的问题。博登海默认为,"当法官在未规定案件中创制新的规范或废弃过时的规则以采纳某种适时的规则的时候,价值判断在司法过程中会发挥最大限度的作用"[3]。卡多佐也认为,通过对社会利益的衡量、社会价值的评判以及社会观念的理解,来填补法律制度的缝隙。佩雷尔曼也认为,价值判断的逻辑是法官解决疑难案件的智力手段与工具。阿列克西同样认为,疑难案件的解决脱离不开法官的价值评价。由此可见,只有当法律出现空缺、法律过时、规则之间存在缝隙以及诸如疑难案件中,才存在使用价值衡量进行裁判的问题。因此笔者认为价值衡量的主要程序有如下四个步骤:

第一,尽可能从法律文本甚或法律体系中发现一个适合于手头案件的衡量基准或尺度,即要选择一个价值评价标准才谈得上有可能对冲突着的权利诉请和法律价值进行衡量、判断和选择。当然,如果不能从实定法中发现用于衡量的评价标准,法官也可以考虑从占主流地位的价值观念甚或案发地民众的价值观念中构造出一个评价标准。如博登海默所指出的,法官的价值衡量要受到"那些在文化业经牢固确立的价值规范"的限制。[4]

---

〔1〕 参见黎丽:《价值判断之于法官》,载《法学》2003 年第 6 期,第 16 页。
〔2〕 参见沈仲衡:《价值衡量法律思维方法论》,吉林大学博士学位论文,2005 年 6 月 11 日,第 46—47 页。
〔3〕 参见〔美〕E. 博登海默:《法理学——法律哲学与法律方法》,邓正来译,中国政法大学出版社 1999 年版,第 503 页。
〔4〕 同上书,第 501 页。

第二,从当事人冲突着的权利诉请中发现其背后同样冲突着的法律价值并运用前述评价标准予以衡量和排序,力图实现冲突着的法律价值的位序化,从而根据各种价值之间质与量上的权重运用辩证推理对它们进行比较、衡量和取舍。例如,在刑事公诉中可能存在控诉方旨在惩罚犯罪之实体正义与被告人及辩护方所欲维护之程序正义等价值之间的冲突,因而法官在保障诉讼效益的基础上必须实现上述两种价值之间的兼顾与平衡。[1]

第三,对前述价值选择进行规范、逻辑和事实上的论证,并由此运用辩证推理或归纳推理构造出一个解决当事人纠纷的个案规范。这大体上是一个如川岛武宜所说的价值判断的合理化证成过程,[2] 也是一个如考夫曼等人所说的法官对自己依前理解、是非感得出的价值判断之合理性予以干净利落地论证之过程。[3]

第四,结合案件事实、司法经验和类似先例,根据前述个案规范进行演绎推理以作出裁判,并对该裁判予以正当性和可接受性论证。"合法性的主张要求判决不仅与过去类似案例的处理相一致、与现行法律制度相符合,而且也应该在有关问题上得到合理论证,从而使所有参与者都能够把它作为合理的东西而加以接受。"[4] 同时,法官要对判决可能产生的法律上的、社会上的和政治上的各种效果进行比较、分析和预测,以使判决能够实现上述三种效果的最优配置。

二、价值衡量的方法

在司法情境中,法官应当运用普遍理性具体化个案理性,运用透过现象看

---

〔1〕 参见陈卫东、刘计划:《公诉的价值冲突与衡平论略》,载《国家检察官学院学报》2001 年第 3 期,第 52—53 页。

〔2〕 参见〔日〕川岛武宜:《作为科学的法律学》,载《川岛武宜著作集·第五卷》,日本岩波书店 1982 年版,第 21—23 页;转引自张利春:《日本民法中的利益衡量论研究》,山东大学博士学位论文,2008 年 3 月 15 日,第 69 页。

〔3〕 参见〔德〕阿图尔·考夫曼、温弗里德·哈斯默尔主编:《当代法哲学和法律理论导论》,郑永流译,法律出版社 2002 年版,第 179 页。

〔4〕 〔德〕哈贝马斯:《在事实与规范之间——关于法律和民主法治国的商谈理论》,童世骏译,生活·读书·新知三联书店 2003 年版,第 246 页。

本质的方法洞察个案事实的性质,运用一般衡平具体化个案衡平,在此基础上寻求个案中价值衡量的具体方法。从总体上看,司法情境中价值衡量的方法有如下四种:

第一,法律解释方法。在已经找到适当的评价标准的情况下,法官可以运用该标准尽可能地从法律文本、法律体系、法律原则等实定法要素中构造出一个适合手头案件的个案规范;如果不能,法官得考虑从民间法、司法惯例、法理、自然法等非实定法要素中发现可以适用的规范。其中,法官不仅对规范性要素的发现、阐释和型塑非常重要,而且对个案事实中包含的当事人之间的客观关系、价值和行为的发现与提炼也相当重要。在许多情况下,个案事实中即隐含了解纷的方案。法官具体应用的法律解释方法有目的解释、扩张解释和反对解释等。

第二,法律推理方法。在面对数个可选择的评价标准时,法官可以采取法律推理中的辩证推理等实质推理方法选择一个适合手头案件的标准。在已经找到适当的评价标准时,法官也可以运用法律推理中的演绎推理等形式推理方法以该标准为前提,结合案件事实逻辑地推论出裁判结论。

第三,法律论证方法。根据既有评价标准、规范性要素、客观关系对个案规范进行正当性论证,需要从规范、逻辑、事实、经验和价值等多个维度进行着力,以便当事人和社会公众认同该个案规范,接受法官的裁判。从广义上讲,规范的维度还可以包括国家政策、执政党政策和社会道德规范,逻辑的维度也可以包括辩证逻辑或实质逻辑,价值的维度也可以包括法律外的价值、案发地人们的价值观念、法官个人的价值偏好等。但是,当法官从"广义维度"对个案规范和裁判结论进行论证时,需要更加谨慎和更复杂缜密的论证技术。

第四,类型化方法。为使价值衡量更经济、更客观、更具有一致性和可预见性,法官在司法活动中可以借助一些分类标准对需要衡量的个案予以类型化,以提炼出一些日后可资利用的衡量标准。此种类型化方法最早可以说源于古罗马法学家 Q. 穆修斯在民法著作中对具体规则的阐释,他将一项法律规则看作是对某种类型案件所作判决中共同要素的一种概括,从而为司法判决的合理化奠定了基础。[1] 在此,"类型不是从概念出发,而是基于对具体情事的观察,通过归纳的方法逐一构成"[2]。此种类型化方法既可以概括出相同类型案件所需要的衡量标准,也可以区分出不同类型案件所要求的不同评价基准,例如规范冲突型案件和规范空缺型案件所需要的评价基准应该是不同的。

三、价值衡量的原则

由以上论述可见,法官的价值衡量是遵循一定的原则进行的,这些原则既为法官的衡量指明了运行方向,也为其划定了伸展的界限或范围。事实上,法官也常常借法律原则之形式进行实质的价值衡量,以避免陷入被人们指责在进行造法之困境。在实践中有人也提出了诸如以人为本、相对位阶、多元适用和化解冲突等原则以协调价值冲突[3],但是这些原则要么不是法律所特有的原则(例如以人为本、多元适用),要么与法律中价值衡量的相关度不大(例如相对位阶、化解冲突),因而为本书所不取。为确保法的安定性和裁判的可预期性,法官的价值衡量必须遵守以下三大原则。

第一,合法性原则。虽然法官是在法律出现模糊、冲突或漏洞等"有效规则缺失"的情形下进行价值衡量的,但是法官在进行价值衡量时依然要尽可能地从法律目的、原则、精神等法律实质性要素和先例、概括性条款、不确定性概念等法律形式性要素中取得其合法性依据,要"以整个法律秩序与社会秩序为基础,也是以那些渊源于传统、社会习俗和时代的一般精神为基础"。[4] 即便是诉诸社会性要素对裁判进行论证,也要力图将其转化为法律性要素,避免非法

---

[1] 参见〔美〕哈罗德·J.伯尔曼:《法律与革命——西方法律传统的形成》,贺卫方、高鸿钧等译,中国大百科全书出版社1993年版,第166—167页。

[2] 〔日〕来栖三郎:《契约法》,日本有斐阁1974年版,第752页;转引自张利春:《日本民法中的利益衡量论研究》,山东大学博士学位论文,2008年3月15日,第81页。

[3] 参见占红沣、李蕾:《和谐社会中法律价值的冲突与选择》,载《政法论丛》2006年第4期,第14—16页。

[4] 〔美〕E.博登海默:《法理学——法律哲学与法律方法》,邓正来译,中国政法大学出版社1999年版,第501页。

律性要素对价值衡量的过多影响。[1]

第二,协调性原则。司法情境不是由单一因素,而是由多种因素组成的,法官必须对这些因素予以综合考虑、协调和平衡。在显在的层面,法官必须主要关注的是规范性因素、事实性因素和程序性因素;在潜在的层面,法官则要着重考虑价值性因素、经验性因素和社会性因素。其中,显在层面的因素关涉到法官衡量的合法性,而潜在层面的因素则关涉到法官衡量的正当性和可接受性。因而,法官都应该对这两类因素予以综合平衡。在面对冲突着的价值性因素时,"法官要对各种价值进行平衡和选择,选择、适用在特定问题上价值优越的法律规范或法律原则"[2]。

第三,可接受性原则。法官的价值衡量虽然是出自内心对法的确信和对事实的审慎决断,但其结果首先必须得到当事人和社会公众的认同,同时可能还要得到同行和上级法院的认同,才能发生实效。此种可接受性的要求也迫使法官在进行价值衡量时不得不尽可能地参照社会上占主流地位的价值观念和案发地的社区惯例作出裁判。正如哈特明智地认识到,在价值衡量的场合,法官必须注意列出一些具有可接受性的一般原则作为其判决之基础,尽管这些原则可能一直是变化多端的。[3]

四、价值衡量的边界

作为一种方法论手段的价值衡量并非放之四海而皆可适用,而是有其适用的边界。一般而言,只有在法律出现模糊、冲突、过时和空缺的时候才能诉诸价值衡量作出裁判。也就是说,在没有"有效的法"时,法官才能采取价值衡量的方法构造一个适合手头案件的规范。同时,由于民法、商法等私法的价值标准是一个开放的体系,故法官在缺乏有效的法时可以相对自由地使用价值衡量方

---

〔1〕　参见沈仲衡:《价值衡量法律思维方法论》,吉林大学博士学位论文,2005 年 6 月 11 日,第48 页。

〔2〕　张文显:《二十世纪西方法哲学思潮研究》,法律出版社 1996 年版,第 16—17 页。

〔3〕　参见〔英〕哈特:《法律的概念》,张文显、郑成良等译,中国大百科全书出版社 1996 年版,第200 页。

法作出裁判;而刑法、行政法等公法的价值标准是一个相对封闭的体系,故法官在缺乏有效的法时轻易不能采取价值衡量方法进行裁判。

在可以依据类推适用等方法填补法律漏洞时,不可径直适用价值衡量方法作出裁判;在可以依据利益衡量等方法填补法律漏洞时,不可代之以价值衡量方法进行裁判。

如前所述,虽然价值衡量是在缺乏有效规则的情况下的不得已之举,但是法官"仍须坚守由整体法秩序及其根本的法律原则所划定的界限"[1]。同时法官应当遵循一些法理性原则,例如"事物的本质"(考夫曼)、"法伦理的一般原则"(比德林斯基)、"法律交易上的需要"、"法伦理性原则"(拉伦茨)和"依据法理念斟酌案型所蕴涵的事理"(黄茂荣、杨仁寿)[2] 此外,生活中的情理、法律精神和目的可能也是法官进行价值衡量时应当遵循的界限。

---

〔1〕 〔德〕卡尔·拉伦茨:《法学方法论》,陈爱娥译,台湾五南图书出版公司1996年版,第321页。
〔2〕 参见沈仲衡:《价值衡量法律思维方法论》,吉林大学博士学位论文,2005年6月11日,第94页注②。

第六章

现代司法的方法论模式：
从二维叙事到执果索因

第一节 司法方法论上的二维叙事

司法过程中的方法论问题早已是国内法学研究的重点、热点和难点，相关论著颇多。[1] 但是从总体上看，这些研究不论是在学术含量还是对中国问题

---

[1] 例如陈金钊指出，法官在裁判中首先是要发现法律，然后才谈得上进行法律推理。在转换之中，法官要运用法律解释、法律论证等方法。参见陈金钊：《司法过程中的法律方法论》，载《法制与社会发展》2002 第 4 期。又如张文臻指出，中国法官在裁决中奉行结果导向思维，由于缺乏演绎推理的逻辑训诫，其运行产生了泛政治化等弊端。参见张文臻：《结果导向的司法裁决思维之研究》，载谢晖、陈金钊主持：《法律方法》(第 11 卷)，山东人民出版社 2011 年版，第 305—314 页。再如陈金钊认为要对凝结在过往案例中的本国司法经验与智慧进行总结，要对已有的法律解释结果进行反思。参见陈金钊：《对司法经验与智慧的遗忘——当代中国法律解释学研究的境况之一》，载《四川师范大学学报(社会科学版)》2009 年第 3 期。

的关注上,都是非常稀薄的。[1] 其中就对中国问题的关注上,目前的研究仍是引介多于原创[2]、意义阐释多于问题梳理[3]、宏观叙事多于微观分析[4]、改革设计多于运行分析[5],更为重要的是对转型语境下中国司法过程中的方法论问题缺乏应有关注。本文拟首先对"转型语境"的含义及为什么我们要以"转型语境"为背景、"司法过程"的含义及为什么我们要以"司法过程"为场域、"二维叙事"的含义及为什么我们要以"二维叙事"为对象等问题进行阐明和反思,在这三个追问的基础上尝试对当代中国司法过程中的方法论"二维叙事"现象进行初步描述与反思。

一、何谓"转型语境",为什么转型语境

在当前学者有关司法过程中的方法论问题研究中,大都仅将"转型语境"作为一种意识形态的表达,或者只是单纯地将之作为一个分析的背景,甚或武断中止深入分析的托词,因而远远没有解析出其之于当代中国法治的方法论意蕴。许多人可能连"什么是转型语境"、"为什么转型语境"这两个前置性问题都还没弄清楚,就马上开始了有关"转型语境"下中国司法过程中的方法论探讨,这无论如何都是非常不严肃的。那么,首先,什么是转型语境呢?

"转型(transformation)"是一个从改革开放以后才出现的新词[6],就词义来讲,是指"转变类型"[7]。就外延来看,它在宏观上包括经济转型、政治转型、文化转型、观念转型、制度转型等涉及社会所有方面的转型。例如,已经进行了

---

〔1〕 参见焦宝乾:《对我国法律方法论研究的宏观反思——背景、问题及展望》,载《法制与社会发展》2010 年第 4 期;李运杨、尹艳丹:《法律方法进入我国司法实践的一种宏观反思——现状、局限及对策》,载《法律方法》2011 年第 1 期。

〔2〕 参见陈锋:《利益衡量的司法应用》,载《人民司法》2005 年第 10 期。

〔3〕 参见陈金钊:《法律方法论研究的忧思》,载《河南省政法管理干部学院学报》2009 年第 6 期。

〔4〕 参见王国龙:《从司法的技术观照到司法的理想建构——中国法律方法论深度研究展开的一个基本转向》,载《求是学刊》2012 年第 6 期。

〔5〕 参见张利春:《关于利益衡量的两种知识——兼行比较德国、日本的民法解释学》,载《法制与社会发展》2006 年第 5 期。

〔6〕 参见沈孟璎编著:《新中国 60 年新词新语词典》,四川出版集团·四川辞书出版社 2009 年版,"转型"词条。

〔7〕 于根元主编:《现代汉语新词词典》,北京语言学院出版社 1994 年版,第 933 页。

35 年的改革开放就是一个涉及经济、政治、文化、思想、制度、价值观念和生活方式等各个方面的全面转型过程,而社会经济结构和政治体制方面的转型又处于所有转型的前列,是带动整个社会全面转型的关节点。"实际上,中国最初的经济体制改革就涉及政治体制的改革。"[1] 从根本上讲,转型是一个社会中各种因素相互作用的结果,是一个不以人的主观意志为转移的客观社会发展过程。

在社会科学中,通常所讲的转型是指"社会转型(social transformation)"。它是 20 世纪 90 年代社会学界出现的一个新词和新理论,"是指社会在发展过程中状态的改变"[2]。在外延上,它在宏观上包括社会类型、社会制度、社会阶段等转型;在微观上包括社会内部产业结构、经济结构、政治结构等转型。例如,当代中国正处在一个从农业社会向工业社会,从发展中国家向比较发达国家,从专制人治社会向民主法治社会的转型当中。"在社会转型过程中,由于新旧体制的矛盾和冲突,新旧体制衔接上的偏离和空隙以及人们心理定势的作用,往往可能引发一些社会问题,甚至可能引起大的社会波动。"[3] 社会科学研究的目的之一在于,在认识到这些问题发生之根本原因和必然性的同时,减少社会转型给个人、家庭和社会造成的痛苦,并在遵循社会发展规律的前提下促进转型的加速与新体制的建立健全。

"语境(language environment)"是现代语言学中的重要概念,它是"指个别的、具体的语言在整个语言和历史中的处境以及它们之间的相互关系"[4]。在构成要素上非常复杂,"它包括说话者、听话者、说话的时间、说话的地点以及交际者(包括作者与读者)已共同具有的知识等因素"[5]。在外延上,它可以被分成如下三个层次:(1)微观层面的"言面语境",即书面语言的上下文,或口头语言的前言后语,主要是"指与分析对象前后毗连的语句";(2)中观层面的"言内

<hr />

　〔1〕　李海青:《试论转型语境下中国政治体制改革的关键期——一种政治社会学的分析》,载《天津社会科学》2012 年第 4 期,第 61 页。
　〔2〕　康树华、王岱、冯树梁主编:《犯罪学大辞书》,甘肃人民出版社 1995 年版,第 842 页。
　〔3〕　同上书,第 842 页。
　〔4〕　参见汝信主编:《社会科学新辞典》,重庆出版社 1988 年版,第 1135 页。
　〔5〕　彭漪涟、马钦荣主编:《逻辑学大辞典》,上海辞书出版社 2010 年版,"语境"条目。

语境"，即语言"所在的话语的主题、目的、表达方式、当时当地的情景、对话双方的关系、距离等"[1]；(3)宏观层面的"言外语境"，即语言所处的哲学、社会、历史和文化环境。[2] "语境使词义单一化、具体化，语境还表现出词义的选择性。"[3] 任何表达都具有语境依赖性，离开特定的语境，我们通常很难理解其具体所指。

语义学家 I. A. 理查兹在 1936 年的《修辞哲学》(Philosophy of Rhetoric)一书中认为，"语境是用来表示与本文中的词同时复现的事件的名称，即这些事件是本文出现时'那个时期有关的一切事情，或与我们诠释这个词有关的一切事情'"[4]。"这些事情全部隐蔽在这个词后面，'正是从这些没有出现的部分，这个词得到了表示特性的功效'。"[5] 虽然法律语言中的句子限定词较多而较少索引句、歧义句和省略句，但是，首先，我们正在进行的民主法治建设就是有先行词的，即之前或现在的专制人治状态；其次，法律制度中有很大一部分是民族心理、习俗情理、历史积淀、文化传统的产物，只有在这些背景之下才能理解我们的制度；再次，法律语言为了避免重复啰唆，也必须使用一些索引句和省略句，甚至还可能出现少数歧义句，即法律语言也可能具有不确定性；最后，法律命题通常只有在浸入特定的语境之中才可能透露命题意义和显示真假，因而语境理论在法律语言中运用的空间仍较大。这样看来，"法律规则就像所有语言表述一样，要从它被说或写的语境里面抽取其含义"[6]。

如果将"转型"与"语境"结合起来理解，那么这里的"语境"只能是前述

---

〔1〕　汝信主编：《社会科学新辞典》，重庆出版社 1988 年版，第 1135 页。

〔2〕　"现代符号学认为语境可以分成共存文本语境、标志语境、场合语境、意图语境与心理语境。例如，使士兵立刻理解军官的命令的，除了军规(共存文本语境)，除了部队生活(存在语境)，除了战斗任务(场合语境)，还有长官发出命令时安排的意图语境(严肃的表情、坚定的语调等)和听到命令时这士兵的心理语境(他的想法，他的注意力等)。"参见乐黛云、叶朗、倪培耕主编：《世界诗学大辞典》，春风文艺出版社 1993 年版，第 716 页。

〔3〕　冯大彪、孟繁义、庞毅等主编：《中华文化精粹分类辞典·文化精粹分类》，中国国际广播出版社 1998 年版，第 184 页。

〔4〕　王治河主编：《后现代主义辞典》，中央编译出版社 2005 年版，第 744—745 页。

〔5〕　汝信主编：《社会科学新辞典》，重庆出版社 1988 年版，第 1135 页。

〔6〕　〔美〕伯尔曼：《法律和宗教》，梁治平译，生活·读书·新知三联书店 1991 年版，第 102—103 页。

宏观层面的"言外语境",即言谈者所处的经济、政治、文化、思想、制度、价值观念和生活方式等社会所有要素急剧地、全面地转变的时代背景。这些转变必然会导致人们对相同的文本、行为和事件产生互有差异甚或根本对立的理解,也必然会导致理想的制度设计与现实的制度运行之间、制度的表达与实践之间、制度方法论与实然方法论之间出现断裂、分离和二元并立现象。那么,为什么我们又要以"转型语境"为背景来研究当代中国司法过程中的方法论问题呢?

以转型语境为背景,是因为我们正在进行的民主法治建设是处在一个社会的经济、政治、文化、思想、价值观念和生活方式急剧变化的时代,也是因为我们要理解在走向法治时代过程中发生的各种法律事件,就必须结合对与之伴生的、那些关系最为密切之事件的理解,还有因为那些隐藏在特定法律事件背后的关系密切事件决定了该法律事件的全部意义,更是因为转型语境本身正在或已经成为内嵌在当前法治建设中的制度变量,成为学者思考中国法治问题的制度性框架,因而其中包含了极其丰富的方法论意蕴。

从实然层面上看,当代中国是一个传统与现代、人治与法治、理想与现实等各种语境相互交织和相互作用的转型时代。在这样的时代中,对旧制度的改革和对新制度的设计必须考虑到传统的历史文化和固有的思维观念对新制度的影响。首先,在政治上,传统的高度集权型政治体制虽然正在发生变革,但是它仍将在很长的一个时期内从体制和观念上影响我们的法治建设。其次,在经济上,传统的计划型经济体制不仅会存留在特定的经济领域当中,而且还会以观念的形式残留在人们的思想意识当中,进而影响我们的生产、分配、消费行为和市场经济制度的深入拓展。最后,在文化上,传统的儒家文化和集体主义文化也将影响和参与到我们正在进行的法治文化和公民文化的建设当中。这些势必决定转型语境下的中国会在很长一段时间内处于一种政治上的集权与放权、经济上的计划与市场、文化上的集体主义与个人主义等社会要素上的二元并立状态,这是我们在进行当代中国司法过程中的方法论研究时不得不考虑的既定事实。

更为重要的是，当代中国的转型语境还是一个传统、现代和后现代三种语境相互交织和相互作用的复杂多元语境。当前中国正处在一个现代化的过程中，传统的东西将继续留存并发挥重要作用，同时我们又被全球化浪潮裹挟到后现代化的洪流之中。对于东方传统中优秀的遗产我们要继承，对于西方近现代的自由、民主、平等我们要学习，对于西方后现代中的各种新兴思潮我们要以批判的眼光去芜存菁。当然，当前比较迫切的是要逐步改革传统计划经济体制与高度集权体制相互作用所形成的特权经济、官僚经济，是要尽力平衡诸如既得利益与应得利益、经济利益与环境利益、眼前利益与长远利益等各种相互重叠、摩擦、冲突的利益及其诉求。

在当代中国的转型语境下，伴随着各种利益冲突，诸如官员贪腐、贫富悬殊、底层民众生计维艰、社会大众幸福感下滑、央地争权、地方保护主义和环境污染等各种问题或矛盾将日益凸显。这些矛盾和问题既可以成为当代中国实现现代化转型的阻力，也可以成为其动力，关键在于执政者如何去对待、分析和处理它们，如何借助各种社会力量进行市场经济、民主法治等制度建设。

二、何谓"司法过程"，为什么司法过程

"司法（justice）"是自法和国家出现以后就有的一种公权力机关的解纷现象，通常是指国家专门司法机关及其人员依照职权和程序，适用法律处理纠纷的活动。[1]"司法活动，主要在于以一定的司法程序裁定几个当事人之间关于法律问题的争议。"[2] 在构成要素上至少包括双方当事人、争讼标的、裁判者、裁判依据和程序。[3] 从外延上看，它可以分为狭义、中义和广义三种：（1）狭义

---

[1]　也有人不以国家出现为条件，将司法定义为拥有特定权力的组织依照程序对纠纷予以解决的程序。例如"司法是一种程序，它是由具有习惯权力、契约权力、宗教权力、政治权力，能对争端各方进行宣判的法庭对争议进行有序处理的程序。"（〔美〕罗斯科·庞德：《法律史解释》，曹玉堂、杨知译，华夏出版社1989年版，第150页）该定义可以视为"最广义的司法"。

[2]　龚祥瑞：《西方国家司法制度》，北京大学出版社1993年版，第20页。

[3]　也有人仅将后三种要素视为司法的必要要素。参见舒国滢：《从司法的广场化到司法的剧场化——一个符号学的视角》，载信春鹰、李林：《依法治国与司法改革》，中国法制出版社1999年版，第64页。

上的司法仅指法院及法官依照职权和程序适用法律处理纠纷的活动。"狭义之机关,则以普通之法院为限。法院组织法所称之法院,即指审判民事、刑事诉讼案件及管辖非讼事件而言,检察机关则不在内。"〔1〕(2)中义上的司法还包括检察机关及检察官依照职权和程序,对法院处理案件的行为进行法律监督和对直接受理的案件进行的侦查、逮捕和提起公诉的活动。〔2〕"法官连同陪审员、检察官和教养官员一起构成一个松散地联系着的司法系统。"〔3〕(3)广义的司法还包括公安机关依照职权和程序进行的侦查、拘留、逮捕和预审活动。〔4〕 一般认为,司法机关对法律、法规的纯粹解释行为,不属于司法活动。

很显然,"司法过程(judicial process)"就是国家专门司法机关及其人员依照职权和程序,适用法律处理纠纷的整个过程。与上述"司法"的外延相对应,司法过程也可以分别分为狭义、中义和广义三种。在本文中,我们主要是对狭义上的司法过程中的方法论问题进行研究。那么,为什么我们又要以"司法过程"为场域来研究当代中国的司法方法论问题呢?

以司法过程为场域,从历史上看,是因为司法是一项与立法、行政同等重要的权力,它是国家主权的直接体现,是国家干预公民生活的一种重要形式。司法是维护国家的政治统治和法律秩序的最重要的"胄甲","剥夺了它的这一胄甲,就敞开了趋向不遵从国家法令、无政府和内乱的大门"〔5〕。司法也是维护国家政治和法律统一、结束或防止政出多门与法出多头的重要工具。如果没有司法来维持国家的最高权威,裁决人们在法律上的争议和国家机构之间的冲突,那么国家的长治久安也就不可能得到维护。〔6〕 在国家发展的每个重要时

---

〔1〕 蒋耀祖:《中美司法制度比较》,台湾商务印书馆1976年版,第40页。

〔2〕 参见董大年主编:《现代汉语分类大词典》,上海辞书出版社2007年版,第795页。

〔3〕 〔美〕詹姆斯·M.伯恩斯等:《民治政府》,陆震纶等译,中国社会科学出版社1996年版,第1101页。

〔4〕 参见邓治凡主编:《汉语同韵大词典》,湖北长江出版集团、崇文书局2010年版,第10页。

〔5〕 〔美〕加里·沃塞曼:《美国政治基础》,陆震纶等译,中国社会科学出版社1994年版,第114页。

〔6〕 参见〔美〕詹姆斯·M.伯恩斯等:《民治政府》,陆震纶等译,中国社会科学出版社1996年版,第691页。

期,司法都可以担当一种重要的政治角色。例如,"美国每一阶段和每一方面的发展,最高法院都参与其中。从1790年到1835年,政治力量的主流已朝着相反的方向发展,但凭着最高法院的协助,一个真正的全国政府得以建立。在企图解决错综复杂的奴隶问题一个错误的尝试里,最高法院曾是那场争论风暴的中心。在调和工业至上与政治民主的长期奋斗中,最高法院采取了拖延手段"[1]。正因为如此,人类历史上每次重大的政治革命无不直接触及司法权和司法制度,每一种阶级统治形式也都拥有自己的一套系统的司法理论和司法观,并从根本上为其阶级统治服务。"司法机关在处理各种案件时,虽然都称'依法办事',但实际上具有明显的政治色彩,这也是政治统治的需要使然。……正像格里斐斯所说,无论在什么社会,'法院系统自然地服从于占主导地位的政治势力'。"[2]当然,由于文化传统和法律科学等的种种差异,即便是在相同的政体之下,不同国家的司法制度和司法过程也并不必然一致。

如果追溯历史,我们更可发现,司法比立法出现得要早。"立法机关只到近代才充分发达,故没有立法机关的社会,是从前习见不鲜的事体,但是一个国家,如果没有司法机关,那就不堪设想了。因为没有立法机关,法庭还有判决例或习惯法可以适用,若是没有司法机关,便没有解释法律,保障权利,审理诉讼,惩罚犯罪的方法了。"[3]与立法、行政等国家活动相比,司法更能体现一个国家错综复杂的社会矛盾和冲突,更能体现国家与法的本质、特征。"司法机构之所以如此重要,首先是因为它是国家的强制机关,而强制则是国家最本质的特征。……国家之所以能够称之为国家,就是在于它具有合法的强制力。而司法机关则是实现国家强制力的一个重要的政治机器,它是镇压和惩处反政府势力及活动和其他破坏社会安全和公共秩序的行为、维护国家政治统治的工具。"[4]司法由于处于社会纠纷的"最前线",其恰当运行也更能直接协调冲突、化解矛盾

---

〔1〕　〔美〕爱菲尔斯·T.梅森：《最高法院的职责》,载〔美〕斯提芬·K.贝尼编：《美国政治与政府》,宾龙译,河北大学法律学系1981年翻印本,第17—18页。

〔2〕　胡伟：《司法政治》,三联书店(香港)有限公司1994年版,第36—37页。

〔3〕　杨幼炯：《政治科学总论》,台湾中华书局1967年版,第506页。

〔4〕　胡伟：《司法政治》,三联书店(香港)有限公司1994年版,第34—35页。

和维护社会稳定。依法解决争端,既可以维护国家和司法的形象,更可以顺畅人际关系,维护社会和谐。"因此,司法不仅是阶级统治的手段,而且是社会管理的工具。"[1]同时,与立法、行政相比,司法也具有更多的独特性、专业性,它拥有其固有的规律、程序和活的灵魂,内部系统也更为复杂精致,实际运行过程中也存在更多的变数或变量。

更为重要的是,"法律如果没有法院来详细说明和解释其真正意义和作用,就是一纸空文"[2]。立法所设计的理想图景要转化现实,需要依赖司法予以激活和细化;立法和行政的效果或质量要接受司法的最终检验;立法之法与时代之间的差距需要司法予以填补。"蒲莱斯以为司法机关不但是不可少的制度,并且是试验政府效率的最好标准,因为一般公民所有的幸福和安全的保障如何,都视他信任司法的确当行使的感觉而定,假使法律行使不正当,则必如食盐的失其滋味;假使法律行使不合法,则保障必失其效力。我们用法律来压制罪恶,乃在其确定事实,固不在于严刑峻罚,假使司法不彰,那便是最大的黑暗!"[3] "司法审查是使法律适应现实需要、填补法律空白和使宪法自身得以发展的一种手段。"[4]在判例法系,司法既是一个法律适用的过程,在很多时候还是一个法律生成的过程。借助解释,司法能使过往的法律适应当下的要求。例如,"宪法的司法解释,特别是最高法院的所作的解释,在使立宪体制跟上时代方面具有重大作用。随着社会与经济条件的改变以及新的国民要求的提出,最高法院改变了对宪法的解释,使之反映此种趋势。用伍德罗·威尔逊的话来说,'最高法院是不断开着的制宪会议。'由于宪法能适应变化着的时代,就不需

---

〔1〕 魏英敏主编:《中国伦理学百科全书·职业伦理学卷》,吉林人民出版社 1993 年版,第 466—467 页。

〔2〕 〔美〕汉密尔顿、杰伊、麦迪逊:《联邦党人文集》,程逢如、在汉、舒逊译,商务印书馆 1980 年版,第 111—112 页。

〔3〕 杨幼炯:《政治科学总论》,台湾中华书局 1967 年版,第 506 页。

〔4〕 〔英〕奈维尔·约翰逊:《1945 年以来的欧洲宪政——重建与反思》,甘超英译,载宪法比较研究课题组编译:《宪法比较研究文集》(3),山东人民出版社 1993 年版,第 177 页。

要做经常的正式修改。"[1]"虽然三个部门均参加了对宪法的解释，但最高法院由于经常通过裁决，对宪法作出解释和再解释，给已有 200 多年历史的宪法的文字带来了新的生命。"[2] 在成文法系，司法也有填补法律空白或漏洞、解决法律冲突、提炼法律原则等职能。"关于法律漏洞存在的场合以条理予以补充，常常引用《瑞士民法》第 1 条第 2 项的规定。依该项规定，存在法律漏洞时，裁判官应依据假如自己作为立法者所应制定的规范进行裁判。即缺乏所应适用的法规的场合，裁判官应当设想自己作为立法者进行判断，但他进行判断时，应充分考虑所采用的条理与其他制度和规定的整合性，即纵的、横的关系，应考虑作为一般原则是否适当。"[3] 可以说，"司法是法的生命"[4] 是司法者以自己的经验、智慧、直觉乃至个性赋予了立法之法以血肉丰满的鲜活形象、源源不断的内在力量和与时俱进的时代精神。

在一个民主法治的国家中，司法还是保障个体自由与人权的、最为重要的力量。"法律和司法机关在历史上曾长期是用来对付民众的，而现在也可以对付政府和官员并保护公民的权利。"[5] 如约翰·威廉·伯吉斯所说的，司法是"现代政治学最重要的产物。共和政体的永存依靠它，远胜于依靠其他一切；因为选举产生的政府必然是党派政府——多数政府；个人自由的领域必须由一个独立的、非政治性的部门加以保护，否则，这种政府就会退化为党派专制主义，再进一步退化为专制政治"[6] 在美国，这个部门就是司法部门。这也是美国这个自由社会与其他专制社会的最大不同点。"自由社会同警察国家之间的基

---

〔1〕〔美〕詹姆斯·M.伯恩斯等：《民治政府》，陆震纶等译，中国社会科学出版社 1996 年版，第 54 页。

〔2〕〔美〕加里·沃塞曼：《美国政治基础》，陆震纶等译，中国社会科学出版社 1994 年版，第 111 页。

〔3〕〔日〕加藤一郎：《民法的解释与利益衡量》，梁慧星译，载梁慧星主编：《民商法论丛》（第 2 卷），法律出版社 1994 年版，第 91 页。

〔4〕彭世忠：《论"无法"司法——一种对司法过程的另类思考》，载《政法论坛》2007 年第 5 期，第 146 页。

〔5〕胡伟：《司法政治》，三联书店（香港）有限公司 1994 年版，第 236 页。

〔6〕转引自〔美〕查尔斯·A.比尔德：《美国政府与政治》，朱曾汶译，商务印书馆 1987 年版，第 43 页。

本区别之一是,在自由社会里,对政府官员,公职人员,特别是执法官员履行其职责的方式有着有效的约束。在美国,这些宪法约束是由司法部门实施的。"[1] "如果说立法机关体现的是多数人的意志的话,那么司法机关保护的则是每个公民包括少数弱者的自由。"[2] 与立法、行政相比,司法"是最重要的公民权利与自由的保护者,虽然立法与行政部门可以通过法律,发布行政命令并监督执行情况"[3]。没有司法的保护,宪章上的自由与人权几乎完全是一纸空文,例如东欧和非洲国家公民宪法上的自由与权利所处的情形就是如此。[4] 司法保护自由与人权的方式,一是审查行政和立法机关的行为、决定的合法性或合理性。"最高法院在立法决定的合理性方面,特别在影响公民自由和公民权利的问题上,继续行使其独立的和最后的审查。"[5] 二是解释、修正和发展法律,以防止权力的扩张、滥用。"大权一旦到手就有被滥用的危险,为了避免冒此风险,据笔者看,法院的职责就是解释此项法律,以便使其尽可能少地侵犯英国人民的自由。"[6] 三是通过裁判,推动自由与人权的发展。"在全国性的'人权'的舆论发展中,法官的确扮演着领袖的角色,他们带向哪里,人们就跟到哪里。"[7]

三、何谓"二维叙事",为什么二维叙事

"叙事是指一个知道事实的人所讲的故事。"[8] "二维叙事"(two-dimen-

---

〔1〕 〔美〕詹姆斯·M.伯恩斯等:《民治政府》,陆震纶等译,中国社会科学出版社 1996 年版,第 232 页。

〔2〕 胡伟:《司法政治》,三联书店(香港)有限公司 1994 年版,第 47 页。

〔3〕 〔美〕加里·沃塞曼:《美国政治基础》,陆震纶等译,中国社会科学出版社 1994 年版,第 144 页。

〔4〕 参见〔加〕尤德·M.亨特莱弗:《人权:加拿大的经验——专论〈加拿大权利和自由宪章〉》,杨春福译,载宪法比较研究课题组编译:《宪法比较研究文集》(3),山东人民出版社 1993 年版,第 115 页。

〔5〕 〔美〕詹姆斯·M.伯恩斯等:《民治政府》,陆震纶等译,中国社会科学出版社 1996 年版,第 232 页。

〔6〕 〔英〕丹宁勋爵:《法律的正当程序》,李克强等译,法律出版社 1999 年版,第 131 页。

〔7〕 〔美〕詹姆斯·M.伯恩斯等:《民治政府》,陆震纶等译,中国社会科学出版社 1996 年版,第 720 页。

〔8〕 蒋大椿、陈启能主编:《史学理论大辞典》,安徽教育出版社 2000 年版,第 920 页。

sional narrative）是文学、电影等创作中经常使用的一种叙事手法，是指作者在同一个文本中采用两条叙事路线，一明一暗，相互配合。这两条叙事路线通常分别构成作品的表层和深层叙事结构，当然有时也构成两个平行的或穿插、交错进行的叙事结构。[1]　二维叙事是以事件的"二维认识模型"为认识论前提、以构思的"二维方法模型"为方法论前提的，借助此种模型可以更好地展现和铺陈事件的多重意义。"二维的叙事结构在微观上体现为作品中存在的诸多二元对立因素。"[2]当然，更为重要的是，作者要娴熟地掌握两种叙事手法或两套叙事理论，并使之共存、共融于同一文本之中。

此种叙事手法在中外小说、电影中大量存在。例如在小说《红楼梦》中，作者就采取了讽寓式和隐喻式两种叙事方式，前者以四大家族的衰亡史为主线，后者以贾宝玉的精神游历过程为主线。在小说《上尉的女儿》中，作者也采取了历史事件线索与爱情故事线索并存的二维叙事方式。在电影《潘神的迷宫》中，作者也采取儿童与成人两条叙事线索。

在法学中，作者采取二维叙事手法展现和铺陈事件的多重法律意义的作品，也不少见。例如在那些政法类作品中，作者通常采取政治暗线和法律明线的二维叙事手法来展示特定时代背景下某一事件的政法意蕴。[3]　又如，在那些小说体的法律故事中，作者也擅长使用文学叙事与法律叙事的二维叙事手法，以折射特定时空条件下人们的法律意识和法律状况。[4]　再如，在那些对文学作品中的法律故事进行理论研究的作品中，作者还可以采取历史叙事与文学叙事的二维叙事手法，来拓展中国传统法律研究的史料范围和研究视野。[5]

从前述言及的二维叙事在微观上体现为作品中存在诸多的二元对立因素

---

[1]　参见邹贤敏主编：《西方现代艺术词典》，四川文艺出版社1989年版，第20页。

[2]　吴红光：《二维的叙事结构　精致的叙事语言——李叔德先生的长篇小说〈孟浩然新传〉的结构与语言简析》，载《襄樊学院学报》2008年第7期，第31页。

[3]　参见冯象：《政法笔记》（增订版），北京大学出版社2012年版。

[4]　参见［明］凌濛初：《初刻拍案惊奇》、《二刻拍案惊奇》，中华书局2009年版；［明］陆人龙：《三刻拍案惊奇》，华夏出版社2008年版；［清］游戏主人、白岭：《笑林广记》，中州古籍出版社2008年版。

[5]　参见徐忠明：《法律的历史叙事与文学叙事——阅读中国古代法律的视野开拓》（上、下），载范忠信主编：《中西法律传统》（第二、三卷），中国政法大学出版社2002、2003年版，第1—58、45—80页。

这一点来看,中外历史上那些具有划时代意义的法院判决也可能采用了二维叙事的手法。例如在发生于 1801 年美国的马伯里诉麦迪逊案中,首席大法官马歇尔在判词中采取了以处理政治斗争为暗线,以裁决法律纠纷为明线的二维叙事手法,巧妙地解决了该起政治事件,并由此确立了美国最高法院的违宪审查权。本文着重考察当下中国司法过程中的方法论"二维叙事"现象。那么,为什么我们要考察当下中国司法过程中的方法论"二维叙事"现象呢?

在对当下中国司法过程的考察中,我们发现,其中存在法院及法官实际遵循的"实然方法论"及其实践型司法模式与他们对外宣称的"制度方法论"及其理念型司法模式之间形成一种相互分离、并立的、奇特的"二维叙事"现象。不仅如此,此种现象还蕴含了若干解决"中国司法审判疑难"的可能方案。当然,相对于"实然方法论"而言,被法院及法官当做意识形态加以宣扬的"制度方法论"并非不重要,相反,它是与前述的"转型语境"一道深深地内嵌在中国的司法改革和司法过程之中,成为法院及法官在适用"实然方法论"时不得不考虑的因素,同时也从叙事立场、叙事结构和叙事方式上牵引着法院及法官实践着的"实然方法论"。

从总体上看,理念叙事与实践叙事之间的分离是转型语境下中国司法过程中特有的方法论景观。例如,从理念上看,法官在裁判中应当奉行"认定事实、寻找法律和将所找到的法律适用到事实中去"这样一个三段论式的演绎逻辑程序,但是在实践中,法官却经常奉行"凭直觉先找到几种解纷方案,然后根据相关事实和法律在这几种方案中进行法律与社会效果之间的权衡,由此作出选择"的结果导向思维。在这种思维的支配下,按照法律现实主义作家的说法,"尽管法官在作出判决时总是援引某些法律规则,将其当做判决的理由,但事实上他们所依据的是其他的(法律之外的)一些考虑,他们所援引的法律规则不过是对这些考虑的理性化,即使其具有理性的、法律的形式"。在实践中,这些考虑主要是"一整套经济的、政治的、社会学的、心理学的和其他领域的'价值'"[1]，这些价值在实质上指导着他们作出具有特定倾向性的判决。凭借传统的司法叙事手法，人们难以对此种现象作出比较合理的解释，因而只能采取前述"二维叙事"手法，才能比较真实地把握法官行动中的"实然方法论"，并对其与官方表达中的"制度方法论"之间的内在关系作出比较恰当的描述、解释和预测。

四、司法过程中的方法论"二维叙事"现象

在当下中国的司法过程中，诸如结果导向模式、执果索因模式、社会效果与政治效果兼顾的政法模式等"实然方法论"作为一类重要的方法论实践，已经引起了一些学者的关注。例如，有学者敏锐地发觉在体制转型背景下，当下中国在有关司法过程的问题上存在"程序正义"的宏大叙事策略及其"程序导向型"司法模式与"写实主义"的微观叙事策略及其"策略型/治理型"司法模式的二元分治现象。[2] 又如，有人从个案入手，展示了司法过程中当事人、大众和法官各自的叙事策略，并提出了法官应有的叙事立场或姿态。[3] 当然，这些关注远非被抽象成一种有关方法论的知识体系和理论话语，正如我们所看到的，至今仍然没哪位学者或法官将之系统地表达为某种特定的理论。但是研究中国法治实践的学者不应当回避这一问题，相反应将之与当下中国正在进行的新一轮的司法改革联系起来，进行认真的思索和研究。

如前所述，在当下中国司法过程中存在"实然方法论"与"制度方法论"之间的二元并立现象，那么，为什么法院及法官还要在对外表达上大肆宣扬在司法过程中被弃而不用的"制度方法论"呢？其原因仅仅在于意识形态上的话语压迫或制度上的强制性要求吗？或者仅仅出于回应学界所提出的"法官的裁判

---

〔1〕　〔美〕伯尔曼：《法律和宗教》，梁治平译，生活·读书·新知三联书店1991年版，第194页。

〔2〕　参见陈洪杰：《论法官的角色扮演与功能担当——关于司法如何回应当下的两种叙事策略》，载张卫平、齐树洁主编：《司法改革论评》（第7辑），厦门大学出版社2008年版，第106—117页。

〔3〕　参见孙日华：《叙事与裁判——从"劫人质救母"案说起》，载《东北大学学报（社会科学版）》2010年第3期，第240—245页。

偏离了正统方法论轨道之要求"的外部指责吗？[1]　我们认为真正的原因可能并不像此处所描述的这么简单。实际上，"制度方法论"的设置并不仅仅是一个备而不用的摆设，相反它是一股牵制法院及法官行使法律上的自由裁量权和方法论上的模式选择权的重要力量，它就像地心力之于地球人一样，决定了法官能够偏离正统方法论轨道的距离或高度。诚然，"制度方法论"可以成为法院及法官应付上级法院及外部社会（例如学者、民众、当事人）的可资利用的工具，可以成为法院及法官合法化或正当化其判决的重要力量。但更为重要的是，"制度方法论"作为一种始终在场的重要力量，是法官选择何种"实然方法论"时首先要考虑的制度性因素。

　　例如，在系列道德与法理相互冲突的民刑案件中[2]，法官本来可以采取三段论式的演绎逻辑模式排除道德和舆论的干扰，严格依照法律对案件进行定性和作出判决。但是在社会舆论和法官个人道德良知的压迫下，承审法官大多会采取前述结果导向或政法模式作出有利于所谓"道德正义方"的裁判。"在选择决定结果（社会效用）的特定方法时，客观存在的通行道德，可能使局面完全改观：选择此方法而放弃彼方法。"[3]　在此情形中，以严格规则主义为取向的"制度方法论"被暂时压抑或架空，而以迁就社会舆论和道德取向的"实然方法论"却占据了优势。在很多情形下，"实然方法论"有时甚至取得了相对于"制度方法论"的"完胜"结局，舆论与道德以法律为祭品，在司法的剧场中狂欢、喧嚣。当然，在多数情形下，"制度方法论"并没有被完全抛弃，而是与"实然方法论"一道成为法官进行实质推理式裁判的两个重要衡量因素。

　　从"二维叙事"的视角看，在司法过程中，法官一面采取实质性的道德叙事手法，在具体情节取舍和最终结果选择中体现道德、舆论对于法律的渗透、软化

---

　　〔1〕　参见冯文生：《裁判方法论：迷思与超越》，载《法律适用》2012 年第 6 期，第 56—62 页。

　　〔2〕　例如系列二奶争遗案、违法救亲案。其中反响较大者有"张学英诉蒋伦芳遗赠纠纷判决书"（参见(2001)纳溪民初字第 561 号）、"张氏兄弟劫持人质救母案"（参见周松柏：《法院详解案件定性及量刑理由》，载《南方都市报》2009 年 9 月 28 日，第 A8 版）。

　　〔3〕　〔美〕本杰明·N.卡多佐：《法律的成长·法律科学的悖论》，董炯、彭冰译，中国法制出版社 2002 年版，第 48 页。

甚或扭曲，以迎合当事人、社会公众和媒体对于案件的直观印象；另一面采取形式性的法律叙事手法，在裁判依据和文书撰写中体现法律、政策和法理对于道德的底限或框定，以应付法律规则、原则和标准的强制性要求以及法律人的理性批判。当然，法律的底限既具有难以人为扭曲的刚性，也具有可以为法律政策和法官解释所软化的弹性。而作为司法叙事作者的法官既可以法律的刚性回应公众的道德责难，规避由此可能带来的道德风险以成功地置身事外；也可以法律的弹性回应制度的常规审查，以满足个人的道德诉求和规避职业风险。

从司法逻辑上看，不同的方法论取向将决定作者对与案件相关的众多事件的不同选择，从而在很大程度上决定由此编织成的案件故事的整体形象，并进而决定作者对案件的定性和判决的作出。例如，如果法官采取三段论式的演绎逻辑模式，那么他势必有意无意地排除那些"强道德性"而"弱法律性"的案件情节，而倾向于选取那些"强法律性"而"弱道德性"的案件情节。换言之，法官将严格按照法律的规定来选取证据、建构事实和编织案情。而当法官采取了结果导向或政法模式时，他就可能在案件情节的叙述上作出相反的选择。

五、对司法过程中的方法论"二维叙事"现象之反思

还是要回到前面那个问题，即法官为什么要在司法过程中采取"二维叙事"手法或策略？从前文的叙述看，绝不仅仅、甚至不是为了发现真相和实现正义。真相永远躲在事实的背后，需要人们用证据去建构，而由此得到的真相也绝不是物理意义上的真相，而只是法律上的真相。如果法官要发现此种真相，他就只能采取"制度方法论"，严格依照法律规定去发现、甄别证据，以建构事实与真相。但奇怪的是，在多数情形下，法官却又实质性地采取了"实然方法论"去从事相应的证据识别与事实建构工作。这就给我们提出了一个任务，即在当下中国，如何使法官的方法论叙事行动趋向于对法律正义之获取？

应该说，在任何一个转型社会中，法律正义与道德正义并不一致，它们重叠而不重合，并且时常矛盾着、冲突着。而从社会形态变化的绝对性和静止的相对性之角度看，任何社会都可以说是一个转型社会，只是有的社会转型缓慢些，

而有的社会转型剧烈些。而当下中国,则属于后一种转型剧烈的社会。在这种情形下,法律正义之获取在理论上并非不可能,但是在实践中却每每被大打折扣,甚至有转向道德正义之虞。而今,通过司法程序这一制度性装置得到的不是法律正义,而是道德正义,这无疑是对法律本身的极大嘲讽:法律不仅没有渗透、潜入、植根到社会公众的意识、观念和思想中去占领道德原有的高地,相反却在一片喧嚣和狂欢中被道德所俘获。对此我们大可以归咎于公众法律意识的淡薄、法官价值立场的不坚定,甚至是传统文化的伦理本位,但是我们是否思考过,此种道德偏向型的方法论叙事取向在很大程度上源于法律叙事的本质特征和人类固有的心理倾向。

与道德叙事相比,法律叙事是抽象、枯燥、单维的,它通常只能用精确、严谨、生硬的语言叙述一个直扑主题、单调乏味的理性故事,因而它总是让猎奇的人们心生厌烦,很少有外行人能够有耐心听完这个冗长乏味的故事。而道德叙事则是具体、饱满、多维的,它大可以借助想象、直觉、移情等非理性手段,通过大篇幅的文学渲染和情节铺陈叙述一个生动有趣、让人类所有的感官兴奋不已的传奇故事。不同的人从此种道德叙事中获取不同的伦理激励、情感享受,甚至是感官刺激。即便是证据交换或质证这样一些非常严肃的场合,旁观者关心的也不是证据的证明力或合规则性这样的纯法律问题,而是将较多的目光投注到这些证据可能给人带来的感官刺激上或者它们各自背后的动人故事。一把带血的斧头比一根不带血的木棒更能激起旁观者的想象,虽然给被害人致命一击的是那根不起眼的木棒而非那把淋漓着鲜血的斧头。

虽然法官作为一个法律人受到过比较严格的职业训练,但是我们也不能否认他同时也是一个血肉丰满的常人,他有常人的思虑、情感和欲望,他不可能对当事人、社会公众和媒体的道德叙事无动于衷。"司法者个人的社会身份、心理素质以及与此相关的行为倾向,都将对诉讼程序产生影响,而这种影响并不完全是积极的。"[1] 更何况,在英美法系,对那些比较重大的民刑案件,常常需要

---

〔1〕 柴发邦主编:《体制改革与完善诉讼制度》,中国人民公安大学出版社 1991 年版,第 54 页。

借助陪审团来认定事实，在这种情况下，即便有法官的专业指导，作为外行人的陪审团相比于法官而言，更容易受到那些流行于坊间的道德叙事的影响。很显然，当道德分析和评判代替了法律分析和评判时，我们就可以猜想接下来会发生什么。更为可怕的是，当下中国法学界流行的社会学分析也在相当程度上冲淡了人们对于大案要案和轰动性案件的法学分析。例如在李天一等轮奸案中，有著名证据法学家竟然提出"强奸陪酒女也比强奸良家妇女危害性小"的论点。[1]

在司法过程中，道德叙事还倚仗其具体饱满的感性形象挤兑着抽象枯燥的法律叙事。在多数人将目光投向生动光鲜的道德叙事时，枯燥乏味的法律叙事自然也就受到了冷落，而案件的法律真相恰恰是隐藏着后一种叙事类型之中。"有时会出现这样的情况，一个人觉得良心的支配如此强烈，以至于他必须遵从他的良心，即使他的所作所为是违背实在法的。如果真出现了这样的情况，法庭决不会接受良心可以高于服从法律义务。然而，法庭在量刑时，往往会考虑到被告的动机。……所以说，法律考虑道德问题是可能的，但绝不会允许让道德方面的考虑凌驾于实在法之上。"[2]司法要查明事实真相，分清是非曲直，恢复社会秩序，实现法律正义，就必须将人们的注意力从前一种叙事类型转向后一种叙事类型，从对证据与事实的感性认识转向对它们的理性分析，从对事件与人物的情绪性反应转向对它们的客观性回应。"司法者中立的具体标志有三个方面：（1）在对冲突事实全面了解和掌握前，不对冲突及其解决方式形成先验的结论或倾向；（2）对冲突主体各方的请求或主张予以相同的重视；（3）"在了解冲突事实过程中所形成的义愤、同情或其他情感不直接发泄或体现在对冲突的事实解决之中。尤其不表现为在诉讼过程中对冲突主体一方的歧视或偏爱。"[3]从外部条件上看，司法也要进入社会层面，对当事人、公众和媒体大力

---

〔1〕　参见 http://blog.sina.com.cn/s/blog_49b486130102e61x.html；http://weibo.com/yyydyy（2013年8月16日访问）。

〔2〕　〔英〕G.D.詹姆斯：《法律原理》，关贵森等译，中国金融出版社1990年版，第8页。

〔3〕　柴发邦主编：《体制改革与完善诉讼制度》，中国人民公安大学出版社1991年版，第68页。

宣传一种理性的、客观的法律叙事姿态。只有当社会公众真正理性起来,学会用法律叙事手法来描述一起案件时,法院和法官才能摆脱道德和舆论的不当干扰,真正的法治时代和司法独立才能形成。

第二节　执果索因式的司法模式

"执果索因"(Reason by Result,简称"RBR"),也可以叫做"由果导因"、"由果及因",原来是数学上的常用解题方式。它是根据题目已经给出的结论,来推出未知的量;或者假定结论正确,进行反推,最终得出结果。[1] 笔者把这一解题方式用于指称在法律中,人们根据某种法外机制或理由先得出初步的结论,然后再逆推这样做的法理依据,或者干脆直接饰以相关理由的法律思维方式。如果将这一逆向思维方式应用于司法实践,就形成了"执果索因式"的司法模式。从事实层面上看,此种司法模式可能古已有之,但是一旦当它为一些学者所自觉提倡从而进入应然层面时[2],立即就招来传统司法哲学的批判。不过仔细地追寻可以发现,该种司法模式具有各种科学上的深层依据,从而在实践中有其发生的必然性。因而如何对待此种司法模式,就成为当代司法哲学上的最重要的主题之一。

对于该种司法模式,中国学界早有关注。[3] 但是,多数学者的研究止于对

---

　　〔1〕　参见《数学辞海》编辑委员会编:《数学辞海》(第1卷),中国科学技术出版社2002年版,第203页。

　　〔2〕　参见〔美〕本杰明·N.卡多佐:《法律的成长·法律科学的悖论》,董炯、彭冰译,中国法制出版社2002年版,第49页;〔德〕阿图尔·考夫曼:《后现代法哲学——告别演讲》,米健译,法律出版社2000年版,第21—22页;〔英〕哈特:《法律的概念》,张文显、郑成良等译,中国大百科全书出版社1996年版,第139页;〔英〕F.A.哈耶克:《法律、立法与自由》(第1卷),邓正来、张守东、李静冰译,中国大百科全书出版社2000年版,第186页。

　　〔3〕　参见苏力:《送法下乡——中国基层司法制度研究》,中国政法大学出版社2000年版,第275、283—286页;郑永流:《出释入造——法律诠释学及其与法律解释学的关系》,载《法学研究》2002年第3期;张继成:《从案件事实之"是"到当事人之"应当"——法律推理机制及正当理由的逻辑研究》,载《法学研究》2003年第1期;李可:《法学方法论原理》,法律出版社2011年版,第33、124页。

之进行相关的西方文献检索和介绍，另有少数学者对之进行了实证调研和学理分析。不过这种研究仍具有如下缺陷：（1）缺乏理论上的提炼、提升和标签化，同时也缺乏一个统一的称呼。例如一些人将之称为"后果主义"或"效果主义"的司法模式，而有人则将之称为"后果论"的司法模式，还有人则将之称为"结果导向"或"后果导向"的司法模式。[1]（2）缺乏深层次的或类型学上的细致分析和研究。例如该模式究竟可以涵摄哪几种亚模式，它们各自的特征如何。（3）缺乏延伸性的拓展研究。例如与之类似或相反的司法模式有哪些，它们之间存在何种共生或排斥关系。本文无意对上述问题予以逐一详述，仅就该模式之发现、倡议和异议，及其方法论特征与地位给予揭示或评价，最后以"假说一检验法"重构之，以克服其在知识谱系上的若干负面影响。

一、"执果索因式"司法模式之发现、倡议和异议

作为一个经验性事实或现象，"执果索因式"的司法模式并非始自近代欧美，相反它早已有之。可以说，存在"执果索因式"思维的地方，就可能存在"执果索因式"的司法模式。

（一）"执果索因式"司法模式之发现

从目前的文献看，"执果索因式"的司法模式首先是作为一个经验性事实或现象被德国伟大的社会学法学家和自由法学家赫尔曼·康特洛维茨（Hermann Kantorowicz，1877—1940 年）于 1906 年发现的。他注意到，早在中世纪的欧陆，后期注释法学派（即评论法学派）的代表人物即遵循"执果索因式"的思维程序解决法律问题。例如在 14 世纪的意大利，著名注释法学派大家巴托鲁斯（Bartolus，1314—1357 年）在司法实践中都是先得出结论，再到《民法大全》中寻找理

---

〔1〕　参见杨知文：《司法裁决的后果主义论证》，载《法律科学（西北政法大学学报）》2009 年第 3 期，第 3—13 页；侯猛：《中国的司法模式：传统与改革》，载《法商研究》2009 年第 6 期，第 58—64 页；张超：《能动司法与实用主义后果论——基于"法治"理念的一个检讨》，载《法律科学（西北政法大学学报）》2012 年第 5 期，第 3—10 页；任彦君：《刑事疑难案件中结果导向思维的运用》，载《法学评论》2012 年第 2 期，第 148—153 页；张文臻：《结果导向的司法裁决思维之研究》，载陈金钊、谢晖主持：《法律方法》（第 11 卷），山东人民出版社 2011 年版，第 305—314 页。

由的。[1] 对于这一史实,奥地利社会学法学的创始人尤根·埃利希(Ehrlich Eugen,1862—1922 年)在 7 年后也予以了确认。对此他写到:在实践教学中,"巴托鲁斯对交给他的法律问题,首先得出解答,然后令其学生在原始文献中搜集支持其观点的原文"[2]。

埃利希更发现,直到 16 世纪,德国的评论法学派也仍然按照前述巴托鲁斯开创的思维程序解决法律问题,即"如同在文件、证人证词、习惯、记录、商业惯例里所反映出的那些个别法律关系提供了正在被一般化的素材,然后根据原始文献的说明来判断"。[3]

对于上述司法模式,德国法哲学家赫尔曼·伊赛(Herrman Isay,1873—1938)也有所发现。[4] 从众多法官的司法实践中,伊赛观察到:"法律者,尤其是法官,虽然向外从制定法那里证立他的具体的应然决定,并因此显得满足了执法的合制定法性原则,但是,经常发现,实际上是在大多数情况下,他的决定所依据的完全是另一种方式,即直觉地、本能地求助于是非感、实践理性、健全的人类理性。从抽象规范中证立决定仅具有次要的意义,这种证立事后理性化了其中的非理性决定,并在一定程度上也许发挥着控制的功能。"[5]

德国法学家卡尔·拉伦茨(Karl Larenz,1903—1993 年)发现,同一案件有时会出现法条重叠、冲突、模糊甚或缺失的情形,于此法官必须"借结论导出法效果",即将"确定法效果的三段论法"之结论看作暂时性的结论,然后通过详尽的事实与规范发现将之精确化。这在民事诉讼和刑事诉讼程序中均有体现。[6]

对于持现实主义法学立场的法官的"执果索因式"司法模式,格雷厄姆·华莱斯(Graham Wallas)指证道:"我还问过一个能力与公正都获得广泛尊敬的美

---

〔1〕 See Kantorowicz, 1906, s.21, s.46ff. 转引自〔德〕齐佩利乌斯:《法学方法论》,金振豹译,法律出版社 2009 年版,第 17 页。

〔2〕 〔奥〕尤根·埃利希:《法律社会学基本原理》,叶名怡、袁震译,中国社会科学出版社 2009 年版,第 241 页。

〔3〕 同上书,第 243 页。

〔4〕 参见〔德〕H.科殷:《法理学》,林荣远译,华夏出版社 2004 年版,第 219 页。

〔5〕 〔德〕卡尔·恩吉施:《法律思维导论》,郑永流译,法律出版社 2004 年版,第 51—52 页。

〔6〕 参见〔德〕卡尔·拉伦茨:《法学方法论》,陈爱娥译,商务印书馆 2003 年版,第 154—156 页。

国法官,他和他的同事如何获得判决时,他也笑了,说,他会全力以赴地听取所有证据,尽可能审慎地理解所有论据,但只有一直等到多少有些'感觉'时才作出结论,如果人们知道了这些,很可能会当街向他掷石头泄愤。"[1] 当然,华莱斯的法官朋友在得出结论前并非没有经过充分地听证、审证和审慎地思考,只是他们"总是忘了达成结论的大多数步骤"。[2]

罗伯特·杰姆·格勒尼(Robert Jerome Glennon)评价现实主义法学的代表人物之一杰罗姆·弗兰克(Jerome New Frank,1889—1957 年)的判决理论时,说后者认为法官是从可欲的结论出发寻求论证的前提,包括事实和规则。[3] 康涅狄格州的法官罗伯特·萨特(Robert Satter)也指证,现实主义法学断言法官在裁决时行使着不受约束的裁量权,且是从结论逆推原则,后者仅是正当化前者的理由而已。[4] 美国当代法哲学家布莱恩·莱特(Brian Leiter)也发现,现实主义法学的理论主张法官是基于个人口味和价值作出裁判,然后将事实饰以恰当的法律规范和理由对之予以正当化。[5]

如前所述,对于"执果索因式"的司法模式,当代中国学界早有发现。一位在东部地区工作多年的法官通过"自我报告法",根据自身的实践和同行的心得提出,法官的裁判是从对手头案件形成的一个暂时结论开始的。[6] 一位在中国西部地区工作多年的法官在祖露心迹时表白道:"事实上,我们的法官不仅有级别,而且很难只服从法律。可以毫不夸张地说,在我们的司法实践中,法官只服从上级及他所属环境约定俗成的游戏规则,法律只是一个结果确定后寻找理

---

〔1〕　Wallas, *The Art of Thought*, Jonathan Cape, 1926, p.119. 转引自〔美〕本杰明·N.卡多佐:《法律的成长·法律科学的悖论》,董炯、彭冰译,中国法制出版社 2002 年版,第 128—129 页。

〔2〕　〔美〕本杰明·N.卡多佐:《法律的成长·法律科学的悖论》,董炯、彭冰译,中国法制出版社 2002 年版,第 129 页。

〔3〕　See Robert Jerome Glennon, *The Iconoclast as Reformer*, *Jerome Frank's Impact on American Law*, New York: Cornell University Press, 1985, p.45.

〔4〕　See Robert Satter, *Doing Justice*: *A Trial Judge at Work*, New York: Simon & Schuster, 1990, p.64.

〔5〕　See Brian Leiter, *Naturalizing Jurisprudence*: *Essays on American Legal Realism and Naturalism in Legal Philosophy*, Oxford: Oxford University Press, 2007, p.16.

〔6〕　参见周舜隆:《司法三段论在法律适用中的局限性——兼论法官裁判思维》,载《比较法研究》2007 年第 6 期,第 19—20 页。

由的参考文本。"〔1〕

更有学者基于对疑难案件的观察提出:"至少在疑难案件中,普遍的司法经验是先得出结论再借助方法寻找依据之'执果索因式'司法模式。在该种司法模式之下,法学方法的作用是'后验的',即在事后从规范、事实和价值等维度验证先前得出之结论的妥当性。"〔2〕在谈到作为一种推理形式的"设证"的方法论性质时,该学者指出:"法律方法中的设证也可以称为'假设',它是从案件判决依逻辑规则逆推个案规则的过程。从外在形式和程序上看,它类似于人们接触到的'执果索因式'的司法方法,即是在对案件进行'前理解'的基础上,先得出一个初步结论,然后经由大前提推论出小前提。如果用公式表达,即为'判决性结论→大前提规则→小前提结论'。"〔3〕

另有人也发现:"当法官凭自己的知识和经验对案件的结论作出自觉或情绪的判断后,选择适当的法律条文和解释方法,为自己的预先判断作出论证或者检验,在能够给出理由或认为判断正确的情况下,才将该法条作为司法推理的大前提,否则就予以排除。这是一种从结论到前提,再从前提到结论的推理和思维过程。在疑难或非典型案件中,法官实际上大量运用了这种经验方法的法律思维。"〔4〕

不仅如此,一些中国学者还对此种隐藏在当下基层法院中的司法模式进行了实证调查。例如,苏力通过调查发现,基层法院的法官对纠纷的处理首先是在不违背基本法律原则的前提下,以各种方法获得一个为双方当事人和当地社会道德与舆论基本接受的结果,然后才是到书本上找条文。〔5〕他认为此种司法模式(当然他没有明确提出该概念)是以公平为先导之司法的必然结果。

---

〔1〕 《律师之死背后的群体生态调查:要与法官搞好关系》,http://news.hsw.cn/gb/news/2008-01/03/content_6753494.htm,2012-11-27访问。

〔2〕 李可:《法学方法论原理》,法律出版社2011年版,第33页。

〔3〕 同上书,第124页。

〔4〕 任彦君:《刑事疑难案件中结果导向思维的运用》,载《法学评论》2012年第2期,第152页。

〔5〕 参见苏力:《基层法院法官专业化问题——现状、成因与出路》,载《比较法研究》2000年第3期,第253页。

（二）"执果索因式"司法模式之倡议

如果说在中世纪及其后 300 年间，人们遵循"执果索因式"的法律思维方式往往是自发的、甚或是无意识的，那么到了 19 世纪的欧美，"执果索因式"的法律思维方式则是部分学者对当时盛极一时的"严格规则主义"的法律思维方式的反叛和修正，是对形式主义、逻辑主义过度发展的校准，和对实质主义、直觉主义的适度回归，甚或自觉追求。19 世纪末 20 世纪初先后出现的利益法学、目的法学、自由法学和现实主义法学，乃至诠释学法学等所倡导的司法方法大多是"执果索因式"的。事实上，该种现象为前述康特洛维奇、埃利希和伊赛等德国学者揭示后，其作为一种法官司法的经验模式被这些学派所推广甚至是正当化。例如，诠释学法学强调法官通常是在对案件进行"前理解"的基础上，先得出一个初步结论，然后经由大前提推论出小前提。[1] 很显然，此种裁判思维刚好吻合前文笔者对"执果索因式"司法模式的描述。可以说，除了传统科学方法论和逻辑实证主义之外，几乎所有的法学流派都有主张或赞同此种司法模式之倾向。

在上述诸学派中，反形式、反逻辑的现实主义法学是"执果索因式"司法模式的最有力倡导者。"社会状况"、"司法过程"、"行动惯例"是现实主义法学正当化此种司法模式的关键术语。例如在英美判例法系中，现实主义法学先驱奥利弗·W. 霍姆斯大法官（Oliver Wendell Holmes，1841—1935 年）于 1870 年明言，司法审判的特征之一即先得出判决，然后再陈明理由。[2] 那时他刚过而立之年，此话大胆而真诚。现实主义法学的另一代表人物弗兰克到了不惑之年仍坦诚判决的"执果索因式"特征。他说："判断的过程，恰如心理学家所告诉我们的：很少是从一个由之随后得出结论的前提开始的。相反，它通常是从一个或多或少地模糊形成的结论开始；一个人通常始于这样一个结论，然后试图找到

---

〔1〕 关于诠释学法学的司法模式，参见郑永流：《法律方法阶梯》，北京大学出版社 2008 年版，第 70—71 页。

〔2〕 See Homles, "Codes, and the Arrangements of the Law," *Harvard Law Review*, vol. 44, no. 5 (March 1931), p. 725.

证实它的前提。……司法判断如同其他判断一样,在大多数情况下无疑是从初步形成的结论反向作出的。"[1]

约瑟夫·哈奇逊(Joseph E. Hutcheson)法官也认为,法官在依直觉作出判断后,要诉诸形式性法律渊源对之予以证成。"……作出决定的关键冲动是在特定案件中对于正确或错误的直觉;精明的法官在已经作出决定的前提下,劳其筋骨,苦其心智,不仅要向自己说明直觉是合理的,而且还要使直觉经受住批评苛责。因而,它使所有有用的规则、原则、法律范畴和概念受到检阅,从中直接地或通过类比的方式进行遴选,用以在法庭意见中说明他所期望的结果是正当合理的。"[2]

20世纪30年代发端于美国的新现实主义法学派抨击了认为"判决是从权威性前提逻辑地推论出"的"审判逻辑"理论,而从愿望心理学(Wish-psychology)的角度提出,司法判决毋宁是法官根据权威性前提以外的因素作出的,而所谓的"审判逻辑"只是为此种法外因素涂脂抹粉而已。[3]

即便是作为进化理性之捍卫者的弗里德里希·冯·哈耶克(Friedrich August von Hayek,1899—1992年)也对"执果索因式"的司法模式了然于胸。例如他深知:"与大多数其他智识工作一样,法官的工作也不是从数量有限的前提中作逻辑推演,而是对他经由部分意识到的步骤而达致的假说进行检验。但是需要强调的是,尽管法官可以不知道究竟是什么东西促使他最初想到某种特定的判决是正确的,但是只有当他能够以理性的方式使他想到的判决经受住其他人对此提出的各种反对意见的时候,他才能作出或坚持他的这个判决。"[4]

同样,即便是作为分析法学大师的哈特(H. L. A. Hart,1907—1992年)也

---

〔1〕 Jerome Frank, *Law and the Modern Mind*, New Jersey: New Brunswick, N. J. , 2009, pp.108—109.

〔2〕 〔美〕博西格诺等:《法律之门》,邓子滨译,华夏出版社2000年版,第29页。

〔3〕 参见〔美〕罗斯科·庞德:《法理学》(第1卷),邓正来译,中国政法大学出版社2004年版,第256页。

〔4〕 〔英〕F.A.哈耶克:《法律、立法与自由》(第1卷),邓正来、张守东、李静冰译,中国大百科全书出版社2000年版,第186页。

在一定程度上认同上述司法模式。[1] 例如,他曾断言:"在一个特定的社会中,法官可能总是首先直观地或'靠预感地'得出判决,然后从法律规则汇编中选择一个他们声称与手中的案件相似的;继之,他们或许声称这就是他们认为要求他们如此判决的规则,尽管在他们的行为或用词中没有任何别的东西表明(应该并可以)把这个规则作为对他们有约束力的规则。"[2]

又如在大陆法典法系中,"执果索因式"司法模式的首先发现者赫尔曼·康特洛维奇本人也认同此种司法模式,对此他论证道:"司法的过程,与其说是一种理解的过程,不如说是意志发挥的过程。法官首先有意或无意地知道该案件的结果将怎样,然后寻找适合法律的主张来论证。对法律的扩大或者缩小解释与其说是一种逻辑的适用,还不如说是达到既定结果的一种自由意志的运用。所有的解释方法的采用将会导致自相矛盾的结论的出现,仅仅运用逻辑的方法将不会导致法律判决的结果。不管承认与否,法官必须考虑案件的社会情境、各方的利益以及期待,以及判决的社会后果。"[3]

即便是身为新康德主义法哲学家的古斯塔夫·拉德布鲁赫(Gustav Radbruch,1878—1949 年)也毫不讳言自己在法律解释上的"执果索因式"思维,他认为解释也是先得出结论,再寻找手段的过程。"结论先得,法律应当事后提出结论的根据和界限。"[4] "所谓解释手段的作用事实上只是在于事后从文本当中为已经作出的对文本的创造性补充寻求根据。"[5]

德国民法学家约瑟夫·埃塞尔(Josef Esser)则明确地描画了"执果索因式"的司法模式。他借助哲学诠释学理论认为,法官由长期的职业经验所形成的前

---

〔1〕　参见陈锐编译:《逻辑、直觉和哈特的实证主义遗产》,载《司法》2008 年第 3 辑,第 135—142 页。

〔2〕　〔英〕哈特:《法律的概念》,张文显、郑成良等译,中国大百科全书出版社 1996 年版,第 139 页。

〔3〕　Gunther A. Weiss, The Enchantment of Codification in the Common-Law World, *Yale Journal of International Law*, vol. 25, no. 1, (Summer 2000), pp. 414—415.

〔4〕　〔德〕G. 拉德布鲁赫:《助产与刑法》,载《拉德布鲁赫全集》(第 7 卷);转引自郑永流:《出释入造——法律诠释学及其与法律解释学的关系》,载《法学研究》2002 年第 3 期,第 27 页。

〔5〕　Radbruch, 1952, s. 161. 转引自〔德〕齐佩利乌斯:《法学方法论》,金振豹译,法律出版社 2009 年版,第 17—18 页。

理解使他在开始学理式法律解释或教义式权衡之前就形成了有关裁决的个人确信,其后的法律解释或教义式权衡只是对该确信进行合法性审查。[1]

　　同样,深受哲学诠释学影响的考夫曼(Arthur Kaufmann,1923—2001年)也反对法律发现领域的简单归纳逻辑理论,提出法律发现包含着创造的、辩证的和动议性的成分,现实中的法官不是仅仅"据法裁判","而是始终以一种确定的先入之见,即由传统和情境确定的成见来形成其判断"。[2]

　　德国法学家阿列克西(Robert Alexy,1945—)也认为,应当区分"法律发现"和"法律论证"的过程,前者是一个社会学或心理学研究的范畴,后者是一个规范法学研究的范畴。[3] 可见,阿列克西也暗示司法裁判是一个先发现个案规范,然后对之予以论证的过程。

　　法国法学家萨莱勒斯在论著《论法律人格》一书中说:"一个人在结果一开始就有了意志,然后他发现了原则;这就是所有的司法解释的起源。一旦这种解释被接受了,它就无疑会使自己表现在总体的法律学说之中,但其表现形式却是相反的。这些因素都被颠倒过来了。似乎这个原则才是起始原因,人们是从此得出结果,却发现这个结果是演绎得来的。"[4] 在以上表述中,萨莱勒斯认为,司法过程表面上遵循演绎逻辑由因到果,但实际上却是在个人意志支配下由果及因的。

　　可能是受欧美利益法学、自由法学、现实主义法学和诠释学法学等学派的潜在影响,现代日本的法律解释方法论也带有比较浓厚的"执果索因式"的思维方式,只不过它强调人们不是通过"前理解",而是借助利益衡量的方法先行得出结论,然后将其置入法律中予以证立。[5] 其中,加藤一郎(1922—2008年)、

---

〔1〕　转引自郑永流:《出释入造——法律诠释学及其与法律解释学的关系》,载《法学研究》2002年第3期,第28页。

〔2〕　〔德〕阿图尔·考夫曼:《后现代法哲学——告别演讲》,米健译,法律出版社2000年版,第22页。

〔3〕　参见〔德〕阿列克西:《法律论证理论》,舒国滢译,中国法制出版社2002年版,第284页。

〔4〕　Flavius,第45、46页,转引自〔美〕本杰明·卡多佐:《司法过程的性质》,苏力译,商务印书馆1998年版,第107页。

〔5〕　参见陈金钊主编:《法律方法论》,中国政法大学出版社2007年版,第250页。

平井宜雄(1937—)、我妻荣(1897—1973年)等是此种思维方式的突出提倡者。

加藤一郎的利益衡量论与所有其他利益法学流派一样，有着明显的"执果索因式"司法模式的倾向，他亦认同前述美德利益法学的主张，认为法官裁判是在得出初步结论后再附上规范、论理等理由，以形成最终的判决。[1] 但是加藤的"执果索因式"司法模式仍然具有较强的规范性：例如，他声称该理论着重于防止裁判恣意；他明确提出通过实质性利益衡量得到的结论只能被看做是一个需验证的"假说"，并且它要与其他竞争性假说一决高下，法规、先例及其他制度性因素都可以作为验证该假说的材料。[2] 与之有着类似倾向的还有星野英一。[3]

与前述德国学者阿列克西一样，平井宜雄也将论证的过程分为"判决发现的程序"(process of discovery)和"正当化的程序"(process of justification)，类似于"执果索因式"司法的"二阶构造"。他认为"发现的程序"与"正当化的程序"应予以区分，前者是借利益衡量发现事实和结论的过程，后者则是借三段论演绎正当化裁判的过程。[4] 平井将发现的过程完全视为一个心理学的程序，在这一点上他比阿列克西更极端。但是，平井认为该思想直接来自R. 瓦塞尔斯道姆(R. Wasserstrom)，最早源于卡尔·波普尔(Karl Popper, 1902—1994年)。"法官裁判过程"之命题由"产生结论"的命题和"正当化结论"的命题构成。其中后一过程又可以分为通过逻辑推理验证言说的"演绎的正当化"(或"微观的正当化")和对验证前提的言明予以正当化的"第二阶段正当化"(或"宏观的正当化")两个层面。[5]

---

〔1〕　参见〔日〕加藤一郎：《民法的解释与利益衡量》，梁慧星译，载梁慧星主编：《民商法论丛》(第2卷)，法律出版社1994年版，第78页；张利春：《日本民法中的利益衡量论》，载陈金钊、谢晖主持：《法律方法》(第7卷)，山东人民出版社2008年版，第152—153页。

〔2〕　参见张利春：《日本民法中的利益衡量论》，载陈金钊、谢晖主持：《法律方法》(第7卷)，山东人民出版社2008年版，第145页。

〔3〕　同上书，第143页。

〔4〕　参见段匡：《日本的民法解释学》，载梁慧星主编：《民商法论丛》(第6卷)，法律出版社1997年版，第404页。

〔5〕　参见〔日〕平井宜雄：《法律学基础论觉书》，日本有斐阁1989年版，第20—23页；转引自张利春：《日本民法中的利益衡量论研究》，山东大学博士学位论文，2008年3月15日，第189—190页。

在法官造法的问题上,日本学者我妻荣认为是一个从实际结果出发寻求法律判断依据的过程,并且这个依据称为"对于具体案件的价值判断"。[1] 甚至对于案件的一般裁判或判断,我妻荣也认为可分为形成实质判断的事实心理过程和赋予形式外观的法律构成过程。前一过程主要受裁判者的性格、思想、人生观和经验等非法律因素的影响,是一个由裁判者"全人格"地通过对案件事实的价值、社会、法律等因素的通盘考虑后得出结论的心理过程。后一过程是给前一过程披上法律外衣的过程。[2]

在当下中国,倡议"执果索因式"司法模式的学者也不少。例如,有学者提出:"自有法律以来,所有的法官从一个具有普遍性的规范判断和一个具体事实判断推出另外一个具体的规范判断,都是以一种跳跃的、直觉式的思维方式完成的。"[3] 有人还将前述"执果索因式"的司法模式称为"司法论证的二阶构造",认为其陈述了司法判决的生成过程和说理过程。[4]

在所有倡议"执果索因式"司法模式的中国学者中,影响最大者莫过于苏力。在其名著《送法下乡》中,他提出:"法官的司法判断往往基于常识,基于直觉,基于他/她所在社区的标准,基于多年司法经验的熏陶,基于这些因素的混合,我们可以称之为司法素质;并且这种判断往往先于司法推理和法律适用。"[5]对于该种司法模式,苏力大体上表示赞同,并分析了其在经济学和社会学上的正当性。他认为,此种以公平为先导的司法模式还可能是有效率和得到自愿执行的,因而可以减少上诉率和申诉率。不仅如此,它还实际上得到了生

---

〔1〕 转引自张利春:《日本民法中的利益衡量论研究》,山东大学博士学位论文,2008 年 3 月 15 日,第 47 页。

〔2〕 参见〔日〕我妻荣:《关于私法方法论的一点考察》,载《债权在近代法中的优越地位》,日本有斐阁 1986 年版,第 384 页;转引自张利春:《日本民法中的利益衡量论研究》,山东大学博士学位论文,2008 年 3 月 15 日,第 50 页。

〔3〕 张继成:《从案件事实之"是"到当事人之"应当"——法律推理机制及正当理由的逻辑研究》,载《法学研究》2003 年第 1 期。

〔4〕 参见陈林林:《裁判进路与方法——司法论证理论导论》,中国政法大学出版社 2007 年版,第 12 页。

〔5〕 苏力:《送法下乡——中国基层司法制度研究》,中国政法大学出版社 2002 年版,第 275 页。

物学、诠释学等学科之最新研究成果的支持。[1]

在上述所有倡议"执果索因式"司法模式的学者中，心理学家出身或深受心理学影响的学者大多是该种模式"强式版本"的倡导者。他们大多认为，只有在极偶然、极个别的情形下，司法过程才是从各种权威性依据中按照逻辑导出"唯一正解"的过程。而在绝大多数情形下，司法过程是由瞬间的直觉、跳跃性地直接得出结论的过程，或是一个法官对各种可能决定展开想象的连续心理实验过程。[2]

（三）"执果索因式"司法模式之异议

在对"执果索因式"司法模式的辩护中，人们诉诸了法官的"自由裁量权"、"司法性的立法权"等，对此本杰明·卡多佐（Benjamin Nathan Cardozo, 1870—1938 年）认为，"承认法官有权力和义务按照习惯性道德来影响法律，这远不是要毁灭所有的规则，并在每个个案中以个人正义感、以善良人的评断（arbitrium boni viri）来作为替代"[3]。在卡多佐看来，在实践中普遍推行该模式，将从根本上破坏"依法裁判"的法治主义训诫。

当然，卡多佐仍然坚持，"执果索因式"的司法模式是司法过程固有的弱点，无法避免，只能降低或减少它给司法公正带来的危害。减少此种危害的方法是尽量排除假说的主观性，以使之客观化和普适化。对此他写到："重要的是，尽量在我们的假设中排除那些仅仅是个体的、私人的东西，将假设与我们自身区别开来，其基础不应是喜爱或不喜爱的直觉，而应是一种广博的自由主义文化，一种被看成世界上最佳的知识（如 Arnold 所言），只要这种最佳知识与我们要解决的社会问题相关。"[4]

在大陆法典法系中，对于"执果索因式"的司法模式，逻辑实证主义法学批判道："从逻辑的角度看，方法根据超越特定案件的普遍性标准确定，独立于结

---

　　〔1〕　苏力：《送法下乡——中国基层司法制度研究》，中国政法大学出版社 2002 年版，第 275、283—286 页。

　　〔2〕　参见〔美〕卡尔·N. 卢埃林：《普通法传统》，陈绪纲、史大晓等译，中国政法大学出版社 2002年版，第 9 页。

　　〔3〕　〔美〕本杰明·N. 卡多佐：《司法过程的性质》，苏力译，商务印书馆 1998 年版，第 85 页。

　　〔4〕　〔美〕本杰明·N. 卡多佐：《法律的成长·法律科学的悖论》，董炯、彭冰译，中国法制出版社 2002年版，第 178 页。

果,因为结果取决于方法。反之,即首先确定结果,然后为此确定有助于形成特定结果的方法,是非理性的典型情况,在法律上被视为任性。"〔1〕可见,在逻辑实证主义法学看来,"执果索因式"的司法模式违反了"方法确定结果"的逻辑法则,是非理性的和任性的司法模式。

意大利法学家埃米里奥·贝蒂(Emilio Brtti,1890—1968 年)则从方法论诠释学的高度对上述模式作出了比较有力的批判。贝蒂认为此种模式是本体论诠释学混淆解释的结果与自我理解的恶果。本体论诠释学认为自我理解源于此在的认知本质,理解的技巧或方法只是此种认知的事后证立。很显然,此种"执果索因式"的本体论诠释学观颠倒了传统因果关系和逻辑推理的位序,易于导致解释者的主观擅断。〔2〕

在日本,平井宜雄先前提倡"执果索因式"的司法模式,现在却转而对之提出批判。虽然"执果索因式"的司法模式遭到了平井宜雄等人的批判,在日本当代民法学教育和研究中的地位有所下降〔3〕,但是该模式毕竟是对法官司法经验的一个实证总结,其理论价值并不受法学论战多大的影响。更何况,反对论者也并没有从结构上颠覆该模式,只是特意强调或彰显了其"正当化"(或"索因")的维度而已。

在当下中国,有人指出,以实用主义后果论为支撑的"执果索因式"司法模式"在解决问题的实用逻辑面前,理论不过是后果的'仆人'"。因而他认为,"实用主义后果论完全颠覆了法治的逻辑,它其实是一种没有法治观或法律观的裁判方法"。〔4〕对于"执果索因式"的司法模式,有人还将之认定为不正常

---

〔1〕 〔瑞士〕菲利普·马斯托拉蒂:《法律思维》,高家伟译,载郑永流主编:《法哲学与法社会学论丛》(六),中国政法大学出版社 2003 年版,第9—10 页。

〔2〕 参见吴庚:《政法理论与法学方法》,中国人民大学出版社 2007 年版,第 287 页。

〔3〕 参见张利春:《日本民法中的利益衡量论研究》,山东大学博士学位论文,2008 年 3 月 15 日,第214—215 页。

〔4〕 张超:《能动司法与实用主义后果论——基于"法治"理念的一个检讨》,载《法律科学(西北政法大学学报)》2012 年第 5 期,第 6 页。

的、违背逻辑规则的判决推理模式。[1]

二、对"执果索因式"司法模式之发现、倡议和异议的评价

我们发现，在有关"执果索因式"司法模式的描述或争论中，无论是发现者、倡议者还是异议者，并没有清楚说明该种模式生效的条件、作用的方式和功能的边界。例如，该种模式是普遍发生于包括简单案件在内的所有案件中，还只是发生在疑难案件中？该种模式能够解释哪些情境中的司法过程，又不能解释哪些情境中的司法过程？从显著的经验事实来看，如果法官在简单案件中也是遵循该种模式作出判决的，似乎远远背离人们的日常认知。人们一般同意，法律明确事实清楚且两者之间正相适应的简单案件可以三段论推理获得结论，因而无该种模式置喙之余地。而在现实生活中，"大概90%以上的案件是简单案件"[2]。同时，在实践中，"只有疑难案件才发生严格意义上的方法问题"[3]。因此，人们提出，该种司法模式可能仅适用于疑难案件，而在大多数简单案件中法官仅需依法裁判即可。[4]

基于上述判断，我们认为，前述现实主义法学所提出的"多数判决是执果索因式"的"强式论断"或"愿望心理学"有点言过其实。即便是同样持现实主义立场的罗斯科·庞德（Roscoe Pound，1870—1964 年）也认为，此种"愿望心理学"的论断无疑混淆了特定法官的心理与法官裁判的权威性材料之间的界限，亦是裁判人格化思维模式之外显。[5]

同样，康特洛维奇关于"裁判意志论"和"逻辑不足论"等论断也有点过甚

---

〔1〕　参见邓亚华：《论判决推理的含义及模式选择》，四川大学硕士学位论文，2004 年 9 月 28 日，第 19 页。

〔2〕　张保生：《法律推理中的法律理由和正当理由》，载《法学研究》2006 年第 6 期，第 86 页。

〔3〕　李可：《法学方法论原理》，法律出版社 2011 年版，第 33、202 页。

〔4〕　参见唐昊沫：《法官解释之方法智慧重述》，载张海燕主编：《山东大学法律评论》（第 4 辑），山东大学出版社 2007 年版，第 120 页；任彦君：《刑事疑难案件中结果导向思维的运用》，载《法学评论》2012 年第 2 期，第 149、152 页。

〔5〕　参见〔美〕罗斯科·庞德：《法理学》（第 1 卷），邓正来译，中国政法大学出版社 2004 年版，第 256 页。

其词。事实上,并不是在所有情况下、所有解释方法的采用都会产生矛盾的结论,也并不是在所有情况下逻辑方法的运用都会失灵。[1] 当然,康特洛维奇有关法外因素——意志、直觉、社会情境、利益、社会后果对于裁判的影响的分析,有一定的合理性。

弗兰克提出的法官的"索因"行为仅仅是对先前"执果"行为的事后修饰之论,无疑背离了现代法治对判决说理的普遍诉求,而只能被认为是现实主义法学阵营中的偏激之论。同时,他过于强调直觉在司法过程中的功能,也被人们视为极端之论。[2]

至于日本学者平井宜雄、我妻荣两人和我国的部分学者将发现的过程完全视为一个心理学的程序,则更为笔者所不能苟同。[3] 此种极端提法无异于拒斥法治对该阶段法官行为的制度规制,也不利于人们对法官发现法律行为的深入研究。

前述将"执果索因式"司法模式称为"司法论证的二阶构造"之说虽有点言过其实,但确也道出了部分法官裁判过程之真相,因而也值得认真对待,只不过应当将其限定在疑案情境当中。"从简单案件和疑难案件的区分上看,后果主义论证作为证成司法裁决的一种论证形式主要出现在疑难案件的裁判中。"[4] "疑难案件的裁判是从法官面对案件后,首先形成一个模糊的结果判断开始的。"[5]

应当说,前述苏力对于"执果索因式"司法模式的研究可谓相当精准和详

---

〔1〕 同样持现实主义立场的卡多佐法官在其名著《司法过程的性质》中首重逻辑的方法(又称哲学的方法),最后才提及下意识因素在司法过程中的作用。参见〔美〕本杰明·N.卡多佐:《司法过程的性质》,苏力译,商务印书馆1998年版,第一讲 引论。哲学方法;第四讲 遵循先例。司法过程中的下意识因素。

〔2〕 参见李安:《司法过程的直觉及其偏差控制》,载《中国社会科学》2013年第5期,第147页。

〔3〕 在当下中国,一些人也认为司法过程中的法律发现是一个法官在理解案件后,为案件提供结论的心理过程。参见任彦君:《刑事疑难案件中结果导向思维的运用》,载《法学评论》2012年第2期,第149页。

〔4〕 杨知文:《司法裁决的后果主义论证》,载《法律科学(西北政法大学学报)》2009年第3期,第7页。

〔5〕 任彦君:《刑事疑难案件中结果导向思维的运用》,载《法学评论》2012年第2期,第152页。

尽，但其不足之处是缺乏理论上的提炼、提升，而且其中还存在不少问题。例如，基层法官的此种司法模式在强化解纷方案的可接受性与可执行性、减少上诉率与申诉率、提高办案效率与节约社会资源的同时，是否有利于当事人、社会公众乃至法官本人规则意识的养成呢？是否有利于减少潜在的纠纷主体对国家强制力或司法资源的过度借用呢？[1]　同时，法官过于关注案件解决的最终结果而不是界定行为或意思表示的性质、明确双方当事人的是非曲直，对于纠纷的彻底止息难道就一定有利吗？更为紧要的是，如果不是根据现有的"规则和程序"，法官能够将"原生混沌状态的事件"整理成一个"因果线索"分明的案情吗？在此我们必须始终清醒地认识到，现有的法律秩序或框架及其解纷之道也是法官处理手头案件的重要"前见"！这种"法律前见"哪怕不比法官个人的直觉、社区的天理人情强（尤其对于法官而言），也应当是平分秋色、不分轩轻。其实在苏力的叙述中，我们看到，始终有两种前见（即"习惯前见"与"法律前见"）或两套规则系统（即习惯规则与法律规则）在作难分胜负的较量。现在，习惯前见略占上风，苏力的基层司法模式就成了以天理人情为主导的模式。

当然这也启示我们，在研究"执果索因式"的司法模式时，我们必须分析是哪种前见或哪些因素影响了承审法官的预断[2]，即哪些因素之间的共同作用结成该模式之"果"，而其中的"果核"、"果皮"又是什么。我们可以根据各种因素的不同影响因子，将该模式进一步分为"法律前见主导的模式"和"习惯前见主导的模式"，这样既可以深化我们对该种模式的研究，又可以避免一些不必要的混淆和理论争议。例如在下述霍姆斯所声称的"直觉"所代表的"前见"，可能就是前一种"前见"了。他说："一般的命题并不能裁决具体的案件。裁决要依靠比任何清楚明白的大前提更加微妙的见解或直觉。"[3]　很显然，这种直觉

---

〔1〕　对于这个问题，苏力本人其实也意识到了。参见其著：《送法下乡——中国基层司法制度研究》，中国政法大学出版社 2000 年版，第 284 页注〔34〕。

〔2〕　马斯托拉蒂将前见（前理解）分为"个人先见"、"社会先见"、"文化先见"和"职业经验"。参见〔瑞士〕菲利普·马斯托拉蒂：《法律思维》，高家伟译，载郑永流主编：《法哲学与法社会学论丛》（六），中国政法大学出版社 2003 年版，第 3 页。

〔3〕　转引自〔美〕查尔斯·A.比尔德：《美国政府与政治》，朱曾汶译，商务印书馆 1987 年版，第 59 页。

深深植根于霍姆斯大法官渊博的知识和丰富的司法经验之中,只有像他这样的大法官才能作出如此大胆的宣称。当然,正如哈耶克所指出,并不能因为法官是依据后一种模式作出了预断,我们就马上声称此种预断是武断和非理性的。[1]

在"从因到果"的"审判逻辑"还是"执果索因式"的"愿望思维"之间,卡多佐的立场则显得比较温和抑或折衷公允,即他既反对意志论夸大了司法决定中的"自由意志"因素,又反对决定论对无限选择的司法决定范围的狭窄化。由此,他引用大罗斯福的话说:"在我们国家,主要的立法者也许是、并且经常是法官,因为他们是最后的权威。在他们每一次解释合同、财产、既得权利、法律的正当过程以及自由之际,他们都必然要将某种社会哲学体系的某些部分带入法律;并且由于这些解释是根本性的,他们也就是在给所有的法律制定提供指导。法院对经济和社会问题的决定取决于他们的经济哲学和社会哲学;并且,为了我们民族在 20 世纪的平稳进步,我们应将其中大多数归功于那些坚持 20 世纪经济哲学和社会哲学的法官们,而不是归功于一种早已陈旧的、其实本身就是初级经济条件之产物的哲学。"[2] 为此他还在其他场合补充道:"如果将稳定和进步作为对立的两极,那么,在一极,我们拥有的是遵循先例的律条和以推理逻辑为工具的判决方法;在另一极,则是促使起点服从终点的方法。一个注重对统一和对称的考虑,从基本概念推导出最终结论。另一个则更自由地考虑平等、公正以及受影响利益对社会的价值。一个寻求最相似的先例,并坚定不移地追随它。另一个则认为在选择起决定作用的相似先例时,精神上的共性要比外在的相似更有意义。"[3]

相对意志论或情绪论,卡多佐提出法官的社会责任予以纠偏。他说:"作为

---

〔1〕 "即使法官常常是依凭其'直觉'而非三段论推理而采取正确解决方法的,这也不意味着,在确定结果的过程中,决定性的因素是情感因素而不是理性因素"。〔英〕F. A. 哈耶克:《法律、立法与自由》(第 1 卷),邓正来、张守东、李静冰译,中国大百科全书出版社 2000 年版,第 186 页。

〔2〕 〔美〕本杰明·卡多佐:《司法过程的性质》,苏力译,商务印书馆 1998 年版,第 107—108 页。

〔3〕 〔美〕本杰明·N.卡多佐:《法律的成长·法律科学的悖论》,董炯、彭冰译,中国法制出版社 2002 年版,第 89 页。

一个法官,我的义务也许是将什么东西——但不是我自己的追求、信念和哲学——客观化并使之进入法律。如果我自己投入的同情理解、信仰以及激情是与一个已经过去的时代相一致的话,那么我就很难做好这一点。"[1] 相对于决定论或客观论,他提出法官的个性和下意识予以对抗。他说:"在每个法院,只要有多少法官,就可能有多少种对'时代精神'的估测。""就向我们每个人显示出来的时代精神来说,它太经常只是一个群体——因为偶然的出生、教育、职业或同胞这些因素,我们才在这群体中获得了一个位置的精神,任何心灵的努力或革命都不能完全、也不能在所有时刻推翻这些下意识的忠诚的绝对统治。"[2]

　　当然,在有关"执果索因式"司法模式是否妥当的争议中,有些争议确如卡多佐所说的那样,"仅仅是围绕着语词的使用"。[3] 例如,在法官依据诠释学法学所称的"前见"或"前理解"来发现法律抑或判决结果的问题上,如果人们将这里的"前见"视为"法律前见"抑或"习惯前见",那么此种主观论的发现观或"执果"过程又与客观论的发现观或"执果"过程有什么区别呢? 又如,在法官依据直觉主义抑或现实主义法学所称的"直觉"、"顿悟"来发现法律抑或判决结果的问题上,如果此种"直觉"、"顿悟"竟为社会中通行的理性、正义和天理人情观念所支配时,那么此种看似主观论的发现观或"执果"过程就与客观论无甚分别了。在这些场合中,"主观或个人良知与客观或一般良知之间的区别是模糊且纤弱的,并且倾向于变成仅仅是语词上的区别。对于辩者和哲学家来说,这有其玄思之意趣。"[4]

三、"执果索因式"司法模式之方法论特征

　　虽然"执果索因式"的司法模式似乎不符合教科书上所称的常规司法逻辑,

[1] 〔美〕本杰明·N.卡多佐:《司法过程的性质》,苏力译,商务印书馆1998年版,第109页。
[2] 同上书,第109—110页。
[3] 同上书,第65页。
[4] 同上书,第68页。

因而招致了传统司法哲学的批判,但是客观地看,此种司法模式却拥有各种科学上的深层依据,从而在司法实践中又具有发生学上的必然性或价值上的有限正当性。因此,有必要从发生的根据、程序、条件和范围以及功能的边界等方面对其方法论特征予以细致的梳理或重构。

(一)"执果索因式"司法模式发生的根据

从科学的角度看,"执果索因式"的思维方式及其司法模式具有发生认识论、科学方法论、普通心理学、语言学和逻辑学等五个方面的科学依据。

第一,该种司法模式具有发生认识论上的根据。如果放到人类一般的认知领域中予以审视,"执果索因"并不是一种值得怀疑或批判的思维方式,相反,它是人类认知的一般模式,即认识某一现象,并寻求导致该现象的原因。[1] 早在18 世纪,"执果索因式"的思维方式在康德(Immanuel Kant,1724—1804 年)的"初步的判断"(即"预见")概念的运行中即有所体现。康德认为,早期的初步判断为理性指引了方向,提供了工具,"当我们思考某一对象时,我们定然总是作出初步的判断,似乎对我们通过思考将要认识到的(最终的)认知(Erkennt-nis)已经有所感觉"[2]。同时,该种思维方式的认识论根据也为著名心理学家皮亚杰(Jean Piaget,1896—1980 年)所揭示,他说:"好像有意识的觉察是从最后结果开始,然后才回到发源地似的。"[3]

如前所述,虽然卡多佐认为"执果索因式"的司法模式是司法过程的弱点,但并不认为它对于实现司法公正是致命的,也不认为它是司法过程所独有的。"这一弱点不独存在于法律推理之中,而是波及所有社会科学的推理,从某种程度上来讲,它可能波及任何推理。"他说,"从对弱点的认识中获得力量,是我们最大的希望"[4]。从中我们也得知,"执果索因式"的司法模式根植于人类情感

---

[1] 参见袁坦中:《前理解、直觉与诉讼证明》,载《求索》2004 年第 11 期,第 136—138 页。

[2] I. Kant, *Logik*, 1800, s. 115ff. 〔德〕齐佩利乌斯:《法学方法论》,金振豹译,法律出版社 2009 年版,第 21 页。

[3] 〔瑞士〕皮亚杰:《发生认识论原理》,王宪钿等译,商务印书馆 1981 年版,第 86 页。

[4] 〔美〕本杰明·N. 卡多佐:《法律的成长·法律科学的悖论》,董炯、彭冰译,中国法制出版社 2002 年版,第 179 页。

对理性的渗透,根植于人类推理的固有倾向。"它们来源于无意识的深层……从其他源泉:教育、传统以及环境的暗示,传递给我们。"[1]

第二,该种司法模式具有科学方法论上的根据。"执果索因式"的司法模式还可以从卡尔·波普尔的科学方法论中找到支持的依据。波普尔认为,"一个假说的提出是一个猜想的过程,即创造性直觉的过程。这一过程中没有任何推理规则可以依循,亦即无逻辑可言"[2]。他认为任何科学是一个提出猜想或假说,然后从中演绎出各种结论,并将它们与其他关联言明予以比较的"猜想—检验"过程,它类似于上述司法模式的"发现"与"正当化"(或"执果"与"索因")的"二阶构造"[3]。可以说,"猜想—检验(或反驳)"的科学探寻之道与"执果索因式"司法模式的判决求索之路不谋而合。

第三,该种司法模式也具有普通心理学上的根据。"心理学研究表明,人们对事物的判断过程很少是从一个前提开始的,相反,它一般是从一个模糊地形成的结论开始的。判断者从这样一个结论出发,试图找到将证明这一结论的前提。"[4]同时,许多法律家也认为,法律判决的获得是潜意识、直觉、意志等力量作用的结果。例如,卡多佐发现,美国现实主义法学的价值之一在于:"警示我们,我们一手创造的原则、规则和概念,在很多情况下仅仅是种顿悟(apercus),是对现实的惊鸿一瞥。"[5]在1920年,詹姆斯·哈维·罗宾逊的著作《作出判决时的心智》从弗洛伊德心理学的视角揭示:判决意见是对先前没有证据却预先定好的结论的事后合理化。[6]客观地看,这些"内隐"力量并非天外之物,而

----

〔1〕　John Dewey, *Human Nature and Conduct*: *an Introduction to Social Psychology*, New York: Henry Holt and Company, 1922, p.314.

〔2〕　转引自韦诚:《方法学——科学发现的理论基础》,安徽大学出版社2008年版,第349页。

〔3〕　转引自〔日〕平井宜雄:《法律学基础论觉书》,日本有斐阁1989年版,第26—27页;转引自张利春:《日本民法中的利益衡量论研究》,山东大学博士学位论文,2008年3月15日,第191页。

〔4〕　周舜隆:《司法三段论在法律适用中的局限性——兼论法官裁判思维》,载《比较法研究》2007年第6期,第19页。

〔5〕　〔美〕本杰明·N.卡多佐:《演讲录·法律与文学》,董炯、彭冰译,中国法制出版社2005年版,第18页。

〔6〕　参见〔美〕卡尔·N.卢埃林:《普通法传统》,陈绪纲、史大晓等译,中国政法大学出版社2002年版,第10—11页:"就像没有证据却在一张预先定好结论的空白纸(carte blanche)上进行填充的过程那样。"

是法官长期司法经验的总结和升华。为此,哈特甚至将它们视为"深思熟虑的法律推理过程的一部分"。[1] 一如普通人在面对一件棘手案件时都会形成一种道德直觉一样,法律人在面对疑难问题时也会产生一种法律直觉,后者会指引法律人对案件的是非曲直作出个人判断。"法律者的判断力(受过法学专业训练的判断力)通常为其指明合适结论存在何处的正确直觉,例如什么是合理的利益权衡。"[2]

第四,该种司法模式还具有语言学上的根据。"执果索因式"司法模式的语言学根据则在于,个体将主观诉愿通过文字、声音、体态等语言工具表达、传递、澄清给其他个体和中立第三方,然后根据对方和公众的反应予以进一步证立、驳斥的语言表达和交流的过程。那么,法官也应当因应当事人上述语言学上的表达机制,对当事人的表达行为(阶段)作出司法判断,然后寻找相关的证立资源和机制。可见,法官"获果"的过程要受到当事人的有关事实要件构成和法律要件构成以及论证的影响,其并非是一个完全自由、自主的过程。

第五,该种司法模式也得到了现代逻辑学的支持。现代逻辑学发现,传统三段论演绎逻辑生效的必要条件是,存在"一个单一而坚实的基本前提"[3],但是,在实定法中,很难满足这一必要条件,至少在判例法体系中,作为司法推理的基本前提却有数个,且相互矛盾,尤其是在疑难案件中。而且,作为推理前提的规则往往边界模糊、不确定;即便规则确定,在将案件事实分类之后也可能变得不确定。[4]

(二)"执果索因式"司法模式发生的程序

对于"执果索因式"司法模式发生的程序,人们的表述通常比较简单,即认

---

〔1〕 陈锐编译:《逻辑、直觉和哈特的实证主义遗产》,载《司法》2008 年第 3 辑,第 141 页。

〔2〕 〔瑞士〕菲利普·马斯托拉蒂:《法律思维》,高家伟译,载郑永流主编:《法哲学与法社会学论丛》(六),中国政法大学出版社 2003 年版,第 4 页。

〔3〕 〔美〕卡尔·N.卢埃林:《普通法传统》,陈绪纲、史大晓等译,中国政法大学出版社 2002 年版,第 9 页。

〔4〕 同上书,第 10 页。

为它由"执果"（法律发现）与"索因"（法律论证）两阶段构成。[1] 虽然上述判断失之过简，但在总体上正确的。

如果追溯"执果索因式"的司法模式的思维根据，则可发现，对法律纠纷性质、争点的理解、对解纷方案的探究，以及将获取的解纷方案以规范要件构成的方式表达出来，乃是"执果索因"的"获果"过程，也可以称为其"实质构造"阶段，那么，对获取的解纷方案予以正当化的阶段则可以称为其"形式构造"部分。

对于"执果索因式"司法模式的"获果"过程，我们可以做如下分解：（1）对纠纷进行事实要件构成和法律要件构成上的解析、分类和归纳；（2）对事实要件构成和法律要件构成进行比较、权衡，找出其差异点；（3）将获取的法律规范适用到个案事实上；（4）比较不同的法律规范适用所带来的不同结果，并在此基础上得出最终的个案规范。[2]

很显然，通过上述方式获取的解纷方案只是一个草案性质的初步结论，其很有可能存在某种不为法官所知的缺陷。为此，法官还必须通过法律方法对该解纷方案予以正当化，必须证成该解纷方案在众多备选方案中是最佳的。对于该过程，我们也可以作如下分解：（1）法官必须尽可能地为之寻求法律、法规、政策、判例或法理上的依据，至少应找到相关的类似做法；（2）如无文本上的依据可循，法官必须自己从逻辑、传统和社会学等维度为之编织令人信服的理由；（3）如果法官发现该解纷方案存在缺陷需要修正甚至是抛弃，他必须毫不犹豫地代之以一个新的解纷方案，并加以充分的规范性论证。[3] 当然，法官也可以

---

〔1〕 例如任彦君提出，该过程包括"问题解决"与"法律论证"两阶段。其中前一阶段包括发现与检测，后一阶段则是运用三段论的逻辑推理对案件结论予以正当化。参见任彦君：《刑事疑难案件中结果导向思维的运用》，载《法学评论》2012年第2期，第149页。

〔2〕 马斯托拉蒂所提出的"获果"过程则比较简单：根据前理解对案件事实进行评价，确定可能重要的案件事实，以形成作为假定的判决初稿或草案。参见〔瑞士〕菲利普·马斯托拉蒂：《法律思维》，高家伟译，载郑永流主编：《法哲学与法社会学论丛》（六），中国政法大学出版社2003年版，第4、9页。

〔3〕 马斯托拉蒂认为，法官的"索因"过程是一个对判决草案进行方法论审查的过程：（1）针对案件事实特征在现有的法律制度中寻找有关规范文本。（2）接下来是处理规范与事实之间的关系。（3）必须明确案件事实是否属于规范的调整领域，如果是，条文中的哪些规定切合有关的专业领域和个案事实。（4）根据规范纲要选择规范调整范围内的有意义的案件事实要素。（5）判决说明上述比较之间的关系：从规范的角度对案件事实作出认定。参见〔瑞士〕菲利普·马斯托拉蒂：《法律思维》，高家伟译，载郑永流主编：《法哲学与法社会学论丛》（六），中国政法大学出版社2003年版，第6页。

在本过程一开始就为解纷方案寻找正反两方面的依据,并比较这两方面理由的相对强度,从而对解纷方案进行批判性审查。马斯托拉蒂提醒人们,"选择判决理由时可能发生的危险是只做有利于判决的片面选择"[1]。

可见,在"疑案"情境中,法官既可以采取社会学上的后果主义考量获取一个自认为公正的解纷方案,也可以采取类似考量对该方案予以验证。

如果将"执果索因式"司法模式的"执果"看成是一个法律发现的过程,那么在此过程中,法官应当遵循何种标准来发现法律?客观的抑或主观的?在此问题上,人们分成为"客观论"与"主观论"两大阵营。

卡多佐是"客观论"中的著名代表,他认为应当遵循客观的标准。"法官依据理性和正义而宣告法律的义务,这被视为是他依据习惯宣告法律的义务的一个阶段。通过他的命令,他所要实施的是正常男人和女人的习惯性道德。一种法学,如果不是不断与一些客观的或外在的标准相联系,就会引出衰退为德国人称之为'情感法官'(Die Gefuhls jurisprudenz)——一种仅仅是情感或感觉的法学的危险。"[2]很显然,卡多佐反对法官遵循主观的或内在的标准,抑或个人的观念或癖好来发现法律,因为那样将导致法律发现成为一种情感活动抑或心理活动的过程,而研究此种学问的法学则蜕变为一种情感抑或感觉法学。为此,他强调法官"有义务服从人们已经接受的这个社区的标准,服从这个时期的道德风尚"[3]。当然,如果法官有意提高通行的行为标准,增强人们的道德感的话,那么他可以按照这个社会的最高标准来发现法律。

"在那些法官并不为既定规则所限定的领域"[4],即法律空白、冲突或无效的"疑案"领域,法官的法律发现是客观的还是主观的,就无关紧要了。但卡多佐仍然坚持在从事此种活动时,法官要遵循习惯的做法和客观化的信仰,要遵循社会心灵活动的规律。"个人的和总体的心灵和意志都是不可分离地联结

---

〔1〕 〔瑞士〕菲利普·马斯托拉蒂:《法律思维》,高家伟译,载郑永流主编:《法哲学与法社会学论丛》(六),中国政法大学出版社2003年版,第9页。

〔2〕 〔美〕本杰明·卡多佐:《司法过程的性质》,苏力译,商务印书馆1998年版,第65—66页。

〔3〕 同上书,第66页。

〔4〕 同上书,第68页。

为一体的。"[1]

可见,卡多佐实际上将需要进行法律发现的案件分成了"为既定规则所限定的案件"(即简单案件)与"不为既定规则所限定的案件"(即疑难案件)。根据其叙述,在前一类案件中,他主张一种"强式的客观论",而在后一类案件中,他则提出一种"弱式的客观论"。

(三)"执果索因式"司法模式发生的条件

"执果索因式"司法模式的发生不是无条件的。从实然层面上看,它对该国的社会条件、法制环境、法官能力和个案情境等提出了比较严格的要求:

首先,实质理性在一国意识形态中占有一席之地,甚或取代形式理性在意识形态市场占据优势地位,并进而渗透到法官裁判中,或至少迫使司法过程中的形式主义向实质主义作出重大让步。如前所述,在欧美,"执果索因式"司法模式发生的背景是法律形式主义过度发达,以至产生机械司法、逻辑至上、封闭自足等弊害;在中国,该种模式之发生乃是司法工具化、泛政治化和泛伦理化过度发展的结果。

其次,"执果索因式"的司法模式实际发生的制度前提是,法律必须授予法官以自由裁量权。同时,法律中必须存在法官可以行使自由裁量权的法条或空间。这两项条件缺一不可。例如,在19世纪末20世纪初的欧美,法律形式主义的弊端展露,社会问题骤增,法官被授予较大的裁量权以应对上述问题;在当代中国,也主要是社会矛盾的激化促使法官不得不厉行"能动司法"以应对这些问题。

再次,"执果索因式"的司法模式发生的主体条件是,法官具有长期的社会历练、深厚的法律理论和丰富的司法经验。如有人所言:该模式作用的正常发挥"对法官本身的素质和法治环境有着较高的要求"。[2] 在"执果索因式"的司法模式下,法官对案件大、小前提关系的直觉判断并非是神秘的"天外之物"和

---

〔1〕 〔美〕本杰明·卡多佐:《司法过程的性质》,苏力译,商务印书馆1998年版,第69页。

〔2〕 张文臻:《结果导向的司法裁决思维之研究》,载陈金钊、谢晖主持:《法律方法》(第11卷),山东人民出版社2011年版,第311页。

不可复制的"灵感",而是法官在长期的职业生涯中养成的、结合了社会规则与法律规则、道德与法律感的"茅塞顿开"。正如人所指出的,法官对于一般范畴的准确把握是最为关键的。[1] 因而,概念、范畴、逻辑、体系在此模式中发挥着深层次的重要作用。

最后,"执果索因式"的司法模式发生的情境条件是,法官遇到了于法无据,或法律规定模糊、冲突、重叠的疑难案件。

(四)"执果索因式"司法模式发生的范围

如前所述,有关"执果索因式"司法模式发生的范围,人们大多没有明确表述。其中一些人似乎认为此种模式在所有案件中都可能发生,而另一些人则认为只有疑难案件中才可能发生此种模式。根据人们的经验观察、逻辑分析并结合前文有学者所下的"只有疑难案件才发生严格意义上的方法问题"的断语[2],我们认为它只发生在疑案情境中。

第一,"执果索因式"的司法模式存在于法官对判决规范的建构过程中。"执果索因式"的司法模式在许多法律方法中均有显著体现,其中以法律漏洞补充方法和利益衡量方法为最。例如在利益衡量方法中,法官在受理案件后,也是在综合权衡社会环境、经济状况、主流道德、政治政策等的基础上,得出一个先期判断,然后再依此去寻找法律上的依据。因而,这是一种典型的"执果索因式"的思维程式。甚至有人认为,司法裁判过程的常态是在事实认定的基础上依据法律得出初步判决,然后找法和适法,并形诸判决书。[3] 显然,此种说法有点言过其实,因为其没有看到大多数案件是简单案件,而只需进行逻辑演绎的事实。[4]

第二,"执果索因式"的司法模式也存在于法官对案件事实的构建过程中。

---

〔1〕 参见柯岚:《法律方法中的形式主义与反形式主义》,载《法律科学(西北政法学院学报)》2007年第2期,第35页。

〔2〕 参见李可:《法学方法论原理》,法律出版社2011年版,第33、202页。

〔3〕 参见王仲云:《法律方法及其运用》,载《山东大学学报》(哲学社会科学版)2004年第6期,第137页。

〔4〕 "我们不能'歧视'简单案件,现实生活中大概90%以上的案件是简单案件。"张保生:《法律推理中的法律理由和正当理由》,载《法学研究》2006年第6期,第86页。

首先，法官凭法感来构建案件事实，将案件事实分解成与法条的构成要件对应的"事实"，并提出一个事实与法条初步对应的裁判"假说"。法感的构成要素或来源大体上有常人的是非感、职业经验、主流道德等。

第三，"执果索因式"的司法模式实际发生的范围应是一些为人们的实质正义或直觉正义所公认的领域——例如环境污染案件、工伤案件、家庭扶养和赡养及遗产继承案件、产品质量侵权案件、交通事故侵权案件等。简言之，凡是涉及弱者权利保护和公共利益保护的案件，均可有条件地适用上述司法模式。与此同时，人们比较公认的是，在刑事案件中应当限制该种模式之适用。

（五）"执果索因式"司法模式功能的边界

如果我们把法官发现个案规范的过程视为一个提出规范假说的过程，把书写判决的过程看成一个验证规范假说的过程，那么弗兰克等法律现实主义的"执果索因式"的司法尚有一定的合理性，或有一定的逻辑上的根据。但这无论如何只能限定在规则模糊、冲突甚或没有规则的所谓"疑案"情境中。同时，也只有当从心理学家的视角，并且限定在"疑案"问题上，卡尔·卢埃林（Karl N. Llewellyn，1893—1962 年）才可能发现，人们"很少是通过某种正式而精确的演绎推理方式"，而更多的是通过"瞬间的直觉——跳跃性地直接得出解决问题的结论，或者是一种对于各种可能的决定展开和经过想象的连续心理实验过程，直到发现某个或几个可能的决定具有吸引力为止"。当然，尤其是在司法裁判中，人们还得对发现的决定"寻找合理理由"，"检验该结论是否合乎经验以及可被接受，以支持它并使其对自己和他人具有充分的说服力。"[1]

一如普通假说一样，规范假说也有竞争假说，法官必须依据规范体系、法律原理和案件事实等作出选择。[2] 同时，法官还必须根据法律、学说、先例和习惯等作出修正。"哪怕法官的判决开始时存在着某种直觉，但是这种直觉也将

---

〔1〕〔美〕卡尔·N. 卢埃林：《普通法传统》，陈绪纲、史大晓等译，中国政法大学出版社 2002 年版，第 9 页。

〔2〕参见李可：《法学方法论原理》，法律出版社 2011 年版，第 72、107—108、119—120、151、161页，等。

会由法官——从根本上讲,由法学家根据法律,根据学说的种种结论,根据种种先前的判决,进行审查;如果法官起初直觉找到的,他想据此断案的规则在法律、学说的结果和先前的判例那里得不到证实,他一般将会改正自己的看法。"[1]

如果法官在"索因"或"论证"阶段向当事人、同行和法院公开其前理解或直觉性判断,并由此对该判断进行了正反两方面的证据搜集、证成和证伪的话,那么依据"执果索因式"司法模式解决疑难案件的做法并不损害司法的客观性。

四、"执果索因式"司法模式之方法论地位

以方法论的二元论视之,"执果索因式"司法模式的存在是一回事,而它应当享有何种地位又是另一回事。但是这两个问题又不能绝对地分开,因为如果在实然层面上,现实司法大多是"执果索因式"的,且没有危及现代法治的自治地位和价值体系,那么基于一种实用主义立场,我们在应然层面上就不应当对之予以过多地苛责。

(一)"执果索因式"司法模式之方法论价值

在实践中,"执果索因式"司法模式可以经由法官之"法感"将主流道德、民情民意和社会经验或常识常情纳入司法裁判,或者引导法官进行法律发现,以形成一个与社会关系更加紧密的解纷方案。尤其是在疑难案件中,对上述因素之考量可以促使法官去反思作为裁判背景之规范体系的妥当性,从而反思性地对待宪法和法律。

相比于古代中国那种完全抛弃逻辑论证或形式理性的"结果导向式"的实质司法而言,"执果索因式"的司法模式可以说是一个大大的进步。因为后者毕竟对所"发现"的裁判草案进行了逻辑、规范和价值等方面的严格证立。可见,该种模式在相当程度上比较恰当地对待了裁判草案发现中的诸如直觉、顿悟、灵感等非理性因素。

---

〔1〕 〔德〕H.科殷:《法理学》,林荣远译,华夏出版社2004年版,第219—220页。

不仅如此，弱式的"执果索因式"司法模式还将该模式限定在疑案情境当中，并且在对相对人作出不利裁决的公法领域中限制使用该模式。因而，相对于古代中国不加区分地适用该模式而言，在保护人权上也是一个极大的进步。从经验的角度看，即便是强式的"执果索因式"司法模式也在一定程度上描述了法官司法的现实状况，即经验丰富的法官对于手头案件的直觉判断在多数情况下是正确的。

当然，"执果索因式"的司法模式也完全可以不理会规范主义的形式要求和传统的因果程式，而我行我素地按照自己的思维方式走自己的路。但很遗憾的是，它的部分倡导者（如加藤一郎、星野英一）像患了强迫症一样逼着自己要向规范主义的路上走，要对其结果进行法律程式化论证，这自然极大地削弱了其理论论证的强度和体系发展的深度。

（二）"执果索因式"司法模式之方法论启示

但是，无论"执果索因式"司法模式之倡议是偏激还是和缓，其存在或提出本身即给了我们若干启示：

启示一，司法过程绝对不是一个由纯粹逻辑的或哲学的法则支配的过程。在逻辑或哲学法则失灵的特殊情况下，法官不得不求助于逻辑以外的（例如历史的、传统的、社会学的、直觉的）方法走出困境。

启示二，在"执果索因式"的思维之下，人们认为法律解释、法律论证等法律方法只是法官正当化其事先发现的判决之方法。尤其是在缺乏法律的疑难案件中，法官更是借助上述方法在进行价值判断和利益权衡，然后对之进行决策的正当化论证。

启示三，司法过程在很大程度上是一个实践理性或默会理性之展开的过程，究其实质它是一门实践科学。该科学的目标不是为了实现原初的设计意图，更不是为了建构一个完美精致的理论体系，而是为了解决手头正面临的实际问题。因而，是实践理性而非建构理性，在实践科学中起支配作用。也可能正是看到司法过程乃实践理性、默会理性之展开，哈特才作出前述断言，并且在后期对法律现实主义与自由法学运动的回应中指出："直觉常表现为人们依习惯而作出与规则完全符合的行为,人们甚至没有对规则本身进行有意识的思考。"[1]

启示四,不仅司法过程在少数情况下是"结论先行"或"目的先行"的"设立假说然后求证"的"执果索因"过程,而且法律科学也是如此。法学是一门"目的导向"的科学,其在进行观察、归纳和抽象时,无不怀有一套正义或价值理想。"法律者必须以合乎目的的方式思考:他们应当为所面临的问题发现适当的、合乎目的的、实质公正的解决办法。"[2] 对于这一点,埃利希也非常无奈地予以承认。[3]

启示五,在研究"常规司法"的同时,也不能忘了对"变态司法"的关注。调查显示,"执果索因式"的司法不仅具有心理上的根据,而且更重要的还具有经验上的根据。但是,如果我们将"变态"错当"常规",则在颠倒主次的同时,就可能导致对法官司法过程的失控。如有人所言:"直觉的作用是有限度的,它只是法律发现中的必要因素,发挥着法律发现的动力和前提的作用。因此,对直觉既不宜过分夸大,更不能以其取代涵摄。"[4]

最后,我们认为,如果法官仅仅是将基于常识、直觉、所在社区的标准和司法经验等之考量而得到的判断作为一个预断或初始假说(即判决假说)予以对待的话,那么法官的此种做法并无可指摘之处。但他如果完全是将该判断作为最终决定,而其后的司法推理、法律适用和证据搜索只是单纯地为了证明该决定的合法性和正当性的话,那么法官的此种做法显然是臆断或至少是不妥当的。因为在前一种处理方式之下,法官始终保有对该预断的清醒认识和合理怀疑,并始终准备在出现相反的证据和合理的反思时对该预断予以修正甚或废弃;而在后一种处理方式之下,法官则始终处于一种盲目自信和主观臆断的情

---

〔1〕 陈锐编译:《逻辑、直觉和哈特的实证主义遗产》,载《司法》2008 年第 3 辑,第 141—142 页。

〔2〕 〔瑞士〕菲利普·马斯托拉蒂:《法律思维》,高家伟译,载郑永流主编:《法哲学与法社会学论丛》(六),中国政法大学出版社 2003 年版,第 13—14 页。

〔3〕 参见〔奥〕尤根·埃利希:《法律社会学基本原理》,叶名怡、袁震译,中国社会科学出版社 2009 年版,第 277 页。

〔4〕 董书平:《法治、社会转型与法律发现的思维模式》,载《法学杂志》2010 年第 1 期,第 54 页。

绪之中。

五、以"假说—检验法"重构"执果索因式"司法模式

如果我们将司法过程从根本上理解为一个解决规范与事实之间不一致的问题并提出、验证规范假说的试错过程[1]，那么，如前文业已表明的那样，我们可以将法官通过对事实与规范的部分审查而获致的有关判决的初步结论视为该过程中的"规范假说"，而法官嗣后进行的"索因"活动则可以视为围绕该假说收集正反两方面的材料，通过理性言说的方式对该假说予以检验的阶段。[2]"法律规则和原则的首要用途，是检测这些假设性的个案结论。"[3]"如果从现有的（经过广义法律解释的）法律规范不能合理地推演出这个结论，则法官将进行新的结论寻找和法律推理。"[4]

从认识论上讲，"人类任何解决问题的过程都是一个提出并检验假说的试错过程"[5]。司法过程也不例外。尤其是当现代法治将司法裁判视为一个反思性实践的过程时，其"试错"特征则愈发显著。在现代社会中，法官不能仅仅单纯机械地将法律适用于个案当中，以得出一个符合逻辑的判决规范。通常，在解决判决规范的形式合法性问题之后，他还必须拷问其实质合法性。换言之，"他必须以问题为中心反思地对待现行法，因而也必须有一个（规范）假说提出的问题/过程"[6]。

从经验论上讲，将法官的司法过程视为一个提出并验证假说的试错过程，也并不与前述"执果索因式"司法模式的倡议者的经验认知相抵触。例如我们可以运用此种"假说—检验法"来解释自由法学的裁判理论。"在自由法学的判

---

〔1〕　参见李可：《法学方法论原理》，法律出版社 2011 年版，第 72 页。

〔2〕　在所有西方法学家中，麦考密克是此种"假说—检验法"的著名支持者。参见 MacComick. *Legal Reasoning and Legal Theory*. Oxford：Clarendon Press，1978，p.112。

〔3〕　陈林林：《直觉在疑案裁判中的功能》，载《浙江社会科学》2011 年第 7 期，第 48 页。

〔4〕　周舜隆：《司法三段论在法律适用中的局限性——兼论法官裁判思维》，载《比较法研究》2007 年第 6 期，第 19 页。

〔5〕　李可：《法学方法论原理》，法律出版社 2011 年版，第 108 页。

〔6〕　同上。

断模式中,法官先凭直觉(hunch)得出纠纷处理方案;然后附加规范理由,抑或以之为验证资料;如果不妥当则修正先前的解纷方案;最后给新方案附加规范理由。"[1]我们也可以运用此种"假说—检验法"来解释疑案情境中法官在多种解决方案之间作出选择,然后予以验证的情形。

从经济学上看,法官所能获取的信息的不完备性也决定了至少疑案情境中的司法过程只能是一个提出并验证假说的试错过程。"当外部信息不足时,法官可能更多依赖于这种'捕获'式的逆向思维获得定罪量刑结论。"[2]从理论上看,即便是生活在自由法学假想的理想图景中的法官也不可能依靠单纯的直觉或顿悟作出一个毫无根据的判决规范。相反,他总是必须基于一些有根据的理由提出特定案件的判决规范。同时,在现实生活中,也没有任何一个法官敢于声称他所提出的判决规范是对特定案件的终局的、无条件的解决方案。也就是说,任何一个法官所提出的判决规范都有待于嗣后程序的验证,即它只能是一个假说性质的规范,而不可能是一条绝对命令。因为,从经济学上看,处于特定情境中的法官不可能占有有关手头案件的全部信息。而且囿于种种期限规定,他也不可能对搜集到的所有信息予以逐一详究。

从类型学上看,司法过程中其实存在两类事实,一类是法条中的"构成事实",另一类是个案中的"客观事实"。前一类是抽象事实,后一类是具体事实。由于抽象与具体之间的天然对立,上述两类事实不可能一致。法官在司法过程中的任务是解决它们之间的不一致,以使两者之间发生合致。如欲实现它们之间的合致,就必须提出一个经受住事实、规范和价值等合法性标准检验的假说。至于该假说是通过理性的推理还是非理性的直觉获致的,当事人、同行和法院等"旁观者"或"审查者"(例如上诉审或再审法院)可以在所不问。

如果该假说经受住了"旁观者"的批评,尤其是"审查者"的检验,那么该假说就得到加强,从而可以暂时成为案件的判决规范。说它是暂时的,是因为"它

---

〔1〕 李可:《法学方法论原理》,法律出版社2011年版,第152页。
〔2〕 任彦君:《刑事疑难案件中结果导向思维的运用》,载《法学评论》2012年第2期,第152页。

最初仅仅以有限数量的事实和观察为基础。进一步的观察材料会使这些假说纯化，取消一些，修正一些。"[1]正因为如此，在司法程序终结之前，当事人仍然可以基于程序上的权利或搜集新的证据挑战该判决规范，同时上诉审或再审法院仍然可以基于新的法律理由推翻该判决规范，因而其仍然保持假说的形式。即便在司法程序终结之后的某一天，法院也可以在类似案件中基于新的法律理由、时代条件和公共政策推翻该判决规范，从而在理论上使之在日后的司法裁判中丧失前例的示范地位。

如果该假说没有经受住"旁观者"的批评，尤其是"审查者"的检验，那么法官必须参照法律规范、案件事实和主流道德，结合自己的生活经验或人生历练修正假说，或者重新寻找新的假说。

以"假说—检验法"重构"执果索因式"的司法模式，可以消解或克服已有"执果索因式"司法模式知识谱系的负面影响。例如，如果我们将前述哈奇逊眼中的"预感"（hunch）改称为"预决"，将之视为法官基于社会经验和个体知识而获得的、对于手头案件的初步解决方案的话，那么哈奇逊重视 hunch 在法官判决中的作用的提议就是无害的。[2]因为在将 hunch 视为法官解决手头案件的初步解决方案的前提下，并没有阻断法官对该方案的嗣后验证和其他人对该方案的合理性评价。

以"假说—检验法"重构"执果索因式"的司法模式，可以克服绝大多数"执果索因式"司法模式的提倡者忽视"索因"阶段法官对所获之"果"的证伪环节，将"索因"阶段纯粹的"证成"思维扭转为"检验"思维，从而既考虑到所获之"果"的可错性，又顾及到了判决规范的可普遍化和裁判方案的可接受性。

在实践中，马斯托拉蒂提出以"诠释学的循环论证"来重构"执果索因式"的司法模式，对此他宣称："前理解被诠释学的循环论证取代，审查的方法论标

---

　　[1]　恩格斯：《自然辩证法》，载《马克思恩格斯选集》（第3卷），人民出版社1972年版，第561页。
　　[2]　参见 Hutcheson, "The Judgment Intuitive: The Function of the 'Hunch' in Judicial Decision," *Cornell Law Quarterly*, vol. 14, no. 2（April 1929）, p. 274.

准由此形成,直至形成判决。"[1] 从其重构方案看,此种重构尝试虽然在总体精神上暗合本文提出的"假说—检验法",但是失之抽象和模糊,不似后者那般简洁明了。[2]

在当下中国,一些人提出以"发现—检测—结论的正当化"来重构"执果索因式"的司法模式,认为法官是先形成一个模糊的结论或猜测,然后以之为引导去寻找能够证明它的资料。其中,"检测"的程序发挥着指引裁判者搜索、过滤尝试性法律结论(即规范假说)的功能。[3] 但是从性质上看,"检测与结论的正当化"实为两个同质的过程,没有刻意区分的必要。

六、余论

笔者以为,正如科学家如何获得一个理论或规律并不具有科学或逻辑意义一样[4],法官如何获得一个判决,亦无法律或逻辑意义。法官的判决之获得可能是一个无法言说的心理过程,但它必须通过一个法律或逻辑陈述被表达出来。"可以说,处理疑难案件的核心是判决的正当化过程。"[5] 在笔者看来,其实人们不必大费脑筋去考虑法官得出裁判的具体过程,而只需认真审查他为之提供的理由已足。即使法官是依据"审判逻辑"得出裁判,如果该裁判缺乏足够的理据支持,甚或违背常理、常识和常情,我们也毫不犹豫地否定它。

---

〔1〕 〔瑞士〕菲利普·马斯托拉蒂:《法律思维》,高家伟译,载郑永流主编:《法哲学与法社会学论丛》(六),中国政法大学出版社 2003 年版,第 3 页。

〔2〕 当然我们必须承认,"假说—检验法"在规范假说被证伪的情况下,也隐含了一个类似诠释学循环的过程,即一个重新寻求新的假说并予以验证的过程。

〔3〕 参见李安:《刑事裁判思维模式研究》,中国政法大学 2006 年刑法学博士学位论文,第 34 页;李安:《裁判形成的思维过程》,载《法制与社会发展》2007 年第 4 期,第 14—15 页;任彦君:《刑事疑难案件中结果导向思维的运用》,载《法学评论》2012 年第 2 期,第 152 页。

〔4〕 参见〔英〕布赖恩·马吉:《"开放社会之父"——波普尔》,南硕译,湖南人民出版社 1988 年版,第 31 页。

〔5〕 任彦君:《刑事疑难案件中结果导向思维的运用》,载《法学评论》2012 年第 2 期,第 153 页。

后 记

谨以此书献给我的父亲
——中国第一架飞机发动机的制造者

我的父亲民国 23 年农历 10 月初一生于湘西南的一户贫苦人家,父亲排行老三,上面有 2 个哥哥,下面有 1 个弟弟、2 个妹妹,爷爷念过私塾,识得许多字,奶奶是邻县城步威溪冲大户人家的女儿,她的父母受媒妁巧言所惑将她嫁到爷爷家。爷爷初次到太外公家上门,开席前,厨娘端上调羹水,爷爷以为是汤,就舀了一勺喝。后来才知是用来洗勺子、筷子的调羹水。爷爷是一个非常自尊和有志气的人,自知出丑后,他一辈子都没再上太外公家。抗战爆发时,爷爷被抽丁到湖北参加抗日。由于家里少了根顶梁柱,爷爷家日趋穷困,水田被卖得所剩无几。复员回家后,爷爷只得为人佣耕。10 岁出头,因为家里实在太穷,父亲不得不跟着我的大伯、二伯到城里被人称为"张胖子"的地主家捣米和熬虎膏,大伯则给张胖子挑水。父亲白天当佣工,晚上念书。夏天,他常到南门河(资江武冈城南段)中游泳。一次不小心河水灌进耳朵,因为没有及时处理,父亲的一只耳朵听力受损。

土改后，爷爷家分得一些田地，经济状况稍微好些。期间，父亲考入武冈二中读初中。父亲极其聪明，在班上家里数最穷，读书也最用功。期间，学校组织学生到家乡名胜云山（雪峰山脉西南余麓）游玩，回来后他写了篇游记。语文老师为这篇游记的文采所感动，让他在全班同学面前诵读，之后把它贴到学校宣传栏里。父亲在初中时各门功课都非常好，一米七三的个头，国字脸，人长得很帅气，是学生心目中的偶像。

初中毕业后，父亲直接考入株洲航空技术学校，学习飞机发动机制造专业。共和国初期，物质条件异常艰苦。在株洲念书期间，父亲吃了许多苦。由于家里穷，置办不起四季衣裤和鞋袜，父亲一年到头都是穿同一身单衣单裤和一双单鞋。每当酒后忆及此事，父亲总是哭道："我读过多少书，造过多少孽啊（吃过多少苦）啊。"父亲虽然家里穷，拿不出钱财应酬朋友，但是他特别喜欢帮忙，只要有需要出力或动脑子的事，他都争着干，因此在同学中人缘极好。即便过了半个世纪，仍然有昔日同学记起他，从遥远的上海、沈阳打电话过来问候他。父亲是那种施恩不望报的人，从来不提及请同学朋友帮忙之事。当然，建国初期，粮食生产有了保障，父亲他们在航校期间尚得温饱。在此期间，父亲养成了极其节俭的习惯。一次，食堂炒菜的师傅发现油桶里有一只死老鼠，于是便把整桶油给倒掉了。父亲认为很可惜，太浪费，从此连带对国家单位产生了不好的印象。

1954 年从株洲航校毕业后，父亲被分配到沈阳黎明机械制造厂，即现在的"沈飞"公司。父亲所在的单位是军工，完全实行军事化管理，雇工出身的父亲适应得还不错。他仍然坚持航校期间养成的节俭习惯，按月给奶奶、大姑、叔叔等家人寄钱。由于家里负担重，父亲工作比别人要勤奋，很快就出了师。只花了五六年时间，他就从一级钳工晋升到八级钳工。父亲等 10 位工人由于技术精湛，表现出色，在全体职工大会上得到了厂领导的公开表彰。当时工厂有上千工人。正是由于精湛的技术和超强的责任心，父亲被选中参加中国第一架飞机的制造。经过 7 个日夜的艰苦奋斗，父亲等人完成了飞机发动机的制造。带着这颗凝结父亲汗水的"心"，中国第一架雄鹰直冲云霄，翱翔蓝天。日后忆及此事,父亲脸上无不洋溢着激动的神情。

从 1958 年开始,国家掀起"大跃进"运动。在三年自然灾害期间,国民经济接近崩溃,工业体系面临解体,父亲所在的工厂连吃饭都成了问题。父亲跟我们回忆说,此前吃的是稀饭、馒头和馍馍,后来只能连玉米芯子一起磨碎,做成棒子饼吃。作为吃惯稻米的南方人,一下子吃这东西,就开始便秘。此时,父亲农民的劣根性开始发作。他先前已经对高度组织化的军事生活和严格的大机器生产要求有所抵触,现在生活条件的艰苦使他克服困难的意志有所动摇。他没看到,国企的困难只是暂时的,历史正朝着工业化迈进,中国最终将转型到工商社会。他连续打了几个报告给厂领导,要求回老家去务农。虽然厂领导舍不得父亲这位技术骨干,但是经不起他的反复要求,同时中央也正在号召"青年知识分子到广大农村去"。于是厂领导同意了他的要求。在这件事上,父亲没有征询母亲的意见。后来提起此事,母亲总是愤愤不平,认为父亲回到农村是错的,因为他本来不适合当农民,却偏要往农民堆里钻,到头来害了妻子不算,也害了 3 个儿子。

1962 年回到家乡农村后,父亲成了村里学历最高的农民。由于他能写会算,加之人又极其本分老实,村民一致选举他担任生产队的会计和保管员。在给生产队当了五六年会计后,他的长子出生了。过了 1 年,公社农场缺 1 名会计,大家公推父亲去补缺。即便到了此时,家里的经济条件仍然非常艰苦。在农场分得半斤肉或一斤花生,他都舍不得吃,要带回给孩子吃。在农场干了两三年后,一次,公社的劳动模范邱永光到那儿考察工作,发现赫赫有名的父亲竟然呆在这种地方,于是劝他到公社企业办去,在那里他可以发挥更大的作用。到了企业办后,父亲仍然做会计和保管员。但是相比于生产队和农场而言,企业办毕竟是一个更加复杂的"大地方"。父亲是一个创造型的工科天才,一生只会跟机器、树木、土地等"物"打交道,要他处理"人"的关系,他就"低能"得像个孩子。在企业办,长舌男和长舌妇们喜欢搬弄是非,说东道西。父亲是一位极其耿直的人,自然受不了闲人们的蜚短流长,于是申请到公社机械厂做一线工人。

1972 年到了公社机械厂后,父亲的生活开始稳定下来。跟机器打交道是他的专长和快乐。在此期间,他先后做过破蔑机、煤球模子,同时还修理拖拉机、柴油机、打稻机、喷雾器等农用机械。在所有工人中,他的技术最好,但人也最老实、脾气也有点怪。他看不惯一些人偷工减料、盗窃财物和贪污公款等损公肥私的行为,因此得罪了一小部分人。许多人借当时改革开放兴办乡镇企业之机,发了一些财,而父亲的生活仍然不太宽裕。

分产到户后,父亲每天要起早把家里的农活干完,然后上午 9 点左右赶到厂里干活。随着年岁的渐大,对于此种起早贪黑的生活,父亲很不满意。进入20 世纪 80 年代后,各地的乡镇企业办得红红火火,县机械厂开始招收工人。四叔在该厂当厂长,同时父亲是下放知青,技术又特别好,照理可以调到县里工作。但父亲一向跟四叔关系不大好,四婶又一味地照顾娘家人。此时,沈阳的同事在上海办了一家规模不小的机械厂,辗转打电话请父亲到那儿去做师傅。虽然父亲此时年纪并不太大,但他对于外面的世界非常畏惧,同时更舍不得母亲和儿子们,最后没有去。这是他恢复城里人身份的最后一个机会,但他没有抓住。此后,又有县城同事劝他到广东去做模具师傅,也被他拒绝了。我记得,这时他已经开始念叨"在家千日好,出门时时难"的人生格言。

进入 20 世纪 80 年代末,父亲见 3 个儿子已经渐渐成年,他开始考虑儿子们成家立业的事。父亲一直向往陶渊明"采菊东篱下,悠然见南山"的田园生活。他想像如果儿子们成家后,妯娌、婆媳之间的关系可能不好处,这时他需要一个退却的地方,安享晚年生活。受二伯在本村聂家湾建了一座六排五间的大宅院的激励,父亲倾注全部财力购买横梁、悬皮、煤炭、瓦和烧砖,计划请人在聂家湾西边也造一座大宅院。但父亲的计划在烧砖这个环节受到了很大的挫折。他听不进旁人的正确意见,在火上窑时把顶眼封住,结果砖烧过了头,大都粘在一起,至少有 1/2 无法使用。为此他还跟负责烧砖的黄层城师傅相互指责,吵得很不愉快。后来房子虽然勉强建成,但由于长期不通村道,除了喂养家畜、堆放柴草外,基本上没有什么使用价值。在乡机械厂大概干了 18 年后,父亲决定回家种田、养老。

与此同时,父亲开始给大哥娶媳妇。四婶的姐姐黄姨介绍邻村做生猪买卖的崔某之长女,该女虽然家境平平,长相也一般,但她身强力壮,是一块干农活的料。头一年,大哥和该女交往顺利,甚至到了定亲的环节。但是该女受同伴和旁人的唆使,怂恿大哥染上烟瘾,以从其手中抠钱。在获取巨额彩礼和节庆礼金后,该女开始疏远和辱骂大哥。考虑到该女品行恶劣,脾气暴躁,父亲主动悔婚,只要回极少的彩礼。接下来,邻组的堂姨陈某给大哥介绍另一个村子的谢某之女。谢家在当地是出了名的穷户,他见父亲财力尚存,爽快地应允了。在此后大哥与该女子接近一年的交往中,让父亲费尽了钱财。婚事已经到了迎亲的环节,但是该女之兄为了榨取更多的钱物,坚决要求大操大办才同意妹妹上我们家门。每次只要大哥到谢家,对方就躲藏或逃跑,婚事不得不告吹。过了两年,和平村的刘某做媒给大哥介绍邻县城步的一位姑娘。对方家人告诉大哥,该女以前患骨结核脊椎被切除了 2 块骨头。大哥思想陈旧,同情心极强,即使对方是一位残废姑娘,也并不介意。当婚事进行到迎娶阶段,考虑到该女今后生活无法自理,母亲劝大哥慎重考虑。由于相隔甚远,父亲没有时间和精力到对方家里交涉此事,彩礼分文未收回。经此三次婚事浩劫,我家财力耗竭。此后,大哥的婚事一直不顺,成了父亲永远的心病。

我从小学起,就是家乡天赋极高、学习刻苦的神童,老师和朋友对我寄予了极高的期望。在见证了哥哥们在婚事上的波折、苦闷和无助后,我认识到农村是一个陷进去就无法拔出的大泥潭,只有考上大学或学门手艺才有生路。其实父亲的三个儿子都各有天赋:他们或爱好文学,或精于口语,或长于理化。但父亲是一个唯天才论者,他认为三个儿子中,只有我天赋异禀,其他的都不行。即便如此,他也不看好上大学这条路。他曾经听信城里亲戚之言,建议儿子们去读技校,学门技术。但我的老师、朋友和我自己都坚持认为上大学是一条好的出路。父亲勉强同意我考大学,并希望我继承父志,学发动机制造专业。但是我认为,如果中国没有好的制度,即使有好的技术人才,也无用武之地。因此,我立志学习法律,希望为中国的法治建设贡献自己的一份力量。

当两个儿子相继考上大学后,父亲心里有了些许安慰。父亲非常关心我们在异地的学习、工作和生活，一有喜事就高兴得吟诗作对，一遇不顺就郁闷得连饭都不想吃。记得我考上大学时，他写了一首有关凤鸣天的诗，虽然内容很俗套，但押韵还比较工整。在杭州的工作稳定后，我特地抽空回了一趟老家，父亲又作了一首雄鸡报晓的诗，同样俗不可耐，但令我非常感动。父亲在一生中为我作了许多诗，我记得的只有这两首。

从离开家乡开始，我辗转各地学习、工作，吃了很多苦头，但我不敢告诉他，怕他担心。父亲听家人、亲戚讲述我颇具传奇色彩的人生经历后，嘘唏不已，认为"此子才情志向类我，但性格不应类我"，并告诫我做人要"养浩然正气"，处事要懂得"圆融和洽"，不要像他那样"直道途穷"，最后只能待死户牖。自此，当我遭小人算计或身陷困厄时，便时常吟诵《孟子》以自勉。

近五六年来，父亲的身体开始衰弱。一次，他背着喷雾器，一不小心摔到田埂下。还有一次，他到乔家井里挑水，在张组的路上摔了一跤。由于养成了劳动的习惯，父亲仍坚持下水田干活，上山岭种菜。大哥未从自学成才的文学梦中苏醒，仍然买书、看书、写写画画，但一事无成。他身无长物，浪费钱财的行为让父亲很生气，为此父子俩多次发生口角。我多么希望大哥能够理性地清醒起来，承担起长子独撑家业的责任。毕竟父亲老了，他多么希望看到儿子们真正长大成人。

自 2012 年开始，父亲的身体开始彻底衰弱。但即便是此时，他仍寄希望于我们，希望能够在他有生之年到株洲、沈阳看看昔日奋斗过的地方。2013 年严冬，在他病重之际，我特地请假赶回老家看望他。我及亲友见他已经极度衰弱，根本无法经受长途旅行，便打消了带他到南京或沈阳看看的念头。为了此事，我受到了个别尊长的指责，内心也深觉不安。但是，经济上并不宽裕的我，在"一居尚未安"的遥远他乡，除了为父亲祈祷，我又能做什么呢？

现在，我时常想起父亲，想起他，就像想起故乡那雄浑壮阔的山脉，想起父母兄长儿时对我的谆谆教诲，想起小时候艰苦、漫长而焦灼的山村生活。以前，我一心想穿越故乡的崇山峻岭，去寻找山外"美丽的世界"；而今，当我身处繁华喧嚣的都市时，却又异常思念那宁谧安详的无名山村。我经常在梦中记得自己已经回到了故乡，却不敢扣开那久违的柴菲，生怕父亲责备我为何故意迟迟不归。

　　父亲今生不可能再重温他过去的足迹了，而我要走自己的路。在这路上，有父亲的才情与耿直、自己天生的胆大无畏和孟子的浩然之气相伴，我并不寂寞，也不觉害怕。我将勇往直前，完成父亲未竟的事业！

　　（本文根据父亲的回忆、母亲的叙说和我的记忆写成，错讹之处在所难免，敬请各位尊长指正）

作者

2014 年 6 月 9 日于江宁